MANUAL
de
TRADUCCIÓN

A MANUAL of TRANSLATION

MANUAL de TRADUCCIÓN

A MANUAL of TRANSLATION

Textos españoles e ingleses traducidos y comentados

SGEL

J. J. Zaro   **M. Truman**

Primera edición, 1999
Segunda edición, 2008

SGEL - Educación
Avda. Valdelaparra, 29
28108 ALCOBENDAS (MADRID)

ISBN: 978-84-7143-726-0
Depósito Legal: M. 21.738-2008
Printed in Spain - Impreso en España

Compone e imprime: NUEVA IMPRENTA, S. A.

Agradecemos, muy sinceramente, la generosidad de todos los que han cedido sus textos para reproducirlos en esta obra didáctica, a saber:

Diario Oficial de las Comunidades Europeas; Agencia Tributaria; Penguin Books; Pan Books; Ed. Molino; Faber & Faber Ltd.; Centro de Estudios Cervantinos; McMillan Press Ltd.; Patronato Hispano-Argentino de Cultura; The Vanguard Press; Fondo de Cultura Económica; Herederos de García Lorca; BBC Radio 4; The European; El País; Diario el Sur; Phoenix ELT; Dirección Gral de Universidades e Investigación; Landmark Press; The Metropolitan Museum; The Port Authority of New York; Norwich Cathedral; Casa de Juntas de Guernica; Rural Andalus; NH Hoteles; Revista Ronda; Arthur McCann's; AutoGlym Motorshow Conditioners; New York City Transist; Improtur; Europe Tax-Free Shopping Spain, S.A.; Cetursa; The Health Education Authority; Scientific American; Investigación y Ciencia; Prodei; Cadisa.

Sumario
Summary

Without translation, we would inhabit parishes
bordering on silence.

(George STEINER, *Errata. An Examined Life,* p. 96)

AGRADECIMIENTOS

Queremos agradecer la colaboración prestada a María Rosa Cartes Álvaro, Concha Pérez Valle y Roberto Mayoral Asensio. También a Isaac Barba Redondo, Gloria Corpas Pastor, Miguel Duro Moreno, Adela Martínez García, Marcos Rodríguez Espinosa, María Gracia Torres Díaz y a los demás compañeros del área de Traducción e Interpretación de la Universidad de Málaga; especialmente, a Carmen Acuña Partal, por la minuciosa lectura de todo el manuscrito y por sus numerosas anotaciones y sugerencias.

ACKNOWLEDGEMENTS

We wish to thank the following for reading the manuscript and for the many helpful suggestions which they provided: Brian Coggon, Peter Furnborough, Robert Hooworth-Smith, Raquel Mardomingo, María Jesús Torres, Lesley Twomey and Don Wikeley.

We Also offer our most sincere thanks to all those who have been so generous as to allow us to reproduce their texts in this book.

Introducción

Este *Manual de traducción* pretende servir de guía de estudio a alumnos/as de las licenciaturas de Traducción e Interpretación y Filología Inglesa, así como a todas aquellas personas que deseen iniciarse en el campo de la traducción de la lengua inglesa a la española y viceversa, incluyendo, de manera especial, a aquellos que lo hagan de forma autodidacta.

Su carácter bilingüe, inédito en un manual de estas características, se justifica por las siguientes razones:

1. El grado de contacto, en todos los ámbitos, entre estas dos lenguas preponderantes en el mundo actual, que cobra cada día mayor expansión. Aunque se hayan publicado tratados y manuales de traducción dedicados a más de una lengua o incluso a ninguna en particular, pensamos que la envergadura del intercambio entre las lenguas inglesa y española merece una atención especial y preferente. Nuestra hipótesis es que cuanto mejor conozcan los mediadores entre ambas lenguas los problemas derivados de este contacto, mejor y más eficaz será el resultado de las mediaciones.

2. Las asimetrías derivadas de dicho contacto, y que en nuestro campo se concretan, entre otras, en la enorme desigualdad existente en el volumen global de traducciones efectuadas en uno y otro sentido y en los diferentes campos de especialización de dichas traducciones. La oportunidad de trabajar a partir de las dos lenguas con textos de las mismas áreas de contenido ha permitido explorar estas desigualdades y su origen social, cultural o económico, así como definir la función que la traducción desempeña en las respectivas culturas.

3. En el caso de España, la especialización de los traductores profesionales, la mayoría de los cuales trabaja como mucho con dos lenguas origen distintas, de las cuales una suele ser la inglesa. A diferencia de lo que ocurre con otras lenguas, muchos de estos traductores, además, se ven obligados por razones de mercado a traducir o interpretar al inglés en muchas ocasiones, sobre todo en contextos como juzgados, policía u hospitales, lo que subraya el valor de la retraduc-

ción[1] como ejercicio, y de la inclusión de la traducción español-inglés en este *Manual*.

4. Finalmente, la propia especialización de las asignaturas en las titulaciones de Traducción e Interpretación, siempre referidas a pares de lenguas concretas, una de las cuales es la lengua A y la otra una lengua que puede ser B o C. Recordemos aquí la definición de cada uno de estos tipos de lengua[2]:

- *Lengua A* es aquella en la que el traductor o intérprete posee competencia en el mismo grado que un hablante nativo. Suele corresponder, en la mayoría de los casos, a la lengua (o lenguas) maternas del traductor o intérprete.
- *Lengua B* es aquella que el traductor o intérprete también domina casi en el mismo grado que un hablante nativo. Es su lengua (o lenguas) de trabajo habitual, es decir, aquella desde la que traduce hacia la lengua A, aunque su competencia activa en las lenguas B le permita también traducir hacia ellas. Esto sucede en casos como el de la interpretación consecutiva y, en el campo de la traducción, cuando la presencia de la lengua B en la cultura A es tan activa que se hace necesario traducir en ambos sentidos. Como hemos señalado antes, es lo que está empezando a ocurrir con la lengua inglesa en España, lo que explica que numerosos textos de origen españoles de los incluidos en este libro hayan sido traducidos al inglés en nuestro propio país.
- *Lengua C* es aquella en la que el traductor o intérprete posee una competencia pasiva, es decir, menor que en el caso de la lengua B, pero que le permite traducirla sin problemas hacia su lengua A.

Se trata, pues, de un manual introductorio, con una estructura lineal y fácil de seguir, que se compone de:

1. Textos origen (TO), en inglés y español, de extensión variada (entre 66 y 729 palabras), procedentes de variedades diversas de estas dos lenguas. Como explicaremos más adelante, su elección responde primordialmente a su pertinencia en el mundo de la traducción profesional. Se ha tratado de evitar, o en algunos casos se ha limitado, la inclusión de tipos de textos cuya traducción en el mercado profesional es escasa o nula, a sabiendas de que su ausencia podrá criticarse desde otros puntos de vista. De ahí que determinados tipos (como el informático) se incluyan únicamente en la dirección inglés-español, por ser su pertinencia nula en el mer-

---

[1] Adoptamos aquí el término propuesto por J. C. Santoyo y R. Rabadán *(Basic Spanish Terminology for Translation Studies: A Proposal)* para designar 'la reversión a la LO del TO ya traducido'. En inglés, *Back-Translation*.

[2] Según la Asociación Internacional de Intérpretes de Conferencia (AIIC, 1982, 10). Citado en D. Gile, *Basic Concepts and Models for Interpreter and Translation Training,* p. 209.

cado de la traducción español-inglés. Otros, como los relacionados con el turismo, se incluyen en ambos sentidos por su extrema relevancia en el momento actual.

2. Comentario general de TO y Textos meta (TM), en el que se explican los datos de carácter extratextual relevantes a la hora de traducir. Por ejemplo, datos sobre la fuente y el emisor, así como otros detalles relativos al formato (lugar donde está situado, tipografía y rasgos externos como apariencia, signos no verbales, etcétera). Como regla general, aplicable a la mayoría de los casos, puede asumirse que el destinatario de los TM es un lector culto, no especialista, y similar, en lo básico, al destinatario del TO.

3. Comentario pormenorizado de TO y TM (*Notas*), que comprende, sobre todo, datos microestructurales del TO que sean relevantes de cara a la traducción, aunque no se hayan tenido en cuenta en ésta, así como aspectos microestructurales del TM. El carácter y prolijidad de dichos comentarios varía en función de las características internas, así como de las dificultades de traducción de los distintos textos.

Se ha tratado de huir de la norma, intentándose siempre justificar tanto la pertinencia del comentario como la propuesta que se incluye. El enfoque desde el que tratamos de efectuar el análisis de los textos, que aborda de forma predominante los aspectos culturales que en ellos se contienen, permite, en la mayoría de los casos, un comentario amplio y razonado, aunque, en otros, simplemente se constatan los procedimientos utilizados o se señalan de forma sucinta decisiones, a nuestro juicio erróneas, desde el punto de vista léxico o sintáctico.

4. Textos meta (TM), en inglés y español, situados próximos a los TO para mayor comodidad del usuario, pero suficientemente alejados de éstos. Su inclusión constituye, a nuestro juicio, la mayor originalidad de esta obra. Se trata de textos auténticos [3], algunos publicados, cuyas traducciones han sido elaboradas por traductores profesionales, y no propuestas, como en algunos manuales similares a éste, por los propios autores [4]. Para huir, precisamente, de la prescripción fácil o evidente, se ha procurado seleccionar traducciones de calidad siguiendo un criterio a nuestro entender fundamental, el del *escopo* [5] o propósito central del TM. Son, prácticamente en su mayoría, traducciones de carácter comunicativo, pues su *escopo* así lo exige, que cumplen las condiciones expuestas en su día por Reiss y Vermeer [6]: 1) sirven de forma inmediata a la comunicación en la cultura meta, con idéntica función a la que el TO tenía en la cultura origen, y 2) son equivalentes (en los planos sintáctico, semántico y pragmático) al original.

Es posible, no obstante, que algunos de los TM seleccionados no reúnan toda la calidad que sería deseable, pero en estas ocasiones (relativamente escasas) hemos preferido incluirlos por ser, de todos modos, traducciones que desempeñaron

---

[3] Los nombres propios y topónimos de los textos no publicados han sido alterados por razones obvias.

[4] Con la excepción del texto 5.2, cuya traducción fue realizada por Juan J. Zaro y publicada con anterioridad a la salida de este libro.

[5] Véase explicación detallada sobre el concepto de *escopo* al final de la introducción.

[6] K. Reiss y H. J. Vermeer, *Fundamentos para una teoría funcional de la traducción* (trad. de S. García Reina y C. Martín de León), p. 121.

un fin comunicativo concreto. Reiteramos que su mayor valor estriba en que se trata de traducciones que han logrado, en mayor o menor grado, un objetivo específico en un lugar y fecha determinados.

Los TM cumplen una doble función de revisión y de diagnóstico. En la mayoría de los casos constituyen un modelo aceptable para la revisión de los textos traducidos por los usuarios, aunque en ninguna ocasión, como ya hemos indicado, se trate del único posible ni del definitivo. Para los usuarios, y para los autores de este *Manual*, sirven también para analizar tanto las decisiones afortunadas como las desafortunadas de los traductores, y para localizar los núcleos conflictivos de los TO, no siempre identificables en primera instancia.

Introduction

This *Translation Manual* is intended as a coursebook for students of Spanish who are taking translation units as part of their degree course, or for anyone interested in translation, either from Spanish into English, or vice versa. It will be of special interest to those who wish to work independently to improve their expertise in translation. Its bilingual format - unusual in a manual of this type - has been adopted for the following reasons.

1. In all fields there is an ever-growing degree of contact between these two languages, which play an extremely significant rôle in the modern world. Although treatises and translation manuals dealing with more than one language, or no language in particular are, indeed, available, we believe that the extent of the interaction specifically between these two languages is such that it merits specialised and careful attention. In our view, the more those who mediate between the two languages are familiar with the problems engendered by this contact, the more effective and successful their efforts to mediate will be.

2. There are imbalances which arise from this contact, and which, in our area of interest, manifest themselves in the enormous disparity between the overall volume of translation work done in each direction, and in differences in terms of the specialist content of these translations. The opportunity to work on texts in both languages dealing with the same content areas has enabled us to explore these disparities and their social or economic causes, as well as to define the rôle which translation plays in each culture.

3. There is an increasing need for practitioners to develop strategies for coping with the demands of translating from their mother tongue into the language(s) in which they possess a high degree of competence as non-native speakers. Although professional codes of conduct may stipulate that translators should only work into their mother tongue, circumstances sometimes force them to break this rule,

especially when important, urgent or lifesaving information has to be conveyed in, for instance, police stations or hospitals. This alone constitutes ample justification for considering back-translation[1] a useful activity.

4. Finally, there is the specialisation which is itself inherent in degrees in Translation and Interpreting, in which reference is invariably made to pairs of languages, one of which is denoted Language A, and the others Language B or C. At this point, it is, perhaps, worth recalling how each of these Languages is defined[2].

- *Language A* is the one in which the translator or interpreter has a level of competence equivalent to that of a native speaker. In most cases, this equates to the mother tongue(s) of the translator or interpreter.
- *Language B* is the one in which the translator or interpreter has achieved a level of competence which is almost on a par with that of a native speaker. It is (or, in some cases, they are) his/her usual working language, viz. the one from which s/he translates into Language A, although his/her level of competence in Language B may be such that s/he can translate into it as well. This is usually the case in consecutive interpreting, and in translation, when Language B is so prevalent in the culture of Language A that it becomes necessary to translate both into and from the former. As we have already pointed out, in Spain this is beginning to occur with the English language. This accounts for the fact that we have included in this *Manual* a large number of English-Spanish translations which originated in Spain.
- *Language C* is the one in which the translator or interpreter possesses passive competence, i.e. a level of competence which is lower than in the case of Language B, but which enables him/her to translate it into Language A without any difficulty.

This *Manual* is, then, intended as an introduction for those who are new to this area of work. It has an easy to follow linear structure, and includes:

1. Source texts (ST), in English and Spanish, which vary between 66 and 729 words, and which represent several varieties of each language. As explained below, the main criterion governing the choice of texts was their relevance in terms of professional translation. Texts which are seldom or never translated by professionals have been omitted or, in some cases, included in only limited numbers, even though we are aware that our decision to exclude them may be criticised

---

[1] Here, we have adopted the terms proposed by J. C. SANTOYO and R. RABADÁN (*Basic Spanish Terminology for Translation Studies: a Proposal,* pp. 318-22): in English, *back-translation*; in Spanish, *retraducción*.

[2] As defined by the *Association Internationale des Interprètes de Conférence* (AIIC, 1982, 10), quoted in D. GILE, *Basic Concepts for Interpreter and Translation Training,* p. 209.

for other reasons. It follows from the above that certain types of text (in areas such as computing) have only been included as examples of translation from English into Spanish, since they have no relevance whatsoever in terms of the market for translations from Spanish into English. Another instance of the way in which economic factors influence the translation market is the increasing amount of information for tourists which is translated into Spanish in the U.K. This provides evidence that the desire by the British to 'sell' their country as a tourist destination is overcoming their longstanding belief that foreign visitors should all be fluent in English. It also reflects the growth in standards of living in Spain, where London has become a popular choice for short breaks.

2.   A general commentary on each ST and target text, in which factors which are extrinsic to the text that may have a bearing on the translation process are examined. These may include, for example, the source and author, together with other details relating to the format (its location in a document, typographical information and external features, such as its appearance, non-verbal signs, etcétera). As a general rule, it can be assumed that in most cases the TT is aimed at non-specialist, educated readers who are, basically, similar to those for whom the ST was intended.

3.   Detailed commentaries on both texts (*Notes*). These deal mainly with issues of a microstructural nature which may be relevant to the translation process (even though these issues may not have been addressed during this process), as well as microstructural aspects of the TT. The length and the level of detail of these commentaries vary according to both the internal characteristics of each text and the potential translation difficulties which it contains. We have endeavoured to avoid a prescriptive approach, and have always attempted to justify both the relevance of the comments and the proposals they contain. The approach which we try to use in our analysis (which deals mainly with the cultural aspects of the texts) has, in most cases, given us scope to provide wide-ranging, reasoned comments, although in other cases we have simply confined ourselves to descriptions of procedures used, or have made succinct references to decisions which, in our view, are inappropriate from a lexical or syntactical perspective.

4.   Target texts (TT) in English and Spanish. This, we believe, is the most distinctive feature of this book. For the convenience of readers, these are placed close to the source texts, but not adjacent to them. They are authentic texts[3], some of which have been published. They are the work of professional translators and - unlike those included in some manuals similar to this one - they are not versions suggested by the authors[4]. To avoid giving superficial or self-evident advice, we have made every endeavour to select high quality translations using a criterion which we consider fundamental - that of the *skopos*) or central purpose of the translation. Practically all of them are translations of a communicative nature, since this is inherent in their *skopos*[5], and they match the criteria which Reiss and

---

[3] Proper nouns and toponyms in the unpublished texts have been altered, for obvious reasons.
[4] The one exception is text 5.2, which was translated by Juan J. Zaro and published before this book appeared.
[5] See the detailed explanation of the *skopos* concept at the end of this Introduction.

Vermeer[6] have recently established: (1) They have an immediate communicative function in the target culture, this being identical to that which the ST possessed in its own culture; (2) they are the equivalents (in syntactical, semantic and pragmatic terms) of the original.

Nevertheless, the quality of some of the target texts which we have selected may leave a little to be desired, but in these instances (which are relatively few in number) we decided to include them on the grounds that they are, in any case, translations that served a specific purpose in terms of communication. We would repeat that their greatest value is that they are translations which - to a greater or lesser degree - have performed a specific communicative function in a particular place and at a particular time.

The target texts have a dual function, being suitable for verificatory and diagnostic purposes. In most cases they are acceptable as examples for these purposes which can be used for revising the translations produced by users of this *Manual*, although - as we have already pointed out - they should never be considered as the sole or definitive solution. For users (and for the authors) of this *Manual* they are a means of diagnosing both the fortunate and the unfortunate choices made by the translators, and thus point to the problem areas in the ST, -areas which are not always evident at first sight.

---

[6] K. REISS and H. J. VERMEER, *Grundlegung einer allgemeinen Translationstheorie* [spanish edition, *Fundamentos para una teoría funcional de la traducción* (translated by S. García Reina and C. Martín de León), p. 121].

1. Cómo utilizar el *Manual de Traducción*

Proponemos diversos recorridos según los intereses y necesidades de los usuarios del libro:

1.1. *Uso directo por parte del estudiante*

a. Traducción de los TO a la lengua meta (LM). En este caso, los comentarios pueden consultarse o no mientras se efectúa la traducción, aunque nuestra propuesta es que se consulten tras realizar un primer borrador, que se elaborará con ayuda de diccionarios, enciclopedias y otros materiales de referencia. El TM puede utilizarse sólo para la revisión final. Nos parece necesario insistir en este punto si realmente se intenta simular la práctica traductora real. Es el recorrido más útil para los usuarios del libro que trabajen de forma autodidacta.

b. Retraducción, preferiblemente parcial, de los TM a la lengua origen (LO). Aunque en principio se trate de un ejercicio puramente manipulativo, ya hemos señalado la creciente importancia de la traducción hacia la lengua inglesa. Conviene señalar, también, que en algunas instancias oficiales[7] la retraducción se sigue utilizando para revisar traducciones. Desde un punto de vista didáctico, esta actividad puede arrojar luz sobre las decisiones tomadas o hacer patentes los núcleos conflictivos del texto de partida. En este caso, los comentarios podrían utilizarse como revisión final.

En cualquier caso, el usuario deberá analizar los siguientes elementos antes de la traducción[8]:

1. Emisor y receptor. La funcionalidad y comprensión del TM depende en gran medida de las intenciones del emisor, por un lado, y de las expectativas del receptor, por otro. En el caso de la traducción profesional, este segundo elemento es de una importancia capital, pues, en muchos casos, el que encarga la traducción suele ser su receptor. Estos factores mediatizan tanto la elaboración del TO como la lectura del TM. En los comentarios se ha procurado anotar las decisiones del

---

[7] Por ejemplo, el TM 11.1. fue retraducido al inglés como comprobación. El organismo que emitió el TO, *The Health Education Authority,* encargó primero la traducción a un profesional y luego la retraducción a otro.

[8] Nos basamos aquí en los elementos de análisis textual propuestos por Christiane NORD en su obra *Text Analysis and Translation* para la formación de traductores.

traductor determinadas por el receptor que, como se verá, varían notablemente de un texto a otro.

2. Contenido. La especialización del traductor es un tema de debate constante en la profesión. Por muy deseable que sea, resulta difícil encontrar traductores o intérpretes con un alto grado de especialización y dedicados exclusivamente a la traducción de textos encuadrados en un solo campo de trabajo. En nuestra obra, los textos se ordenan por áreas de contenido. Esta clasificación, y otros datos como el propio título del texto, permiten que el traductor pueda, en gran medida, prever posibles dificultades mediante la documentación previa o simultánea a la labor traductora. En nuestro caso, y dado que se trata de un manual de tipo general, no se han incluido textos sumamente especializados que requieran determinados conocimientos previos o excesiva documentación.

3. Propósito o intencionalidad. Como ya se ha indicado, determinar, y lograr, el fin o *escopo* del TM es el aspecto más importante en la traducción comunicativa hoy en día. Es evidente que la decisión de traducir un texto conlleva siempre una intención determinada, a veces difícil de discernir, y que muchas decisiones se pueden explicar en relación con este dato. Tampoco puede olvidarse que, en ocasiones, el establecimiento del *escopo*, tanto del TO como del TM, permite explicar ciertas decisiones del traductor, con frecuencia relacionadas con rasgos particulares de la cultura meta.

4. Presuposiciones. Entendemos por *presuposiciones* todos los componentes del significado textual de raíz básicamente cultural. Su comprensión no resulta siempre fácil para el traductor, ya que los esquemas cognitivos del individuo vienen determinados por su trayectoria vital y por su cultura de origen, que inevitablemente se refleja en los textos que produce. Cuando las presuposiciones del TO son interpretadas correctamente por el traductor (véase **Elaboración** en la sección de Procedimientos de Traducción), el TM las incluirá igualmente, tal vez adaptadas o relacionadas con elementos propios de la cultura meta. Sin embargo, presuposiciones erróneas pueden conducir a una traducción defectuosa. El traductor es, por necesidad, un mediador entre culturas, que debe conocer tanto como sea posible la cultura de la lengua que traduce, y establecer conexiones que permitan su comprensión por parte de los usuarios de la LM.

5. Aspectos no verbales. Los textos no aparecen en el vacío, sino que están rodeados de otros signos, verbales y no verbales, que clarifican, complementan o precisan sus significados, a veces incluso de manera redundante. Como ya hemos indicado, en cada texto seleccionado se menciona el formato, la procedencia y todos aquellos aspectos extrínsecos al texto que sean relevantes para su comprensión.

6. Aspectos discursivos, léxicos y sintácticos. Aunque en esta lista aparezcan en último lugar, no queremos dar la impresión de que sean los menos importantes. De hecho, las últimas descripciones del proceso de la traducción subrayan cada vez en mayor grado la importancia e interrelación de los dos tipos de comprensión: *top down,* o comprensión a partir de la globalidad del texto, y *bottom up,* comprensión a partir de sus elementos discretos, esto es, de unidades como la palabra, la frase o el párrafo. En el mundo de la traducción profesional, cuando se trata de traductores familiarizados con tipos de texto concretos, son precisamente estos ele-

mentos y no otros los que originan los problemas con los que generalmente se tienen que enfrentar.

1.2. Uso en clase

Si el *Manual* se utiliza en clase, parece oportuno presentar algunas orientaciones al profesor. Aunque la práctica, entendida como imitación simulada de la labor real para la que el alumno se prepara, sea de por sí un procedimiento de aprendizaje reconocido[9], no pensamos que sólo se aprenda a traducir traduciendo[10]. En los programas de formación de traductores suele diferenciarse entre *stage* o enseñanza por medio de prácticas de traducción en un centro real de trabajo, y enseñanza de la traducción en el aula. Pues bien, nuestro libro se relaciona preferentemente con el segundo modelo de aprendizaje, por lo que necesita, en este sentido, de ciertas precisiones metodológicas. Nos parece esencial, por ejemplo, la etapa de pre-traducción, en la que habría que plantear el análisis del TO, para lo que puede servir el modelo comentado antes. En el aula, además, habría que prestar una atención especial a las presuposiciones de índole cultural que incluye el texto, y a la documentación que la comprensión de dicho texto requiere. Proponemos, pues, dos actividades, una previa y otra posterior a la traducción:

a)   Análisis de textos paralelos con vistas a la traducción de textos del mismo género. Es una de las ventajas de incluir TO en ambas lenguas y que pertenecen a las mismas áreas de contenido. Las características formales de dichos textos pueden servir de referencia o modelo para la traducción de textos similares no incluidos en el libro.

b)   Comentario de textos traducidos. La revisión de traducciones auténticas como éstas permite la discusión y valoración de las decisiones tomadas por los traductores y la búsqueda de otras por parte de los estudiantes. La valoración de la pertinencia del TO en el análisis de los TM y la determinación de su grado de funcionalidad en la cultura en que está inserto quedan a criterio del profesor.

---

[9] Véase, a este respecto, la sección siguiente, dedicada a procedimientos de traducción.

[10] D. C. KIRALY critica este enfoque de enseñanza de la traducción, al que compara con el antiguo método de enseñanza de lenguas extranjeras conocido como *gramática y traducción* (p. 7).

1. How to use the *Manual of Translation*

The material in the *Manual* can be exploited in several ways, according to the interests and needs of users.

1.1. *Direct use by students*

a.   Translation of the source texts into the target language (TL). In this case, the commentaries can either be consulted or ignored while the text is being translated, although we would suggest that if they are used, this should only be after the production of an initial draft, during which dictionaries, encyclopaedias and other reference materials should be consulted. The target texts can be used as a checking tool only during the final revision We feel that this last point is of special importance if students really wish to simulate professional practice. This is the most helpful method for those who are using the Manual for independent study.

b.   Back-translation (preferably partial) of the target texts into the language of the source texts. Although this is, in principle, simply an exercise in linguistic manipulation with no relevance to the practical aspects of translation, we have already indicated the growing importance of translation into English. It is also worth pointing out that some official organisations[7] use back-translation to check the quality of work which they have commissioned. When used as a teaching strategy, it can throw light on the choices which have been made, or help users to identify the areas of difficulty in the text. In this case, the commentaries can be used as a final check.

Users should, in any case, analyse the following elements before beginning a translation[8].

1.   Sender and Recipient. The functionality and comprehension of the translated text depend largely upon the intentions of the sender, on the one hand, and the expectations of the recipient, on the other. In professional translation, the latter element is of crucial importance, since in many cases it is the recipient who commis-

---

[7] For instance, TT 8.1 was back-translated into English to check its quality. The organisation which published the ST, *The Health Education Council,* commissioned one professional translator to translate the text from English, and then engaged a second one for the back-translation.

[8] The observations in the sections which follow are based upon Christiane Nord's suggestions (1991) with regard to the elements of textual analysis which could be used in the training of translators.

sions the translation. All these factors exert an influence both on the production of the source text (ST) and on the reading of the target text (TT). In the commentaries, we have attempted to note those decisions taken by translators which were determined by the recipients, who - as will be seen - vary significantly from text to text.

2.   Content. There is constant debate about the specialisation of translators within the profession. However desirable this may be, the fact is that it is difficult to find highly specialised translators who devote themselves exclusively to the translation of texts belonging to a single, specialised field. In this *Manual,* the texts are grouped by content areas. This, together with information such as the title given to the text, can, to a large extent, enable translators to anticipate possible difficulties, and deal with them by consulting documentation prior to or during the translation process. As far as this *Manual of Translation* is concerned, we have not included any highly specialised texts which require the translator to have acquired specialist knowledge of the field, or an excessive amount of documentation.

3.   Purpose or intention. As has already been indicated, the aspect of communicative translation (as it is known nowadays) which is considered most important is the determination and achievement of the aim or *skopos* of the TT. It is evident that the decision to translate a text always involves a specific intention, which is not always easy to discern, and that this aspect can explain many of the decisions taken. It should not be forgotten that there are occasions when, by establishing the *skopos* (both that of the ST and that of the TT) it is possible to understand why the translator has taken certain decisions, which are often bound up with particular features of the target culture.

4.   Presuppositions. By *presuppositions* we mean all those components of the meaning of a text which are basically cultural in nature, and which are not easy for the translator to capture. An individual's cognitive schemata are not only shaped by his or her life history, but also by his or her own culture, which is inevitably reflected in the texts which s/he produces. When the presuppositions inherent in the text are correctly interpreted by the translator (see *Elaboration* in the section on Translation Procedures) they will also, perhaps, be incorporated in the TT, either in adapted form, or linked to elements associated with the target culture. However, presuppositions that are misinterpreted by the translator may lead him / her to misunderstand and mistranslate the ST. Translators are necessarily mediators between two cultures: they should be as familiar as possible with the culture of the language from which they translate, and establish links which will enable it to be understood by users of the language into which they translate.

5.   Non-verbal aspects. Texts do not appear in a vacuum, but are surrounded by other verbal and non-verbal signs which clarify, complement or specify their meaning, sometimes unnecessarily so. As we have already indicated, we give details of the format, origin and any features which are extrinsic to each text in the book, but which are relevant for comprehension purposes.

6.   Discursive, lexical and syntactical aspects. Although these appear last on our list, we do not wish to give the impression that they are the least important items. In fact, the most recent descriptions of the translation process place ever

increasing emphasis on the importance of the two types of comprehension: *top down* (or comprehension based on a global understanding of the text) and *bottom up* (or comprehension based on the understanding of its discrete elements, such as words, sentences or paragraphs). In professional translation it is really these aspects, rather than any others, which cause the problems with which translators familiar with specific types of texts generally have to deal.

1.2.   Use in the classroom

Teachers may welcome some guidance on the use of the *Manual* in the classroom. Although practice (taken to be the simulation of the real task for which students are being trained) is itself a recognised learning strategy[9], we do not subscribe to the view that 'one only learns to translate by translating'[10]. In training programmes for translators, a distinction is usually made between the *stage,* or practical experience of translation in a real working environment, and the teaching of translation in the classroom. Our book, then, comes under the second heading as far as models for learning are concerned, so some clarification is required with regard to methodology. For example, the pre-translation stage, in which the ST should be analysed, is, in our view, essential. The features on which we have already commented can be taken as a model for this. Furthermore, in the classroom, special attention should be paid to the presuppositions of a cultural nature contained in the text, and to the documentation required if it is to be understood. We would therefore suggest two activities, one of which should take place before the text is translated, and one afterwards.

a)   The analysis of parallel texts, with a view to translating texts of the same genre. This is one of the advantages of including source texts in both languages belonging to the same content areas. The formal characteristics of such texts can be taken as a reference or model for the translation of other similar texts not included in this book.

b)   Commentaries on translated texts. The revision of authentic translations such as these enables the decisions taken by the translators to be discussed and evaluated, and enables students to look for alternatives. The evaluation of the relevance of the ST in the analysis of target texts and the assessment of its degree of functionality in the culture in which it is placed are left to the judgement of the teacher.

---

[9] For further information see the following section, which deals with translation procedures.

[10] D. C. KIRALY criticises this approach to the teaching of translation, which he likens to the so-called *grammar-translation method* which was once used to teach foreign languages.

2. Procedimientos de traducción

El acto de traducir implica la utilización de determinados procedimientos. En los enfoques lingüísticos a la traducción, desde Vinay y Darbelnet [11], este término (y a veces el de *estrategia*) se ha utilizado para referirse a formas de proceder recurrentes de traductores e intérpretes. Por ejemplo, y por seguir una taxonomía conocida, Vázquez-Ayora, en su *Introducción a la Traductología* [12], compiló una lista de procedimientos **oblicuos** de traducción (transposición, modulación, equivalencia, adaptación, amplificación, explicitación, omisión y compensación), mientras que consideró como procedimientos **directos** la traducción literal, el préstamo y el calco. Pasamos a recordar brevemente qué significa cada uno de ellos.

2.1. *Procedimientos oblicuos*

A. Transposición.

Consiste en *reemplazar una parte del discurso del texto de LO por otra diferente que en el texto de LM lleve el principal contenido semántico de la primera* [13]. En otras palabras, expresar una idea en una y otra lengua con distintas categorías, sobre todo gramaticales.

Ejemplos:

concerning (TO) - con relación a (TM)	(texto 4.1)
looking very sorry for herself (TO) - cariacontecido (TM)	(texto 5.3)
en representación (TO) - representative (TM)	(texto 6.3)

B. Modulación.

Consiste en un *cambio de la* base conceptual *en el interior de una proposición sin que se altere el sentido de ésta* [14], o, en otras palabras, expresar una idea con diferente punto de vista.

---

[11] J. P. VINAY y J. DARBELNET, *Comparative Stylistics of French and English: A Methodology for Translation* (traducido y editado por Juan C. Sager y M. J. Hamel).

[12] G. VÁZQUEZ-AYORA, *Introducción a la Traductología.*

[13] G. VÁZQUEZ-AYORA, *op. cit.*, p. 268.

[14] G. VÁZQUEZ-AYORA, *op. cit.*, p. 291.

Ejemplos:

students (TO) - alumnos (TM)   (texto 8.3)

If they are not to become disillusioned, it is vital that their elders offer them the chance to harness their abilities and their idealism (TO)
Si no queremos que se desilusionen, es vital que sus mayores les ofrezcan la posibilidad de **aprovechar** sus habilidades y su idealismo (TM)   (texto 7.1)

Yugos os quieren poner / gentes de la hierba mala (TO)
Yokes they would hang on us / **these tyrants of madness** (TM)

C. Equivalencia.

Es el caso extremo del procedimiento modulatorio. Se trata de *expresar la misma situación con distintas modalidades* [15], sobre todo de carácter idiomático.

Ejemplos:

Out of sight, out of mind (TO) - Ojos que no ven, corazón que no siente (TM).

I can't believe it! (TO) - ¡Parece mentira! (TM)

Más vale pájaro en mano que ciento volando (TO) - A bird in the hand is worth two in the bush (TM)

¡Ni hablar! (TO) - You must be joking! (TM)

D. Adaptación.

Es el *procedimiento según el cual el mismo mensaje se expresa con una situación equivalente* [16]. La adaptación se refiere sobre todo a elementos culturales de la LO que son reemplazados por sus equivalentes en la LM.

Ejemplos:

solicitor (TO) - abogado (TM)   (texto 4.1)

Ya la hubiera buscado. Los tres años que estuvo casado conmigo plantó diez cerezos. Los tres nogales del molino, toda una viña y una planta que se llama Júpiter, que da flores encarnadas y se secó (TO)

He'd have looked for it! The three years he was married to me he planted ten **mango** trees, three **banana** trees by the road, a whole hillside of **coffee** and a plant called Jupiter with red flowers, but it dried up (TM)   (texto 5.8)

Miguel Ángel Blanco ha sido como ese personaje cinematográfico, Juan Nadie, que ha representado a todos los españoles (TO)
Miguel Ángel has been **like the unknown soldier**, the one who represents us all (TM)
(texto 7.2)

---

[15] G. VÁZQUEZ-AYORA, *op. cit.,* p. 322.
[16] G. VÁZQUEZ-AYORA, *op. cit.,* p. 322.

E. Amplificación.

Consiste en el *procedimiento por el cual en LM se emplean más monemas (lexemas y morfemas) que en LO para expresar la misma idea* [17]. Malone [18] denomina a este procedimiento 'difusión' *(diffusion)*.

Ejemplos:

¿Quién habló de echar un yugo sobre el cuello de esta raza? (TO)

What **black mind** would put the yoke to the necks of heroes? (TM)   (texto 5.6)

Mi hijo tiene, y puede (TO)
My son has **plenty**, and he knows **how to manage it** (TM)   (texto 5.8)

F. Explicitación.

Consiste en el *procedimiento por el cual se expresa en LM lo que está implícito en el contexto de LO* [19]. A veces, la interpretación por parte del traductor de este significado implícito puede llegar a romper la ambigüedad semántica (que puede ser intencionada) y convertirse en instrumento de manipulación. La explicitación es un procedimiento tan utilizado que, para algunos teóricos de la traducción (Blum-Kulka, Baker, Toury) es un *universal*, es decir, un fenómeno típico del texto traducido.

Ejemplos:

To me, fair friend, you never can be old (TO) - Para mis ojos nunca serás **vieja** (TM)
(manipulación relacionada con el género)   (texto 5.1)

Translation into German (TO) - Traducción **Inglés**-Alemán (TM)
(explicitación con objeto de aclarar el significado)   (texto 8.1)

Yugos os quieren poner / gentes de la hierba mala (TO)
Yokes they would hang on **us** / these tyrants of madness (TM)
(posible manipulación de origen político)   (texto 5.6)

Es bueno ver entonces cómo se arrastran las nubes (TO)
It's good to see then how the clouds crawl **heavily** about... (TM)
(explicitación para lograr un fin estilístico)   (texto 5.7)

G. Omisión.

Significa *supresión (en LM) de ciertos segmentos innecesarios del enunciado (en LO)* [20].

---

[17] G. Vázquez-Ayora, *op. cit.,* p. 337.
[18] J. L. Malone, *The Science of Linguistics in the Art of Translation: Some Tools for the Analysis and Practice of Translation.*
[19] G. Vázquez-Ayora, *op. cit.,* p. 349.
[20] G. Vázquez-Ayora, *op. cit.,* p. 359.

Ejemplos:

A difficult achievement for true lovers... (TO) - Para dos amantes de verdad, es difícil... (TM) (texto 5.2)

Del buen suceso que el valeroso Don Quijote... (TO) - Of the Good Success Don Quixote had...(TM) (texto 5.5)

H. Compensación.

Este procedimiento se utiliza *cuando se produce en algún segmento o unidad de traducción una pérdida de significado, que debe compensarse en otro punto del texto* [21].

Ejemplos:

extremeños de centeno (TO) - Men of Estremadura / **Bodies the color of rye** (TM) (texto 5.6)

Pasen (muy afable, llena de hipocresía humilde) (TO)
Please, come in. Would you like to come in? They'll be here soon (TM) (texto 5.8)

En el segundo ejemplo la compensación se realiza mediante la entonación empleada por la actriz (se trata de una adaptación radiofónica).

2.2. *Procedimientos directos*

Finalmente, la **traducción literal** (también llamada **literalidad**) es el procedimiento por el cual se traduce de una lengua a otra, efectuando correspondencias precisas de estructura y significación, monema a monema. Los **falsos amigos**, sin embargo, pueden interferir en el proceso, como se ve en los cuatro primeros ejemplos, incorrectos desde el punto de vista léxico (el primero) o pragmático (los demás):

Ejemplos:

Irish Porter Cake (TO) - Tarta del mesonero irlandés (TM) (texto 10.1)

New York/New Jersey/Connecticut suburbs (TO)
(Transporte a) los suburbios de Nueva York/Nueva Jersey/Connecticut (TM)
(texto 9.3)

Everybody is Welcome (TO) - Todo el mundo es bienvenido (TM) (texto 9.4)

Sección de Filología Moderna (TO) - Modern Philology Section (TM) (texto 8.6)

---

[21] G. VÁZQUEZ-AYORA, *op. cit.,* p. 376.

Dos casos especiales de traducción literal son el **calco** y el **préstamo**. El primero imita el esquema o la significación de una palabra o locución extranjera, pero no su entidad fonética.

Ejemplos: *skyscraper* - rascacielos
flyweight - peso mosca

Por otra parte, el **préstamo** imita esquema, significación y entidad fonética.

Ejemplos:
Look. Let me go get Michael's truck. I'll drive you to JFK (TO)
Deja que vaya a por el camión de Michael y te llevo al **JFK** (TM)   (texto 5.4)

Welcome to the Metropolitan Museum of Art (TO)
Bienvenidos al **Metropolitan Museum of Art** (TM)   (texto 9.2)

Recientemente, Ian Mason[22] ha criticado estas listas con el argumento de que estos procedimientos son más bien etiquetas que describen resultados, y no métodos que explican cómo se han logrado. También discrepan de esta taxonomía Neubert y Shreve[23], pues no consideran que se trate realmente de procedimientos, sino más bien de consecuencias de la aplicación de éstos. Por su parte, Hurtado Albir[24] critica que estos procedimientos sean comparaciones de unidades aisladas y descontextualizadas, en las que normalmente se presenta una única equivalencia, con el peligro de *fijación* que ello supone para el estudiante. Finalmente, Paul Kussmaul[25] emplea la palabra *estrategia* para referirse a métodos o técnicas concretas para enfrentarse a problemas de traducción diversos, de índole funcional, pragmática, estilística, cultural, documental, etc., y para los que propone soluciones concretas.

2.3. *Procedimientos de aprendizaje*

Los procedimientos anteriores, llamados *técnicos,* son, sin embargo, el resultado de unas habilidades mentales aplicadas por el traductor para efectuar su tarea. Pero tanto el traductor profesional como el alumno de Traducción pueden beneficiarse también de la aplicación consciente de procedimientos **de aprendizaje** de dichas habilidades, tanto metacognitivos (es decir, aplicables a cualquier aprendizaje) como cognitivos (aplicables a aprendizajes concretos). Considerar la traducción o la interpretación como *habilidades cognitivas complejas* no parece tan extraño, sobre todo en el caso de esta última, cuyo aprendizaje y práctica se ha planteado desde hace tiempo desde esta perspectiva. En este sentido, ciertos proce-

---

[22] I. MASON, «Techniques of Translation Revisited: A Text-Linguistic Review of 'Borrowing' and 'Modulation'», en A. HURTADO ALBIR (ed.), *Estudis sobre la traducció,* pp. 61-72.

[23] A. NEUBERT y G. M. SHREVE, *Translation as Text,* p. 53.

[24] A. HURTADO ALBIR, «La didáctica de la traducción», en Édith LE BEL (ed.), *Le masque et la plume,* p. 66.

[25] P. KUSSMAUL, *Training the Translator,* p. 151.

dimientos cognitivos utilizados en la formación específica de intérpretes (como el resumen o la toma de notas) o incluso algunos de carácter socioafectivo (como la disposición a atender o el convencimiento de que no hay que entender todas las palabras de un texto para captar el sentido) se consideran ahora procedimientos válidos para el aprendizaje general de lenguas extranjeras. Sin embargo, tropezamos con un escollo importante: la falta de datos [26] acerca de los procedimientos utilizados por los traductores profesionales, que podrían iluminar la definición y catálogo de los procedimientos de aprendizaje útiles para la traducción. Lo que puede hacerse, de momento, es proponer una lista provisional de procedimientos a la luz de las propuestas metodológicas efectuadas en el caso de las lenguas extranjeras, confiando en que futuras investigaciones permitan delimitarla mejor. Creemos, además, que incluir un componente cognitivo en los programas de formación de traductores e intérpretes tiene otras ventajas adicionales:

1) Desde Jiří Levý [27], la traducción se concibe como un conjunto de decisiones encadenadas que el traductor toma de acuerdo con las características específicas de su trabajo y otras posibles limitaciones (tiempo, documentación, etc.). No cabe duda que muchas de estas decisiones, que globalmente constituyen el **proceso** de la traducción, pueden explicarse o preverse por medio de procedimientos cognitivos.

2) La utilización progresiva y consciente de procedimientos de aprendizaje permite a alumnos y estudiosos de la traducción avanzar en su práctica de forma autodidacta, ajustándola a su ritmo de adquisición de conocimientos y a sus estilos particulares de aprendizaje y percepción.

3) La formación explícita en procedimientos puede ayudar a desarrollar la autoestima del alumno/a y a hacerle consciente tanto de su potencial como de sus carencias.

En la relación de procedimientos que compilan O'Malley y Chamot [28] para el aprendizaje de lenguas extranjeras, la más completa y aplicable, a nuestro juicio, de las que se han elaborado hasta la fecha, estos procedimientos se dividen en metacognitivos, cognitivos y socioafectivos. Se relacionan aquí, de las dos primeras categorías, los que juzgamos más relevantes en el caso de la enseñanza y aprendizaje de la traducción.

---

[26] Los métodos utilizados para averiguar y describir los procedimientos (P. KUSSMAUL, *op. cit.,* pp. 5-38) son, sobre todo, la observación, los cuestionarios y entrevistas preparadas, y las actividades introspectivas simultáneas a la ejecución de la tarea, como las 'piensa en voz alta' *(think-aloud)* o las que tienen lugar después *(retrospective)*. Aunque se han empleado, en general, por separado, los últimos estudios han combinado los métodos para obtener y contrastar datos. En el caso concreto de los estudios de Traducción se han utilizado actividades 'piensa en voz alta', entre otros, por Gerloff (1987), Hölscher and Möhle (1987), Krings (1987), Séguinot (1989, 1991), Tirkkonen-Condit (1989) y Fraser (1996).

[27] J. LEVÝ, «Translation as a Decision Process», en *To Honor Roman Jakobson,* pp. 37-52.

[28] J. M. O'MALLEY y A. U. CHAMOT, *Learning Strategies in Second Language Acquisition,* p. 138.

2.3.1. Procedimientos metacognitivos (o indirectos)

El adjetivo *metacognitivo* se refiere aquí al control consciente del aprendizaje, entendido de forma global, por parte de la persona.

A. Planificación

Puede dividirse en:

Organización previa: Visión anticipada de los pasos a seguir antes de enfrentarse con el texto para traducir: tipo de texto, materia a la que se refiere y análisis de sus componentes. En este sentido remitimos al modelo de análisis mencionado antes: emisor, receptor, formato, aspectos no verbales, etcétera. La organización previa incluye asimismo la simple costumbre de leer el texto completo antes de traducir, procedimiento indispensable en el que a veces no se insiste lo suficiente.

Organización del proceso: Elementos a tener en cuenta antes de la traducción (tiempo del que se dispone, materiales de referencia y otras fuentes de documentación, etc.), durante la traducción (proceso informático, borradores, consultas, etc.) y en su final (edición final y entrega del texto).

En este apartado conviene examinar los más recientes avances tecnológicos relacionados con la traducción. En general, y hasta la fecha, es evidente que la tecnología ha afectado más a la planificación y a la organización del trabajo del traductor que al proceso de traducción en sí. Los ordenadores, el fax, el escáner y la fotocopiadora, por un lado, y los procesadores de textos y bases de datos, por otro, son ya instrumentos utilizados por la mayoría de los profesionales de la traducción. Cuando el acceso a Internet se expanda y se popularice, las posibilidades que ofrece el correo electrónico, especialmente el envío de archivos, serán también indispensables para los traductores. Por lo que se refiere al proceso de traducción, la hipótesis de que la tecnología de la información acabaría con la profesión de traductor no ha pasado de ser una mera especulación. Por el momento, los ordenadores no han alcanzado el nivel que les permita tomar decisiones como la de elegir la palabra más apropiada en un contexto determinado, o de distinguir matices de significado, que en la labor de traducción son de una importancia fundamental. La traducción automática sólo ha gozado, hasta ahora, de un éxito relativo. Se utiliza en áreas donde los campos semánticos son limitados y el ordenador tiene posibilidades de elegir un término apropiado en la LM. En general, los traductores todavía pasan muchas horas de su actividad profesional editando textos traducidos por ordenador, una labor que pocos profesionales abrazan con entusiasmo, aunque siempre pueda aducirse que de esta manera se traducen más textos en menos tiempo.

Sin embargo, la traducción asistida por ordenador podría resultar útil a la larga a la mayoría de los traductores, sobre todo a aquellos que se especializan en textos tecnológicos. Existen programas que tienen capacidad para archivar definiciones de términos y soluciones a problemas específicos de la especialidad del traductor, y que pueden servirles toda la vida. Archivar electrónicamente toda esta información supone innegables ventajas, como el acceso y la recuperación instantánea de información, pero, además, existen beneficios adicionales. Si el traductor trabaja en equipo, cuando encuentra una solución a un problema específico puede archivarla en el programa y facilitársela a sus compañeros, lográndose así mayor uniformidad en los resultados. El programa puede además aportar estas soluciones nada más reconocer un segmento de la traducción en el que aparezca el problema en cuestión. Esto significa que si se ha traducido ya un conjunto de textos similares, el programa puede traducir automáticamente secciones de nuevos textos que contengan palabras o frases similares a las que almacena en su memoria.

Se dice que el uso de programas de este tipo puede incrementar la productividad del traductor de un 10 a un 30 por 100, aunque debe recordarse que la calidad del resultado final dependerá a su vez de la calidad de los datos almacenados en el sistema. Los programas de traducción asistida por ordenador pueden ser de gran ayuda cuando hay que traducir gran cantidad de materiales repetitivos de carácter tecnológico (por ejemplo, manuales de instrucciones de productos similares), pero quizá sean mucho menos útiles en aquellos casos en los que el lenguaje del TO es menos predecible o uniforme. Actualmente, y debido al enorme costo de producción de estos programas, sólo están al alcance de grandes empresas multinacionales y organizaciones supranacionales, pero, tal como ha ocurrido en ocasiones similares, los costes podrían abaratarse en el futuro a medida que la competencia se acentúe y se busquen nuevos mercados [29].

B. Autogestión

La autogestión implica conocer y saber usar los recursos materiales de que se dispone para efectuar una tarea, así como ser consciente de las posibles limitaciones. En el primer caso, se trata de elementos como libros de referencia (diccionarios, glosarios, enciclopedias, etcétera), recursos informáticos (procesadores de texto, programas de traducción automática, correctores de pruebas, etcétera). En el segundo, podemos hablar de elementos adversos no cognitivos de índole física, emocional o incluso política, en el caso de los traductores oficiales, sometidos a veces a presiones ajenas a la propia labor de traducción (véase como muestra el texto 5.6), que deben tenerse en cuenta para poder efectuar la tarea propuesta.

C. Autoevaluación

Se refiere a la capacidad para juzgar el propio trabajo. Resulta especialmente interesante para afianzar la autoestima y confianza en sí mismo del traductor, que es precisamente el objetivo último de la metodología de la traducción propuesta recientemente por Paul Kussmaul [30]. La revisión de la tarea efectuada permitirá co-

---

[29] Para una rápida visión actualizada del estado de la cuestión, véase D. LEWIS, *Machine translation today*.

[30] P. KUSSMAUL, *op. cit.*, p. 31.

rregir fallos, especialmente aquellos relacionados con el sentido del texto, que para el estudiante o traductor novel son los más difíciles de captar. En el aula, aparte de la corrección del profesor/a, la traducción puede compararse con otras. La retraducción, otro de los métodos que proponemos en este libro, puede también arrojar luz sobre la calidad de una traducción, pero siempre con cierta cautela, ya que el segundo recorrido, el de regreso, puede implicar nuevas decisiones no tomadas en el primero.

Podría añadirse, al hablar de autoevaluación, un matiz ya mencionado antes, que en nuestra opinión debe acompañar siempre cualquier juicio acerca de una traducción. Se trata de transmitir la idea de que no hay soluciones únicas y que los posibles errores no tienen carácter **binario**, como señala acertadamente Anthony Pym[31]. Las soluciones a un problema concreto de traducción son siempre varias, y lo que procede es una reflexión razonada que permita adoptar la más adecuada en cada caso. Por último, la autoevaluación debería incluir el juicio sobre el proceso y no solamente del producto, es decir, una evaluación de los procedimientos, metacognitivos y cognitivos, empleados.

2.3.2. Procedimientos cognitivos

Estos procedimientos definen cómo se utilizan nuestros recursos cognitivos al enfrentarnos a tareas concretas, en este caso relacionadas con la traducción.

Repetición

En su versión más simple, se refiere a la copia de textos o partes de un texto. En el caso de la traducción consiste en la imitación, parcial o total, de traducciones previas o de textos paralelos al que ha de traducirse. Es un procedimiento frecuente, que se utiliza tanto en los enfoques didácticos aplicados a la traducción como en la labor profesional del traductor, que a veces emplea modelos previos o plantillas basadas en tipos textuales concretos.

Agrupación

Clasificación y ordenación de material. En el caso de la traducción, los profesionales suelen efectuar inventarios, cada vez más de forma informatizada, de textos por tipos o clases, así como de palabras o fórmulas de uso recurrente, lo que Gideon Toury[32] denomina *stock-equivalents*. En el caso de actividades de aula, la ordenación lógica de textos o partes de un texto es muy conocida, tanto en enseñanza de lenguas como en formación de traductores. En este segundo caso también podemos mencionar actividades de emparejamiento de textos paralelos en lenguas diferentes, o de variantes textuales de un mismo tipo en una lengua concreta.

---

[31] A. PYM, «Translation Error Analysis and the Interface with Language Teaching», en C. Dollerup y A. Loddegaard (eds.), *Teaching Translation and Interpreting. Training, Talent and Experience,* pp. 279 ss.

[32] G. TOURY, *Descriptive Translation Studies and Beyond,* p. 97.

Consulta

Es el procedimiento por antonomasia del traductor: la utilización sensata y sistemática de materiales de referencia. Pueden citarse diccionarios, monolingües y bilingües, generales y especializados, así como archivos de textos paralelos, enciclopedias, artículos, libros de texto, etc., todos ellos, cada vez más, disponibles en soporte informático (véase a este respecto el texto 11.4). Pueden incluirse también consultas a hablantes nativos o a expertos en determinados temas, así como el trabajo previo, en el que a menudo se hallan soluciones a problemas recurrentes, si éstas son fáciles de localizar. Los alumnos/as principiantes de Traducción necesitan formación directa y específica en este procedimiento, probablemente uno de los más importantes en su caso, quizá por medio de proyectos de trabajo que impliquen la búsqueda y consulta de materiales distintos, más que de forma puramente teórica.

Resumen

Efectuar resúmenes escritos u orales es siempre una actividad interesante para los alumnos de Traducción. Casi toda la literatura didáctica pone énfasis en el valor formativo de esta práctica, aconsejando diversas modalidades con distintos nombres: *synopsis writing, gist translation, résumé du texte* [33], *abstracting, précis,* traducción sintética [34]. Ayuda, sobre todo, a encontrar y precisar el sentido o sentidos del texto y a desvincularse del signo lingüístico formal que representa la palabra. Recordemos aquí que el enfoque cognitivo de la enseñanza y práctica de la traducción y la interpretación, representado por Seleskovitch o Gile, se basa en la idea de que la traducción es desverbalizar los conceptos y extraer el sentido del texto para transferirlo a otra lengua, para lo que el resumen se convierte en ejercicio indispensable.

Sustitución

Este procedimiento consiste en elaborar versiones alternativas del mismo texto. Una de las técnicas más básicas que lo utiliza es un ejercicio clásico en enseñanza de lenguas, pasar de estilo directo a indirecto. Otras actividades similares son, por ejemplo, reescribir o contar por segunda vez textos en lengua A (lo que se denomina en inglés *intralingual translation*) o reescribir traducciones previamente hechas. Los traductores profesionales recurren frecuentemente a técnicas como la paráfrasis para precisar significados o buscar equivalencias en la LM. La sustitución puede aplicarse también a nivel de palabra. De hecho, el difundido concepto de equivalencia **dinámica**, de Eugene Nida [35], establece que, en función de la situa-

---

[33] Mencionado por Sylvie LAMBERT en *La formation d'interprètes: La méthode cognitive,* pp. 736-744.

[34] Mencionado por A. HURTADO ALBIR en «La didáctica de la traducción», en É. LE BEL (ed.), *Le masque et la plume,* p. 75.

[35] E. NIDA, *Toward a Science of Translating: With Special Reference to Principles and Procedures Involved in Bible Translating.*

ción, una misma palabra del TO puede traducirse por palabras distintas en el TM. Malone[36] denomina a este procedimiento *divergencia (divergence)*.

Elaboración

Consiste en relacionar nuevas informaciones con conocimientos previos. Es uno de los procedimientos básicos del constructivismo, que defiende la idea de la *construcción* del significado, esto es, que para poder comprender adecuadamente las nuevas informaciones, hay que *anclarlas* en conocimientos previos que son el resultado de la experiencia vital de la persona, su mundología, su historial académico o incluso su propia creatividad. La elaboración es probablemente uno de los procedimientos clave en la comprensión escrita u oral de textos en cualquier lengua, y por tanto es sumamente pertinente en el caso de la traducción. Algunos enfoques sobre la comprensión lectora, por ejemplo, el interactivo propuesto por Patricia Carrell[37], se basan en este presupuesto. Cuando el texto no es totalmente comprensible, el usuario de la lengua o el traductor recurre a la activación de **escenas** —*scenes*— o **esquemas** —*schemata*— mentales que se almacenan en su memoria a largo plazo. Estos esquemas ayudan a la comprensión, y cuanto más cercanos estén a los significados del texto en cuestión, más fácil será comprenderlo. De ahí que la especialización del traductor en campos determinados facilite enormemente su labor, y de ahí también la necesidad del traductor de estar familiarizado con la cultura de la lengua que traduce y la actualidad de los países donde ésta se habla. Técnicas derivadas de este procedimiento serían, por ejemplo, contextualizar textos, relacionar secciones de un mismo texto, discutir sobre el significado de textos o palabras concretas en parejas o grupos, escribir interpretaciones y posteriormente traducir, confirmar o desestimar conclusiones previas, comprobar cómo distintas interpretaciones conducen a distintas traducciones, etc. Los profesores/as pueden ayudar a la comprensión de textos difíciles mediante los ejercicios de pretraducción ya señalados, anticipando significados y relacionándolos con las ideas previas de los alumnos/as.

Toma de notas

La reconstrucción de textos mediante notas previa a su traducción escrita u oral parece un procedimiento también clave en la formación de traductores e intérpretes. La toma de notas se vincula al procedimiento de resumen expuesto anteriormente, y para lograr una mayor eficacia se han propuesto distintas técnicas, como el conocido código de Rozan[38] o la taquigrafía. Otras formas de tomar notas son las listas de palabras clave —*key words*—, consideradas a veces como un procedimiento cognitivo en sí mismo, y el **mapa semántico**, que dibuja conceptos y relaciones semánticas en forma de mapa[39] y que es especialmente útil para hacer

---

[36] *Op. cit.,* p. 88.
[37] P. CARRELL, «Interactive Text Processing: Implications for ESL/Second Language Reading Classrooms», en P. CARRELL, J. DEVINE y D. ESKEY, *Interactive Approaches to Second Language Reading.*
[38] J. F. ROZAN, *La prise de notes en interprétation consécutive.*
[39] R. OXFORD, *Language Learning Strategies,* p. 61.

conscientes a los alumnos/as tanto de la cohesión interna del texto como de las implicaciones culturales de determinadas palabras, o de las relaciones entre conceptos. En este sentido, los mapas semánticos constituyen una excelente preparación para una toma de notas eficaz.

Inferencia

Es probablemente el procedimiento más citado al describir los procesos de comprensión de textos. Mientras que en la elaboración se recurre a conocimientos previos, en la inferencia se obtienen informaciones a partir de datos lingüísticos o extralingüísticos presentes en el texto en cuestión. Además de los significados de palabras concretas, se infieren opiniones e intenciones del emisor, así como la funcionalidad e intencionalidad del texto. Actividades típicas relacionadas con este procedimiento son, por ejemplo, basarse en detalles o datos contextuales para deducir significados, rellenar huecos o completar textos mutilados (técnica *cloze*), inventar comienzos o finales de historias, descubrir el tono e intencionalidad de un texto, etcétera.

El uso sistemático, prudente y, cuando es necesario, contrastado de la inferencia es, sin duda, uno de los rasgos que diferencian al traductor experto del novel, mucho menos capaz de inferir significados y, por consiguiente, necesitado de otros procedimientos, sobre todo, la consulta.

Transferencia

La transferencia se refiere a la utilización consciente de conocimientos aprendidos, tanto instrumentales (dominio de lenguas A, B y C, y de procedimientos y técnicas de traducción), como científicos (lingüísticos y traductológicos). La *competencia traductora* sería, pues, la capacidad de aplicación de todos estos conocimientos, que se iría incrementando con la experiencia profesional. Aunque siempre se ha hablado del papel de la inspiración o el *hallazgo súbito y afortunado* en la traducción (lo que se denomina en inglés *serendipity*), ya nadie discute que el traductor de hoy requiere una formación específica que le proporcione los conocimientos necesarios, aunque sólo sea para ganar tiempo y corregir intuiciones erróneas, muy frecuentes. Otros aspectos relativos a esta formación (su ubicación, naturaleza y duración) siguen siendo objeto de debate.

Traducción

En el aprendizaje de lenguas extranjeras, la traducción, tanto escrita como hablada, es un mero procedimiento, útil para establecer contrastes, especificar significados o simplemente comprobar la comprensión de textos, aunque esta última aplicación sea la más discutible. En el caso de la formación de traductores, y en nuestro libro, la traducción como procedimiento, entendida como práctica semicontrolada o libre, se convierte en el objeto central de estudio, por lo que no puede considerarse un procedimiento más, sino el más importante. Que para aprender a traducir hay que traducir, está fuera de duda, aunque a veces no haya demasiado tiempo para hacerlo, incluso en las licenciaturas específicas. Dentro de la traducción como procedimiento de aprendizaje se encuentran dos variantes principales, la *directa* y la *inversa*; pero también otras como la traducción *a vista*, la traducción escrita de textos orales u oral de textos escritos, etcétera.

Para terminar este apartado, ofrecemos un ejemplo práctico de aplicación de procedimientos. Por ejemplo, supongamos que un traductor recibe un encargo de traducción de un folleto sobre un producto comercial. Según nuestros criterios, los pasos previos a la traducción deberán ser los siguientes:

1. Antes de ponerse a traducir, deberá analizar el encargo efectuado (**Escopo**). El cliente, que es el primer destinatario del TM, tendrá seguramente sugerencias y detalles que comentar con el traductor antes de que éste comience su trabajo. Además, el traductor deberá calibrar los medios con que cuenta para su tarea, por ejemplo, los informáticos, así como el tiempo y la documentación de que dispone (**Planificación**).
2. Una vez leído el TO por primera vez (en su totalidad), el traductor decidirá los pasos que va a seguir para efectuar su labor (**Autogestión**). Por ejemplo, podrá buscar en la LM textos paralelos al que tiene que traducir, o examinar traducciones previas de textos similares (**Repetición**). Al traducir, aplicará sus conocimientos previos (**Elaboración**), y también deducirá significados a partir del contexto (**Inferencia**), a la vez que utiliza sus conocimientos de la LO y de la LM y de procedimientos técnicos de traducción (**Transferencia**). Siempre podrá recurrir a la consulta de diccionarios y otros materiales de referencia (**Consulta**).
3. Cuando termine, el traductor deberá volver al borrador y revisar el TM antes de entregarlo definitivamente (**Autoevaluación**). Finalmente, podrá archivarlo para un uso posterior (**Agrupación**).

Como puede verse, la mayoría de los procedimientos de aprendizaje son también utilizados activamente por el traductor en su trabajo. Algunos, sin embargo (en concreto la **Toma de notas**, la **Sustitución** y el **Resumen**) son, ante todo, procedimientos que pueden ayudar a la formación del traductor, por lo que, básicamente, su uso se restringe al aula.

2.4. *Otras nociones básicas en Traductología*

Estamos de acuerdo con Hatim y Mason[40] en que las conocidas nociones de *traducción literal* o *traducción libre*, por su vaguedad e imprecisión, han resultado insatisfactorias en la teoría de la Traducción. No es, pues, de extrañar que se hayan producido otros intentos de describir estas dos modalidades de traducción con nociones más claras y definidas. En cualquier caso, podemos afirmar que uno de los grandes debates en torno a la traducción como producto gira en torno a estas dos formas opuestas de concebir el resultado final del proceso traductor, y que las nociones aparecidas a lo largo del siglo XX así lo confirman.

---

[40] B. HATIM e I. MASON, *The Translator as Communicator,* p. 11.

A. Equivalencia formal y equivalencia dinámica

Conceptos acuñados por Eugene Nida[41] en 1964 para distinguir aquellas traducciones que imitan mecánicamente los rasgos formales y estilísticos del TO (equivalencia formal) de las que intentan *despegarse* de éste y buscar en el receptor el mismo efecto que producía el TO, pero ajustándose a los rasgos y características de la LM (equivalencia dinámica). Estos conceptos se refieren sobre todo a la Biblia, texto cuyo fin primordial es producir un efecto concreto en el receptor; en sus traducciones, por consiguiente, la equivalencia dinámica cumple un cometido concreto.

B. Traducción semántica y comunicativa

Peter Newmark, en 1981, diferencia[42] entre traducción semántica, aquella en la que el traductor trata de reproducir el significado del TO con las mínimas alteraciones posibles derivadas de las normas específicas de la LM, y traducción comunicativa, que, como ya hemos dicho, es aquella en la que el traductor busca producir en el receptor del TM el mismo efecto que se buscaba en el TO, aun a costa de variar notablemente las características formales de éste. La traducción semántica sería la utilizada normalmente en textos literarios, técnicos y científicos, así como en otros contextos donde la lengua del TO es tan importante como el contenido.

C. Adecuación y aceptabilidad

Gideon Toury[43], en 1980, a partir de su concepto de *normas* de traducción, diferencia entre traducción *adecuada*, cuando el traductor sigue o respeta básicamente las normas de la cultura origen al producir el TM, y traducción *aceptable*, cuando sucede lo contrario, esto es, cuando el traductor se ajusta especialmente a las normas de la cultura meta al realizar su traducción. Toury se refiere, primordialmente, a la traducción de textos literarios. Su enfoque, de carácter cultural, está relacionado con la noción de *polisistema*[44], o conjunto de elementos interrelacionados que conforman el sistema literario de una época y un lugar concretos. En este sentido, la traducción es aceptable cuando se ajusta a las normas de un polisistema concreto.

D. Extranjerización y domesticación

Conceptos acuñados por Lawrence Venuti[45] en 1995 para describir dos modos distintos de traducción. La *domesticación* consiste en traducir siguiendo un estilo

---

[41] E. NIDA, *op. cit.*
[42] P. NEWMARK, *Approaches to Translation.*
[43] G. TOURY, *In Search of a Theory of Translation.*
[44] Término acuñado por I. EVEN-ZOHAR, *Papers in Historical Poetics.*
[45] L. VENUTI, *The Translator's Invisibility.*

claro, fluido y aceptable para el receptor de la cultura meta, anulando todas las posibles dificultades derivadas de su carácter extraño o extranjero. La *extranjerización* es el proceso contrario: traducir manteniendo este carácter extraño en el TM, aun cuando ello suponga adoptar un estilo opaco, poco claro y de difícil comprensión para el receptor de la cultura meta. Venuti se refiere también, sobre todo, a la traducción de textos literarios. Su enfoque se enmarca en una actitud política contraria a la hegemonía e impermeabilidad del inglés con respecto a las demás lenguas y culturas del mundo, que se refleja en el escasísimo número de traducciones publicadas en dicha lengua.

E. Escopo

El concepto de *escopo (skopos)*, ya mencionado, supone en cierto modo una superación del dilema anterior. Para los teóricos funcionalistas de la traducción (básicamente Katharina Reiss, Hans J. Vermeer y Christiane Nord), *el principio dominante de toda traslación es su finalidad* [46]. Es decir, el carácter global del TM, y consiguientemente su relación con el TO, lo determina ante todo la **finalidad, función o escopo** que deba cumplir en la cultura meta. Por tanto, cuestiones como *fidelidad* o *literalidad* del TM con respecto al TO sólo serán pertinentes en tanto contribuyan a determinar su función.

---

[46] K. REISS y H. J. VERMEER, *Fundamentos para una teoría funcional de la traducción,* p. 80.

2. Translation procedures

The act of translation implies the use of specific procedures or *strategies*. In the linguistic approaches to translation, from Vinay and Dalbernet [11] onwards, the two terms have been used to refer to recurrent working methods found amongst translators and interpreters. For instance (to mention one well known method of classification) Vázquez-Ayora in his *Introducción a la Traductología* [12], compiled two lists, one of **oblique** translation procedures (transposition, modulation, equivalence, adaptation, amplification, explicitation, omission and compensation), and another of **direct** procedures (calque, borrowing and literal translation). Here, in brief, is what each one means.

2.1. Oblique procedures

A. Transposition.

This is *to replace part of the discourse in the source language text by something different which, in the language of the translated text, conveys the main semantic content of the former* [13], in other words, to 'express an idea in one language or the other in different categories', especially grammatical ones.

Examples:

concerning (ST) - con relación a (TT)	(text 4.1)
looking very sorry for herself (ST) - cariacontecido (TT)	(text 5.3)
en representación (ST) - representative (TT)	(text 6.3)

B. Modulation.

This is a *change in the* conceptual basis *within a clause, without altering the meaning of the latter* [14], in other words, 'to express an idea from a different point of view'.

---

[11] J. P. VINAY and J. DALBERNET, *Comparative Stylistics of French and English: A Methodology for Translation.*

[12] G. VÁZQUEZ-AYORA, *Introducción a la Traductología.*

[13] G. VÁZQUEZ-AYORA, *op. cit.,* p. 268.

[14] G. VÁZQUEZ-AYORA, *op. cit.,* p. 291.

Examples:

students (ST) - alumnos (TT)   (text 8.3)

If they are not to become disillusioned it is vital that their elders offer them the chance to harness their abilities and their idealism (ST).
Si no queremos que se desilusione, es vital que sus mayores le ofrezcan la posibilidad de **aprovechar** sus habilidades y su idealismo (TT)   (text 7.1)

Yugos os quieren poner / gentes de la hierba mala (ST)
Yokes they would hang on us / **these tyrants of madness** (TM)   (text 5.6)

C. Equivalence.

This is the most extreme example of the modulation procedure. It entails *conveying the same situation in different modes* [15], especially idiomatic ones.

Examples:

Out of sight, out of mind (TO) - Ojos que no ven, corazón que no siente (TM)
I can't believe it! (TO) - ¡Parece mentira! (TM)
Más vale pájaro en mano que ciento volando (ST) - A bird in the hand is worth two in the bush (TM)
¡Ni hablar! (ST) - You must be joking! (TT)

D. Adaptation.

This is *the procedure in which the same message is conveyed by an equivalent situation* [16]. 'Adaptation' refers, above all, to the replacement of cultural elements present in the source language by their equivalents in the target language.

Examples:

solicitor (ST) - abogado (TT)   (text 4.1)

Ya la hubiera buscado. Los tres años que estuvo casado conmigo plantó diez cerezos. Los tres nogales del molino, toda una viña y una planta que se llama Júpiter, que da flores encarnadas y se secó (ST)
He'd have looked for it! The three years he was married to me he planted ten **mango** trees, three **banana** trees by the road, a whole hillside of **coffee** and a plant called Jupiter with red flowers, but it dried up (TT)   (text 5.8)

Miguel Ángel Blanco ha sido como ese personaje cinematográfico, Juan Nadie, que ha representado a todos los españoles (ST)
Miguel Ángel has been **like the unknown soldier**, the one who represents us all (TT)
                                                                                  (text 7.2)

---

[15] G. VÁZQUEZ-AYORA, *op. cit.*, p. 322.
[16] G. VÁZQUEZ-AYORA, *op. cit.*, p. 322.

E. Amplification.

This is *the procedure whereby more monemes (lexemes and morphemes) are deployed in the language of the translated text than in the source language to express the same idea*[17]. Malone[18] calls this procedure 'diffusion'.

Examples:
¿Quién habló de echar un yugo sobre el cuello de esta raza? (ST)
What **black mind** would put the yoke to the necks of heroes? (TT)   (text 5.6)

Mi hijo tiene, y puede (ST)
My son has **plenty**, and he knows **how to manage it** (TT)   (text 5.8)

F. Explicitation.

This is the *procedure by which what is implicit in the context of the source language is expressed in the language of the translated text*[19]. Sometimes the translator's interpretation of this implicit meaning may even destroy semantic ambiguity (which may be intentional) and become a means of manipulation. For some translation studies theoreticians (Blum-Kulka, Baker and Toury) explicitation is a *universal* procedure, i.e. it is a phenomenon which is one of the essential characteristics of translated texts.

Examples:
To me, fair friend, you never can be old (ST)
Para mis ojos nunca serás **vieja** (TT)
(gender-related manipulation)   (text 5.1)

Translation into French (ST) - Traducción **Inglés**-Francés (TT)
(explicitation intended to clarify the meaning)   (text 8.1)

Yugos os quieren poner / gentes de la hierba mala (ST)
Yokes they would hang on **us** / these tyrants of madness (TT).
(possible politically-inspired manipulation)   (text 5.6)

Es bueno ver entonces cómo se arrastran las nubes (ST)
It's good to see then how the clouds crawl **heavily** about... (TT)
(explicitation for stylistic purposes)   (text 5.7)

G. Omission.

This means the *deletion (in the language of the translated text) of certain unnecessary segments of the statement (in the source language)*[20].

---

[17] G. VÁZQUEZ-AYORA, *op. cit.,* p. 337.
[18] J. L. MALONE, *The Science of Linguistics in the Art of Translation: Some Tools for the Analysis and Practice of Translation.*
[19] G. VÁZQUEZ-AYORA, *op. cit.,* p. 349.
[20] G. VÁZQUEZ-AYORA, *op. cit.,* p. 359.

Examples:

A difficult achievement for true lovers... (ST)
Para dos amantes de verdad, es difícil... (TT)   (text 5.2)

Del buen suceso que el valeroso Don Quijote... (ST)
Of the Good Success Don Quixote had... (TT)   (text 5.5)

H.   Compensation.

This procedure is used *when a loss of meaning occurs in a segment or unit of translation, which must be compensated for at some other point in the text* [21].

Examples:

extremeños de centeno (ST)
Men of Estremadura / **Bodies the color of rye** (TT)   (text 5.6)

Pasen (muy afable, llena de hipocresía humilde) (ST)
Please, come in. Would you like to come in? They'll be here soon (TT)   (text 5.8)

In the second example, compensation is achieved through the tone of voice adopted by the actress (this being an adaptation for radio).

2.2.   *Direct procedures*

Finally, **literal translation** (also known as 'literality') is the procedure whereby one language is translated into another by seeking precise equivalences in terms of structure and meaning from moneme to moneme. However, **false friends** can interfere in this process, as can be seen in these examples, which are lexically incorrect (the first one) or pragmatically incorrect (the remainder).

Examples:

Irish Porter Cake (ST) - Tarta del mesonero irlandés (TT)   (text 10.1)

New York/New Jersey/Connecticut suburbs (ST)
(Transporte a) los suburbios de Nueva York/Nueva Jersey/Connecticut (TT) (text 9.3)

Everybody is Welcome (ST) - Todo el mundo es bienvenido (TT)   (text 9.4)

Sección de Filología Moderna (ST) - Modern Philology Section (TT)   (text 8.6)

There are two special cases so far as literal translation is concerned: **calque** and **borrowing**. In the former, the form or meaning of the foreign word or phrase is imitated, but not its phonetic structure.

Examples: *skyscraper* - rascacielos
            flyweight - peso mosca

---

[21] G. VÁZQUEZ-AYORA, *op. cit.,* p. 376.

Borrowings, on the other hand, imitate its form, meaning and phonetic structure.

Examples:

Look. Let me go get Michael's truck. I'll drive you to JFK (ST)
Deja que vaya a por el camión de Michael y te llevo al **JFK** (TT)   (text 5.4)

Welcome to the Metropolitan Museum of Art (ST)
Bienvenidos al **Metropolitan Museum of Art** (TT)   (text 9.2)

Recently, Ian Mason[22] has criticised these lists, arguing that these procedures are really labels which describe results, rather than methods which explain how they have been achieved. Neubert and Shreve[23] also disagree with this system of classification, considering that it is not so much a question of procedures, but rather of the consequences which result from their application. For her part, Hurtado Albir[24] levels the criticism that these procedures are comparisons of isolated, decontextualised units, in which normally one sole equivalence is offered, with the risk of *fixation* which this poses for students. Finally, Paul Kussmaul[25] uses the word *strategy* when referring to specific methods or techniques for dealing with a variety of translation problems, which he classifies as being functional, pragmatic, stylistic, cultural, documentary etc. in nature, offering specific solutions for each one.

2.3. *Learning Strategies*

These so-called *technical* procedures are, nevertheless, the result of mental skills which the translator calls upon to carry out his / her task. However, both professional translators and students of translation can benefit from the conscious application of strategies for **learning** these skills, both metacognitive ones (i.e. those related to any type of learning) and cognitive ones (i.e. those related to specific types of learning). To consider translation or interpreting as **complex cognitive skills** does not seem so unusual, especially in the case of interpreting, in which training and practical experience have been viewed from a cognitive perspective for some considerable time. Paradoxically, in this sense, certain cognitive strategies used specifically in the training of interpreters (summarization or note-taking), or even some socioaffective ones (such as *directed attention*, or the belief that it is not necessary to understand every word in a text in order to capture its meaning) are now considered to be valid strategies in language learning in general.

---

[22] I. MASON, «Techniques of Translation Revisited: a Text-Linguistic Review of 'Borrowing' and 'Modulation'», in A. HURTADO ALBIR (ed.), *Estudis sobre la traducció*, pp. 61-72.

[23] A. NEUBERT and G. M. SHREVE, *Translation as Text*, p. 53.

[24] A. HURTADO ALBIR, «La didáctica de la traducción», in Edith LE BEL (ed.), *Le masque et la plume*, p. 66.

[25] P. KUSSMAUL, *Training the Translator*, p. 151.

Nevertheless, there is a significant stumbling block: the lack of information[26] about the procedures used by professional translators, which could cast light on the way in which these learning processes are defined and classified. What we can do, at this stage, is to suggest a provisional list of strategies in the light of the methodological models drawn up for foreign language learning, in the hope that future research will make it possible to fine tune it. It is also our belief that the incorporation of a cognitive element in the training programmes designed for interpreters and translators would bring other benefits, as explained below.

1)   From J. Levý[27] onwards, translation has been viewed as a set of linked decisions which the translator takes in accordance with the specific characteristics of his / her work, and other possible constraints (time, documentation, etcétera). There is no doubt whatsoever that many of these decisions, which, taken as a whole, constitute the translation **process**, can be explained or anticipated by means of cognitive strategies.

2)   The gradual —and conscious— use of learning strategies will enable students and scholars in the field of translation to work independently to develop their practical expertise, matching it to the rate at which they acquire knowledge, and to their own individual learning styles and perception.

3)   The provision of specific training in these processes will help students to develop their self-esteem, and make them aware both of their potential and their deficiencies.

In the list of strategies for foreign language acquisition compiled by O'Malley and Chamot[28] —in our view, the most complete and relevant one produced to date— these processes are divided into metacognitive, cognitive and socioaffective. Listed below are those in the first two categories which we consider most relevant in terms of the teaching and learning of translation.

2.3.1.   Metacognitive (or indirect) strategies

The adjective *metacognitive* refers here to the conscious control of the learning process, in its global sense, by the individual.

---

[26] The methods used to establish and describe the procedures are, mainly, observation, questionnaires and prepared interviews, together with introspective activities which take place simultaneously as the task is carried out, such as 'thinking aloud', or 'retrospective' ones, which take place afterwards. Although in general the methods have been employed separately, they have been combined in the latest studies in order to obtain and contrast data. In the specific case of translation studies, 'thinking aloud' activities devised by - inter alios - Gerloff (1987), Hölscher and Möhle (1987), Krings (1987), Séguinot (1989, 1991), Tirkkonen-Condit (1989) and Fraser (1996) have been employed.

[27] J. LEVÝ, «Translation as a Decision Process», in *To Honor Roman Jakobson,* pp. 37-52.

[28] J. M. O'MALLEY and A. U. CHAMOT, *Learning Strategies in Second Language Acquisition,* p. 138.

A. Planning

This can be divided into:

Advance Organisation: This means the prior study of the steps to be taken before translating the text; it encompasses the type of text, its subject and an analysis of its components. In this respect, we would refer readers to the elements of analysis which we have already mentioned: sender, recipient, format, non-verbal aspects, etcétera. Advance organisation also includes the simple habit of reading the entire text before beginning to translate it, this being an essential strategy, the importance of which is not always stressed with a sufficient degree of insistence.

Organisational Planning: This includes the factors to be taken into consideration *before* starting (the time available, reference materials and other sources of documentation, etcétera), during the translation process itself (information technology processes, drafts, consultation, etcétera), and *at the end* of the process (final editing and handover of the text), without which the translation process is incomplete.

At this juncture, it may be worth evaluating the significance of some of the recent developments in technology. In terms of its overall impact, it is probably true to say that to date technology has had a greater effect on the planning and organisation of translators' work than on the translation process itself. Computers, word processing and database software, fax machines, scanners and photocopiers have now become standard items of equipment for translators. As the Internet becomes an increasingly important tool for business, as well as for private users, translators will find that access to the facilities that e-mail offers (especially file transfer) will become indispensable.

As far as the translation process itself is concerned, the prediction that information technology would make large numbers of translators redundant has proved to be ill-founded. At the time of writing, computer-based technology has not yet reached the stage where it can easily cope with tasks in which the ability to reach a decision on the most suitable word or expression, or to discriminate between shades of meaning, are of paramount importance. Machine translation has, therefore, had only limited success. Its main uses are in areas where semantic fields are restricted, and the computer has a reasonable chance of selecting a sensible equivalent in the target language. In general, considerable amounts of human translator-hours have to be devoted to the revision of machine-translated texts. This is a chore which few practitioners embrace with any degree of enthusiasm, although, no doubt, it can be argued that in some cases this approach may make more efficient use of translators' time.

Computer-assisted translation, in the form of Translation Memory (TM) systems, is, perhaps, likely to be of more practical use to the majority of translators, particularly those specialising in technical translation. TM software mimics the card index of definitions of terms and solutions to specific problems that many translators compile during their working lives. Storing this information in electronic form offers indisputable advantages, including rapid access and accuracy, but TM software provides additional benefits. Once the translator has found the best possible solution to a translation problem, it can be saved in the software, and made available to colleagues working in the same department, thereby promoting greater consistency in the teams work. The software can also be programmed to paste these ideal solutions into the translation as soon as it recognises a segment of the ST which matches the material stored in it. This means that if a number of similar texts have already been translated, the software can, in effect, automatically translate parts of any new text which contains words or phrases from them which are similar to those stored in its memory.

It is claimed that the use of this software can increase translators' productivity by 10 to 30 %, although it should be remembered that the quality of the end result will only be as good as the data fed into the system. TM software can be very helpful when large amounts of repetitive technical material need to be translated (e.g. instruction manuals for a range of similar products), but is probably less useful in situations in which the language of the ST is less predictable or consistent. At the time of writing [29], its developers are targeting large corporate clients and supranational organisations. Its cost puts it beyond the reach of most freelance translators, although - as has occurred with many other technology-based products - it seems likely to become less expensive in the future as competition becomes more intense, and companies seek new markets.

B. Self-management

Self-management implies the knowledge and the ability to use the material resources available to complete a task, as well as the awareness of possible constraints. The former would include items such as reference books (dictionaries, glossaries, encyclopaedias, etcétera), computing resources (word processors, machine translation programmes, proof correction tools, etcétera), and so on. The second would encompass adverse non-cognitive factors of a physical or emotional nature, or even those of a political nature (in the case of official translators), who are sometimes subjected to pressures which are extraneous to the translation process itself (see text 5.6 for examples), and which need to be taken into consideration if the brief is to be fulfilled.

C. Self-monitoring

This refers to the individual's capacity to judge his / her own work. It plays an interesting rôle in reinforcing the translator's sense of self-esteem and self-confidence, which is the ultimate objectives of translation methodology, as proposed recently by Paul Kussmaul [30]. In revising their work, students or novice translators

---

[29] For a more detailed consideration of the computer-based technology available to the translator, see D. LEWIS, *Machine translation today.*

[30] P. KUSSMAUL, *op. cit.,* p. 31.

will be able to correct mistakes, especially ones associated with the meaning of the text, these being the most difficult ones to identify. In the classroom, in addition to being corrected by the teacher, the translation can be compared with others. Back-translation, one of the methods suggested in this book, can also throw light on the quality of a translation, but it should be approached with some caution, since revisiting the translation, this time in the opposite direction, can involve taking new decisions which were not taken the first time round.

While we are discussing self-monitoring, we should also add that there is a distinction to be made, which has already been mentioned, and which, in our view, should always be borne in mind when a translation is evaluated. This is the need to inculcate the attitude that there are no single solutions, but that potential errors are not of a **binary** nature, as Anthony Pym quite rightly points out[31]. There are always various solutions to a specific translation problem; the most appropriate course of action is reasoned reflection, which will enable the most suitable solution to be found in each case. Finally, self-monitoring should include an assessment of the process itself, and not just the product; in other words, an evaluation of the strategies, both metacognitive and cognitive, which have been followed.

2.3.2. Cognitive strategies

These strategies define how our cognitive resources are used when we undertake certain tasks - in this case, those associated with translation.

Repetition

In its simplest form, this is the copying of texts, or sections of texts. As far as translation is concerned, it involves imitating, in whole or in part, translations which have already been done, or texts which parallel the one to be translated. It is a common strategy, which is not only part of the methodology used in teaching translation, but has also been adopted in professional practice, where use is often made of previous models or templates based on specific text types.

Grouping

This is the classifying and ordering of material. In professional translation, practitioners usually make lists of text types or categories, (and are making ever greater use of computers for this purpose) as well as of words or expressions which are repeatedly used: these have been dubbed *stock-equivalents* by Gideon Toury[32]. As far as classroom activities are concerned, the placing of texts, or the parts of texts, into a logical order is a very well-known one, both in language

---

[31] A. Pym, «Translation Error Analysis and the Interface with Language Teaching», in C. Dollerup and A. Loddegaard (eds.), *Teaching Translation and Interpreting: Training, Talent and Experience*, pp. 279 ff.

[32] G. Toury, *Descriptive Translation Studies and Beyond*, p. 97.

teaching and in the training of translators. In the case of the latter, we should also add activities related to the pairing of parallel texts in different languages, or of textual variants of the same text type in specific languages.

Resourcing

As far as translators are concerned, this is the strategy par excellence - the sensible and systematic use of reference materials. Examples include dictionaries, both monolingual and bilingual, general and specialised, as well as files containing parallel texts, encyclopaedias, articles, textbooks, etc., all of which are becoming available, to an ever greater degree, in electronic form (see text 11.4 for examples). Under this heading can also be included consultation with native speakers or experts in specific areas, along with the study of work previously carried out, which can frequently provide solutions to recurring problems provided, of course, that these solutions can be easily retrieved. Students who are new to the field of translation studies need to be given explicit and specific training in this strategy, which is probably one of the most important ones for them. This can be done through projects which involve the perusal and consultation of various types of materials, rather than by relying on a purely theoretical approach.

Summarization

The production of written or oral summaries is always a relevant activity for students of translation. Nearly all the pedagogical literature emphasises the instructional value of this activity, suggesting various forms that it might take, and giving it a variety of names: synopsis writing, gist translation, *résumé du texte*[33] abstracting, précis or 'synthetic translation'[34]. Above all, it helps translators to identify and specify the meaning(s) of texts, and to break free from the formal linguistic code which the printed word represents. It should be remembered that the cognitive approach adopted in teaching and in the practice of translation and interpreting, exemplified by Seleskovitch or Gile, is based on the idea that to translate is to 'deverbalise' concepts and to extract the meaning of the text in order to transfer it to another language. The production of summaries of texts is, therefore, a learning activity which has an essential rôle to play in this process.

Substitution

This is a procedure involving the production of alternative versions of the same text. One of the most basic techniques in which it is used is the conversion of direct speech into indirect speech, which is one of the standard exercises in language teaching. Other similar activities are, for instance, the rewriting or retelling of texts in the Language A *(intralingual translation)*, or the rewriting of translations which have already been done. Professional translators frequently resort to paraphrasing in order to clarify meanings or find equivalents in the target language. Substitution

---

[33] Mentioned by Sylvie LAMBERT in *La formation d'interprètes: La méthode cognitive*, pp. 736-44.
[34] Mentioned by A. HURTADO ALBIR in «La didáctica de la traducción», in E. LE BEL (ed.), *La masque et la plume*, p. 75.

can also apply at word level. Eugene Nida's [35] widely propagated concept of **dynamic equivalence** makes it clear that, depending on the situation, any given word in the ST can be translated by different words in the TT. Malone [36] has dubbed this strategy 'divergence'.

Elaboration

This involves relating new information to previous knowledge. This is one of the basic strategies of constructivism, which advocates the notion of the *construction* of meaning: in other words, for new information to be fully understood, it must be *anchored* in previous knowledge, which results from an individuals life experience, his / her worldly wisdom, his / her educational experiences, or even his / her own creativity. Elaboration is probably one of the key strategies in the reading or aural comprehension of texts in any language and is, therefore, of crucial relevance in translation. Approaches to reading comprehension, such as the interactive approach proposed by Patricia Carrell [37], are based on this premise. When the text is not fully understood, the reader or translator resorts to mental *scenes* or *schemata* which are stored in his / her long-term memory. These schemata aid comprehension, and the nearer they are in meaning to the text in question, the easier it will be for him / her to understand it. It follows from the above that the translator's task becomes considerably easier when s/he specialises in certain fields, and that it is vital for the translator to be acquainted both with the culture of the language from which s/he translates, and the current situation in the countries where it is spoken. Techniques associated with this process would be, for example, the contextualisation of texts, the linking of sections of the same text, pair or group work involving discussions on the meaning of texts or specific words, the drafting of interpretations of the text followed by the translation, confirmation or rejection of the conclusions which had previously been reached, the observation of how different interpretations can lead to different translations, and so on. Teachers can help students to understand difficult texts by giving them pre-translation exercises (to which reference has already been made), and by helping them to predict meanings and relate them to their existing ideas.

Note-taking

The use of notes to reconstruct texts prior to their oral or written translation also seems to be a key strategy in the training of translators and interpreters. Note-taking is linked to the summarization strategy explained above, and several techniques have been proposed to improve its effectiveness, such as, for instance, the well-known code developed by Rozan [38], or the use of shorthand. Other methods of

---

[35] Mentioned in E. NIDA, *Toward a Science of Translating: With Special Reference to Principles and Procedures involved in Bible Translating.*

[36] *Op. cit.,* p. 88.

[37] P. CARRELL, «Interactive Text Processing: Implications for ESL / Second Language Reading Classrooms», in P. CARRELL, J. DEVINE and D. ESKEY, *Interactive Approaches to Second Language Reading.*

[38] J. F. ROZAN, *La prise de notes en interprétation consecutive.*

note-taking are lists of *key words*, sometimes considered as a cognitive process in itself, and **semantic maps**, which link concepts and semantic relationships in the form of a map [39], and which are especially useful in making students aware both of the internal cohesion of a text and of the cultural implications of certain words, or the relationship between concepts. In this sense, semantic maps are an excellent preparation for effective note-taking.

Inferencing

This is probably the most frequently cited strategy when text comprehension processes are described. Whilst elaboration involves reference to previous knowledge, inferencing is the gathering of information from linguistic or extralinguistic data present in the text in question. Apart from the meanings of specific words, the opinions and intentions of the sender can be inferred, together with the functionality and intentionality of the text. Typical activities related to this procedure are, for example, the deduction of meanings from contextual details or information, gap filling or the completion of truncated texts (cloze technique), the invention of beginnings or endings of stories, the ascertainment of the tone or intentionality of a text, etcétera.

The systematic, judicious and, when necessary, verificatory use of Inferencing is, without any shadow of doubt, one of the features which distinguishes expert translators from novices: the latter, being much less able to infer meanings, must necessarily turn to other strategies, chiefly Resourcing.

Transfer

Transfer is the conscious use of what has been learned, both instrumental knowledge (command of Languages A, B and C, as well as knowledge of translation procedures and techniques) and scientific knowledge (linguistics and translation science). *Competence*, then, so far as translators are concerned, is their ability to apply all this knowledge, which will increase as they gain further professional experience. Although much is always said about the part played by inspiration or serendipity in translation, there is no argument about the fact that todays translators need to be specially trained if they are to acquire the necessary knowledge, even if this merely enables them to save time and avoid the pitfalls towards which their own intuition all too frequently leads them. Other aspects of this training (i.e. where it should be provided, its nature and its duration) are still the subject of discussion.

Translation

In foreign language learning, translation - in both its written and oral forms - is just one more strategy, and is useful for making contrasts, specifying meanings or simply verifying that a text has been understood, although the latter application may be the most debatable one. In the training of translators, and in this book,

---

[39] R. OXFORD, *Language Learning Strategies*, p. 61.

translation as a strategy, seen as a partially supervised or completely free activity, becomes the main object of study, and cannot, therefore, be viewed as just another strategy, but as the most important one. There is no doubt whatsoever that the way to learn to translate is by translating, although there may sometimes be insufficient time to do so, even in specialised degree programmes. In translation as a learning strategy, there are two main variants: *direct* and *inverse* or back-translation; nevertheless, others exist, such as *shadowing* (or *sight* translation), the written translation of oral material, or the oral translation of written material, etcétera.

To conclude this section, we offer a practical example of how these strategies might be used. Let us suppose, for instance, that a translator is commissioned to translate a brochure on a commercial product. In our view, before any work is done on the translation itself, the following tasks need to be completed:

1. Before beginning to translate the text, the translator should analyse the brief s/he has been given (the **Skopos**). The client, who will be the first recipient of the translation, will be likely to want discuss ideas and suggestions with the translator before s/he begins work. The translator should also assess the resources available, for instance, computer-based resources, the time it will take to complete the work and the documentation at his/her disposal (**Organisational Planning**).

2. Once s/he has read the ST for the first time (in its entirety) the translator will decide what steps s/he is going to take to complete the task (**Self-management**). For example, s/he can look for parallel texts in the target language, or ones which have already been translated (**Repetition**). Once s/he begins working on the text, the translator will apply his/her previously acquired knowledge (**Elaboration**), and also deduce meaning from the context (**Inferencing**), as well as applying his/her knowledge of the source and target languages and translation procedures (**Transfer**). S/he will also consult dictionaries and other reference materials (**Resourcing**).

3. Once the first draft has been completed, the translator should go back over the draft and revise the TT before handing it over (**Self-monitoring**). Finally, s/he will file the work for future use (**Grouping**).

As can be seen, most of these learning strategies are also actively used by translators in their work. Nevertheless, some of them (in particular, **Note-taking, Substitution** and **Summarization**) are strategies which are mainly applicable to translator training, their use being restricted to the classroom.

2.4. Other Basic Concepts in Translation Studies

We share the view taken by Hatim and Mason[40] that the well-known concepts of *literal translation* or *free translation* are unsatisfactory in terms of translation theory because of their vagueness and lack of precision. It is hardly surprising, then, that there have been other attempts to describe these two modes of translation using concepts which are both clearer and better defined. In any case, it can be

---

[40] B. HATIM and I. MASON, *The Translator as Communicator*, p. 11.

stated that one of the great debates about translations as products centres on these two opposing views of the final result of the translation process, and that the concepts which have evolved during the twentieth century confirm this.

A. Formal and dynamic equivalence

These are concepts developed by Eugene Nida[41] in 1964 to distinguish between translations which slavishly imitate the formal and stylistic features of the ST (formal equivalence), and those which attempt to *break free* from the latter and create for the recipient the same effect that the ST produced, but which respect the features and characteristics of the target language (dynamic equivalence). These concepts are related, in particular, to the Bible, a text which has the prime purpose of creating a specific effect for the recipient; in Bible translation, therefore, dynamic equivalence has a specific task to perform.

B. Semantic and communicative translation

In 1981 Peter Newmark[42] differentiated between semantic translation (in which the translator attempts to reproduce the meaning of the ST with a minimal number of changes arising from the specific norms of the target language) and communicative translation (which, as we have already stated, is that in which the translator seeks to create for the recipient of the TT the same effect that the ST sought to create, even at the expense of making significant changes to the formal features of the latter). Semantic translation would normally be used for literary, scientific and technical texts, as well as in other contexts in which the language of the ST is as important as its content.

C. Adequacy and acceptability

Taking as his starting point his concept of translation *norms*, Gideon Toury[43] (1980) distinguishes between *adequate* translations, when the translator basically follows or adheres to the norms of the source culture when s/he produces the TT, and *acceptable* ones, in which the opposite occurs, i.e. the translator keeps mainly to the norms of the target culture when s/he translates. Toury refers primarily to the translation of literary texts. His approach, which is culture-bound, is linked to the notion of *polysystems*[44], or sets of interrelated factors which shape the literary *system* in a particular time and place. In this sense, a translation is acceptable when it complies with the norms of a specific polysystem.

---

[41] E. NIDA, *Towards a Science of Translating: With Special Reference to Principles and Procedures Involved in Bible Translating.*
[42] P. NEWMARK, *Approaches to Translation.*
[43] G. TOURY, *In Search of a Theory of Translation.*
[44] A term coined by I. EVEN-ZOHAR, *Papers in Historical Poetics.*

D. Foreignization and domestication

These terms were invented by Lawrence Venuti[45] in 1995 to describe two distinct modes of translation. Domestication occurs when a text is translated in a style which is clear, free flowing and acceptable to the recipient in the target language, and which nullifies any possible difficulty which might arise from its unfamiliar or foreign nature. 'Foreignisation' is the opposite process, and involves translating the text, yet retaining this unfamiliar nature in the TT, even when this entails the adoption of a style which, for the recipient in the target culture, is opaque, unclear and difficult to understand. Venuti also refers mainly to the translation of literary texts. His approach is aligned with a political attitude which is against the hegemony and imperviousness of English vis-à-vis the world's other languages and cultures, this being reflected in the very small number of translations published in that language.

E. Skopos

The concept of the *skopos* of the translation, to which we have already referred, goes some way towards resolving the above dilemma. For functionalist theoreticians (basically Katharina Reiss, Hans J. Vermeer and Christiane Nord) *the principle governing the translation process is its purpose*[46]. In other words, the overall nature of the TT and, consequently, its relationship with the ST, is determined primarily by the **purpose, function** or **skopos** which it might have in the target culture. Considerations such as the *degree of faithfulness* or *literality* of the TT vis-à-vis the ST will only be relevant insofar as they play a part in determining its function.

---

[45] L. VENUTI, *The Translator's Invisibility.*
[46] K. REISS and H. J. VERMEER, *Fundamentos para una teoría funcional de la traducción,* p. 80.

3. Tipología de textos

Ninguna de las propuestas de tipología de textos en teoría de la Traducción se considera definitiva, aunque todas ellas, en mayor o menor grado, se continúan utilizando, con distintos propósitos, para definir o diferenciar textos. Por ejemplo, la establecida por Kade[47] entre textos literarios y pragmáticos, o las sucesivas clasificaciones de Katharina Reiss (primero la de 1976[48], entre textos representativos o informativos, expresivos y apelativos u operativos, y luego la de 1984[49], que añadía una categoría más, la de textos *multimedia*). Hatim y Mason[50] reconocían en 1990 que la *multifuncionalidad* o *hibridez* de cualquier texto imposibilitaba la elaboración de taxonomías convincentes. Como estos mismos autores indican en una obra posterior[51], elaborar tipologías textuales continúa siendo un proceso heurístico y distinto, según las características del lector o traductor.

Si admitimos este último hecho, resulta difícil utilizar alguna de estas propuestas previas de clasificación. Por consiguiente, hemos optado finalmente por crear una propia, eminentemente funcional y acorde con nuestro esquema de trabajo, que tiene en cuenta las consideraciones siguientes:

1) Aunque, en principio, todo texto es traducible, nuestra primera opción es incluir aquellos que más se traducen de manera profesional. Nuestra indagación previa en el mundo de la traducción, tanto en España como en el Reino Unido, nos proporcionó los datos que nos permitieron establecer la agrupación que proponemos. Cuando son relevantes, comentamos las diferencias cuantitativas que se producen en la traducción de cada uno de los tipos de texto, de una a otra lengua.

2) Tenemos en cuenta también la clasificación textual empleada en la formación de traductores[52], que normalmente aborda de forma especial la traducción de textos jurídicos y socioeconómicos, la de textos tecnológicos y científicos y, en menor grado, la de textos literarios. Las demás agrupaciones (periodísticos, educativos, orientados al consumo) suelen también utilizarse, aunque no sean objeto de un tratamiento tan exhaustivo o directo.

---

[47] O. KADE, *Zufall und Gesestzmässigkeit in der Übersetzung.*

[48] K. REISS, *Texttyp und Übersetzungsmethode. Der Operative Text.*

[49] K. REISS y H. J. VERMEER, Grundlegung Einer Allgemeine Translationstheorie (trad. esp., *Fundamentos para una teoría de la traducción*).

[50] B. HATIM e I. MASON, *Discourse and the Translator.*

[51] B. HATIM e I. MASON, *The Translator as Communicator.*

[52] HATIM y MASON (1991, p. 138; 1997, p. 179) critican esta modalidad de clasificación y sostienen la necesidad de diseñar nuevos modelos de tipologías en los programas de formación de traductores, aunque no ofrecen, sin embargo, una propuesta alternativa.

Optamos, por tanto, por una clasificación temática como la más accesible para los posibles usuarios del libro, dividida en *áreas de contenido* y no en *tipos de texto*, definición ambigua y entendida de manera diferente por las distintas escuelas de Análisis del Discurso y Lingüística del Texto. Queremos, no obstante, dejar constancia de que esta clasificación no deja de ser una división convencional con fines puramente prácticos, pues incluso así la adjudicación de textos a áreas concretas nunca es estricta (por ejemplo, un folleto publicitario de una universidad podría adjudicarse tanto al área de textos orientados al consumo como a los educativos). Nos parece, sin embargo, que la accesibilidad del libro queda garantizada para todos los posibles usuarios, sobre todo para los que no proceden de estudios de Traducción. En las siguientes tablas se incluyen los tipos de texto traducidos, clasificados por áreas de contenido. Obviamente, y por razones de espacio, en nuestro libro incluimos una selección de muestras de cada área.

Áreas de contenido

1. Jurídica y administrativa.

>   instancias, solicitudes y formularios
>   contratos
>   atestados e informes
>   oficios y circulares
>   escrituras de propiedad
>   sentencias judiciales
>   leyes
>   estatutos
>   reglamentos y normas
>   testamentos
>   citaciones
>   códigos (civil, penal, etcétera)
>   código de circulación
>   títulos y certificados no académicos

2. Literaria y de entretenimiento.

>   novelas y cuentos
>   obras de teatro
>   poemas
>   libros de viaje
>   ensayos
>   comics
>   crítica literaria
>   guiones doblados y subtitulados de películas, documentales, programas de TV

3. Socioeconómica.

>   mensajes comerciales (cartas, faxes, etcétera)
>   contratos
>   acuerdos y pre-acuerdos comerciales

4. Periodística.

    reportajes de prensa
    noticias
    reseñas
    necrológicas
    entrevistas
    editoriales
    cartas al director

5. Educativa.

    libros de texto
    enciclopedias y diccionarios
    obras de referencia
    folletos universitarios y de otros niveles educativos
    títulos y certificados académicos
    descriptores de cursos

6. Orientada al consumo.

    manuales de instrucciones de máquinas o aparatos
    otros manuales (de bricolaje, de cocina, etcétera)
    folletos de viaje
    guías turísticas
    anuncios publicitarios
    propaganda política

7. Tecnológica y científica.

    manuales (tecnológicos, informáticos)
    instrucciones y normas de seguridad
    actas y revistas científicas (resúmenes y artículos)
    instrucciones de aparatos, laboratorios, etcétera.

3. Typology of Texts

None of the suggested typologies of texts in translation theory can be considered definitive, although all of them - to a greater or lesser degree - are still used to define or differentiate between texts. They include, for instance, Kade's distinction[47] between literary and pragmatic texts, the series of classifications drawn up by Katharina Reiss (firstly in 1976[48], when she distinguished between representative or informative, expressive and apellative or operative texts, and then in 1984[49], when a further category - that of *multimedial texts* - was added). Hatim and Mason[50] acknowledged in 1990 that the *multifunctionality* or *hybridisation* of any text made it impossible to develop convincing taxonomies. As these same authors indicate in a later work[51], the development of typologies of texts continues to be a heuristic process, which is conditioned by the nature of the reader or translator.

If this point is accepted, it makes it difficult to adopt any of the classification schemes already proposed. We have therefore decided to create our own scheme, which is highly functional and consonant with our own plan of work; in doing so, we bore the following criteria in mind:

1)   Although, in principle, every text is translatable, we have selected those which are most frequently translated by professional practitioners. Our research into professional translation, both in Spain and the United Kingdom, provided the information which enabled us to define the groupings shown below. When it is relevant to do so, we comment on the differences in the numbers of texts of each type translated in each country.

2)   We have also taken the text classifications used in the training of translators[52], in which special emphasis is placed on the translation of legal and socioeconomic texts, technological and scientific ones and, to a lesser extent, literary ones. Other categories, such as journalism, educational and consumer-orientated texts, also exist, although they may not be treated so exhaustively, or dealt with in such depth.

---

[47] O. KADE, *Zufall und Gesestzmässigkeit in der Übersetzung.*

[48] K. REISS, *Texttyp und Übersetzungsmethode. Der Operative Text.*

[49] K. REISS and H. J. VERMEER, *Grundlegung Einer Allgemeine Translationstheorie.*

[50] B. HATIM and I. MASON, *Discourse and the Translator.*

[51] B. HATIM and I. MASON, *The Translator as Communicator.*

[52] HATIM and MASON (1991, p. 138; 1997, p. 179) are critical of this method of classification, and maintain that it is necessary to design new templates for typologies in translator training, although they do not offer any alternative proposal.

We have opted, therefore, for a thematic system of classification of texts, since this was the most accessible one for potential users of this book, and have used the term *content areas* rather than *text types*, given that the later term is ambiguous, being defined in different ways by the various schools of Discourse Analysis and Text Linguistics. Nevertheless, we wish to make it clear that this system of classification is no more than a conventional division with purely practical aims; even so, there are no strict rules governing the allocation of texts to one area or another (for instance, a brochure advertising a university could come under the headings of both consumer-orientated and educational texts). Despite this, we feel that the book will be accessible to all, especially those who are not undergoing specialised training. In the tables which follow, the types of translated text have been classified by content areas. For reasons of space, we have obviously only been able to include a selection of samples in each area.

Content Areas

1.   Legal and administrative documents.

> submissions, applications and forms
> contracts
> statements and reports
> official letters and circulars
> title deeds
> legal judgements
> laws
> statutes
> rules and regulations
> wills
> summonses
> codes (civil, penal, etcétera)
> the highway code
> non-academic awards and certificates

2.   Literature and entertainment.

> novels and short stories
> plays
> poetry
> travel books
> essays
> comics
> literary criticism
> dubbed and subtitled film and documentary scripts TV programmes

3.   Socio-economic texts.

> business communication (letters, faxes, etcétera)
> contracts
> agreements and pre-agreements

4. Journalism.

> press reports
> news items
> reviews
> obituaries
> interviews
> editorials
> letters to the editor

5. Academic and educational texts.

> textbooks
> encyclopaedias and dictionaries
> works of reference
> prospectuses for universities and other educational institutions
> academic awards and certificates
> course descriptors

6. Consumer-orientated texts.

> instruction manuals / leaflets for machines or appliances
> manuals / books on do-it-yourself, cookery etcétera
> tourist brochures
> travel guides
> advertisements
> political propaganda

7. Science and technology.

> technical and IT manuals
> instructions and safety rules
> scientific conference proceedings and journals (abstracts and articles)
> instructions for equipment, laboratories, etcétera

4. Textos jurídicos y administrativos

Los lenguajes jurídico y administrativo, en inglés y español, se caracterizan por elementos comunes. Son lenguajes sumamente estereotipados y formularios, convencionalizados y conservadores, hasta incluso arcaizantes, como se ve en su empeño por mantener rasgos morfológicos, sintácticos y léxicos desusados en cualquier otro tipo de lenguaje. Su función es directa y precisa, por lo que huyen de las connotaciones y las ambigüedades, hasta caer, a veces, en la pura reiteración. Desde una perspectiva cultural, ambos lenguajes responden a distintas tradiciones en el campo del Derecho, la *continental, romano-germánica* o *code law* en España y los demás países europeos continentales, además de los latinoamericanos, y la *ley común, case law* o *common law,* base del derecho anglosajón, que se extiende al Reino Unido, Irlanda, Estados Unidos (con excepción de territorios colonizados por Francia, como Louisiana), Canadá (en sus territorios anglófonos), Australia y Nueva Zelanda, así como todos aquellos países herederos, aunque sólo sea en parte, de la tradición jurídica anglosajona, como los de la Commonwealth. La excepción, en el mismo territorio del Reino Unido, es Escocia, que tiene su propio sistema jurídico basado en el derecho continental pero con numerosas influencias posteriores de la ley común inglesa. Mientras que el Derecho continental se basa, por lo general, en la codificación de leyes y normas que han de aplicarse de manera universal, el otro, el *común* o anglosajón, se basa, también en general, en la jurisprudencia —en sentido español[53]— y en el análisis individual de cada caso. Estas diferencias afectan indudablemente al proceso de traducción de textos administrativos y jurídicos de una lengua a otra.

El traductor jurídico, por consiguiente, ha de llegar a un compromiso en su trabajo, buscando, ante todo, la *adecuación*, en términos de Toury, del texto traducido al de origen, sobre todo si se trata de una traducción jurada que tiene que cumplir una función concreta en el marco de un proceso legal. Para Roberto Mayoral[54], el *escopo* de la traducción jurada está perfectamente claro en la mayoría de los casos, pero lo que complica el proceso es la situación de traducción, es decir, los posibles conflictos entre los participantes en el encargo y el traductor. Éste puede verse forzado, en ocasiones, a efectuar intervenciones en el texto traducido con objeto de lograr objetivos concretos. La ética profesional del traductor debe prevalecer, en cualquier caso, ante conflictos de este tipo.

---

[53] Es decir, en precedentes de casos similares, lo que en inglés sería *case law* o *precedent. Jurisprudence* en inglés se refiere a filosofía o teoría del Derecho.

[54] R. MAYORAL, «Las fidelidades del traductor jurado: Una batalla indecisa».

El traductor jurídico juega, no obstante, con ciertos elementos favorables: la continua repetición de fórmulas y tipos textuales facilita el proceso de traducción en cuanto comienza a acumular experiencia[55]. Esto es posible en la gran mayoría de los casos, pero hay otros (sobre todo en el marco del Derecho constitucional y político) en los que la traducción resulta imposible sin algún tipo de compensación cultural. Como hemos dicho antes, gran parte del volumen de textos jurídicos traducidos tiene carácter de traducción jurada, esto es, certificada en su *fidelidad* (normalmente mediante su firma y sello) por el traductor jurado profesional, habilitado ante la ley para tal propósito.

TEXTO ORIGEN 4.1.

Hoja 1.

POWER OF ATTORNEY

KNOW ALL MEN by the Presents that I, Gregory R. Watson, of Cork, County Cork, Ireland –
HEREBY APPOINT Barbara Ackerley, –
of Cork, County Cork, Ireland –
(hereafter called my *Attorney* to act for me in every respect as fully and effectually as I could act in person concerning all my present and future affairs and all my present and future property rights and interests real and personal and whether sole or joint all of which I place in the unfettered control and discretion of my Attorney with authority to bind me in relation thereto in any manner whatsoever including (but without prejudice to the generality of the foregoing authority) full power to buy, take on Lease or otherwise acquire and to sell let or otherwise dispose of and create Mortgages and charges on real and personal property of every description; to operate my Banking accounts, to open and operate any other Banking accounts; to borrow and lend, to give, vary and revoke instructions as to the manner in which Dividends, interests or other moneys payable to or by me shall be paid or dealt with, to settle or compromise claims by or against me and to vote and give proxy for votings at Meetings and including for the purpose of the transfer of inscribed stock the right to delegate the power to transfer, to receive and give receipts for all manner of property (real and personal), to take, and defend actions of all kinds, to pay all liabilities incurred by me or him in my name, to appoint, remunerate and dismiss servants or agents, and in my name and on my behalf to do the following or any one or more of them that is to say, to execute, sign, seal, deliver and complete all Deeds, instruments, Notices and all other kinds of documents and writings and I purposely refrain from further particularising the description of my affairs and my property rights and interest and

---

[55] Los siguientes diccionarios especializados nos parecen de especial utilidad:
Bilingües: ALCARAZ VARÓ, E., y HUGHES, B., *Diccionario de términos jurídicos Inglés-Español, Español-Inglés;* LACASA NAVARRO, R., y DÍAZ DE BUSTAMANTE, I., *Diccionario de Derecho, Economía y Política Español-Inglés, Inglés-Español.*
Monolingües: BLACK, H. C., *Black's Law Dictionary;* RIBÓ DURÁN, L., *Diccionario de Derecho.*

powers conferred lest by so doing I should be taken to limit the intended operation of this instrument as a full and general power of Attorney.

AND I HEREBY DECLARE that these presents shall be irrevocable for Twelve months from the date hereof and shall at all times (both during and after the said period) be conclusively binding on me and my personal Representatives in favour of third parties who have not received Notice of the revocation thereof but so that the exercise by me in person from time to time of any of the powers hereby conferred shall not of itself be deemed to be a revocation.

IN WITNESS whereof I have hereunto set my hand and affixed my Seal this 17th day of February One thousand nine hundred and Ninety-four.

SIGNED SEALED AND DELIVERED by the above-named

Gregory R. Watson

in the presence of

Mr............................

Ms............................

Ms............................

(478 palabras)

Hoja 2.

I, Robert Hogan, of Cork, County Cork, Solicitor, aged twenty-one years and upwards MAKE OATH and say as follows:

That I am the subscribing Witness to Power of Attorney bearing date the 17th day of February 1994 and executed by the said Gregory R. Watson and that the said Gregory R. Watson duly executed same in my presence as the same now appears.

That I did after such execution attest and subscribe the said Power of Attorney in the presence of the said Gregory R. Watson

Signature (Robert Hogan)

SWORN before me this 17th day of
February 1994 at Cork, County Cork,
by the said, and I know the Deponent.
Signed by Notary Public

(117 palabras)

Hoja 3.

SUPREME COURT OFFICE,
FOUR COURTS,
DUBLIN,
IRELAND.

I, G. ...., Registrar of the Supreme Court hereby certify that it appears from the Records of this Office that .... whose name is subscribed to the annexed document was on the 21st of December 1993 appointed a Notary Public for the County of Cork and that his name is at the present time on the Roll of Notaries.

And I further certify that upon comparison of the signature .... and the seal affixed to the said document with specimens of signature and seal of the abovementioned Notary Public on record in this Office I verily believe the same to be in his proper handwriting and his seal.

Dated this 8th of September 1994
Paul Preston
Registrar

(120 palabras)

Comentario general

Aunque la forma y estilo del poder notarial en lengua inglesa varíen de lugar a lugar, este *Power of Attorney* irlandés responde perfectamente a las características señaladas antes al describir el estilo específico del texto jurídico. Contiene un lenguaje estereotipado, arcaizante y reiterativo, cuya función principal es la de enumerar todos los casos en los que el agente designado puede sustituir a su representado. Estas enumeraciones, muchas veces obvias y sobreentendidas en los textos jurídicos españoles, son habituales en la *common law* anglosajona. Asimismo, el formato, prácticamente desprovisto de puntuación y con mínima división en párrafos *(unbroken format)* es también muy frecuente en el texto jurídico en inglés. El poder (hoja 1) va acompañado de una declaración jurada del testigo principal del proceso firmada por éste (hoja 2) y de la certificación de autenticidad por parte del encargado del registro (hoja 3). Para que un poder tenga plena validez, según el ordenamiento jurídico vigente, debe adjuntarse la certificación de la firma que suscriba el documento original. Esta certificación, que debe traducirse también, se suele incluir en una *apostilla,* que normalmente se coloca en el propio documento, o en texto aparte. Éste es el caso de la hoja 3, una certificación expedida por el Tribunal Supremo irlandés, que se ha adjuntado a los documentos anteriores y que certifica su autenticidad.

La traducción fue encargada y presentada en la instancia correspondiente como traducción jurada, versión que adjuntamos a continuación, y que añade los siguientes elementos a los TO: 1) encabezamiento del traductor jurado, que muchas veces, como en este caso, es sustituido por un simple membrete con el nombre (en este caso, ficticio) del traductor, 2) traducción del documento, y 3) diligencia o fórmula de certificación por parte del traductor.

Aunque, oficialmente, no existe ningún formato obligado para la traducción jurada por parte de la Administración (sólo los aspectos incluidos en la Orden de 8 de febrero de 1996, relativos a la fórmula para la certificación del traductor y la información que debe contener su sello), otras normas que suelen seguirse son el inicio de cada línea de la traducción con comillas (latinas o inglesas) que se cierran al final del texto, el cierre de cada segmento con punto y raya, la reproducción de líneas y párrafos del TO en el TM y el uso de los corchetes para aclaraciones o adiciones.

Notas

Hoja 1.

Power of Attorney: Su traducción por *poder notarial* es un ejemplo de equivalencia. Normalmente, en español, a un documento como éste se le denomina *poder notarial* (o *procuración*), aunque no sea el notario el apoderado, sino simplemente el fedatario de la operación, tal como ocurre aquí.

Hereby: Palabra compuesta de adverbio + preposición, usada casi exclusivamente en el lenguaje jurídico y administrativo *(por el/la presente).*

Attorney: La persona receptora de un poder en España se denomina *apoderado.* En este caso coincide que el apoderado es el abogado de la persona que otorga el poder.

concerning: Ejemplo de transposición gramatical de forma verbal no conjugada a frase adverbial *(con relación a)* (ver Procedimientos de traducción, **A.**). Obsérvese el gran número de verbos en formas no conjugadas (infinitivos y gerundios) que aparecen en el texto. El traductor debe cuidar las formas verbales que utilice en español y evitar una excesiva proliferación de infinitivos o gerundios.

in the unfettered control and discretion: *Unfettered* es una palabra no demasiado frecuente en este contexto. Normalmente se utilizarían *absolute* o *unlimited.* Sería también más frecuente encontrar *at the discretion* que sólo *discretion.* Obsérvense las parejas de términos sinónimos que aparecen: *fully and effectually, present and future, rights and interests, mortgages and charges...* Es otra característica del texto jurídico inglés, en su empeño por no obviar ningún matiz.

thereto: Al igual que *hereby*, se usa exclusivamente en este tipo de lenguaje. En español, *en relación con esto* o, a veces, *además.*

foregoing: En español, *precedente, anterior.*

Lease: Algunos términos, de manera arbitraria, se ponen en mayúscula (también ocurre con *Mortgages, Dividends, Meetings* y otros). Que aparezcan también así en el TM constituye un ejemplo de calco tipográfico.

compromise: En realidad significa *ceder, transar, transigir* en negociaciones de carácter jurídico, por lo que en este sentido no sería un falso amigo en español. Recuérdese que, en otros contextos, el español *compromiso* equivaldría a *commitment* en inglés.

give proxy: Apoderar, otorgar representación o poderes a alguien.

for the purpose of...: Frase explicativa que se refiere a las acciones enumeradas que siguen. En paráfrasis, la frase completa quiere decir que el apoderado podrá a su vez transferir a otro/s las acciones mencionadas en el documento.

in my name and on my behalf: Expresión perfectamente resuelta por el traductor con la frase *en mi nombre y en mi representación.*

particularising: Aunque el traductor español utiliza *particular* como verbo, pensamos que la opción más correcta sería *particularizar.*

these presents: En español, *estas decisiones, este documento.*

hereof: De nuevo un término arcaico que en español se puede traducir por *del presente documento.* Con ella se evitan repeticiones innecesarias, lo que también sucede con *thereof* o *hereunto,* unas líneas más adelante.

Si las firmas son ilegibles, se ha de declarar así en la traducción jurada, tal como sucede con las de este texto. Si la firma es legible (como es el caso de la línea 54), la fórmula utilizada normalmente es la de *firma que parece decir...*

Hoja 2.

Solicitor: En este caso, abogado responsable de los asuntos de un municipio o una oficina gubernamental. El cargo, al no tener correspondencia en el sistema jurídico español, se suele traducir, mediante un procedimiento de adaptación, por *abogado.* La traducción jurídica suele optar por buscar equivalencias o adaptaciones (como en este caso), en vez de recurrir a préstamos. (Ver Procedimientos de traducción, **D.**, así como la explicación correspondiente a los términos *solicitor, barrister* y *attorney.*)

aged twenty-one years and upwards: Fórmula que literalmente añade algo impreciso a la cantidad expresada: *de veintiún años y algo más.*

the subscribing Witness...: Testigo que suscribe el acto realizado mediante declaración jurada ante el notario.

and I know the Deponent: Fórmula utilizada para atestiguar que el testigo es persona conocida (o con documentación comprobada) por el notario.

Notary Public: La equivalencia *Notario público* usada por el traductor no debe considerarse exacta, pues una y otra figura varían en los respectivos ordenamientos jurídicos. Normalmente, el término *notary public* sólo recibe este nombre en Escocia, y desempeña mínimamente las funciones de un notario español (véase explicación al respecto en texto 4.4). Es otro ejemplo más de adaptación, característico del texto jurídico traducido.

Hoja 3.

Supreme Court: En España, *Tribunal Supremo.* En la mayoría de los demás países de habla española, *Corte Suprema.*

Registrar: En español, *Encargado del registro,* mejor que *Registrador,* opción escogida por el traductor.

TEXTO META 4.1.

Hoja 1.

Gregorio Fernández López
Traductor jurado del Ministerio de Asuntos Exteriores

TRADUCCIÓN JURADA

'PODER NOTARIAL

'SEPAN TODOS por este documento que Yo, Gregory R. Watson, de Cork, Condado
'de Cork, Irlanda _
'POR EL PRESENTE DOCUMENTO NOMBRO A Barbara Ackerley, _ _ _ _ _ _
'de Cork, Condado de Cork, Irlanda _
'(en lo sucesivo llamado mi *Apoderado*) para actuar por mí en todo respecto tan
'plena y eficazmente como podría actuar yo personalmente con relación a todos mis
'asuntos presentes y futuros y todos mis derechos en propiedad presentes y futuros e
'intereses muebles e inmuebles y ya sea exclusivamente o mancomunadamente, todo
'lo cual coloco bajo el control libre y la total discreción de mi Apoderado con potestad
'para comprometerse en relación con ello de cualquier modo que sea incluyendo (pero
'sin perjuicio a la generalidad de la potestad mencionada anteriormente) pleno poder
'para comprar, tomar en alquiler o de otro modo adquirir y vender, arrendar o disponer
'de otra manera y crear hipotecas y cargas sobre propiedad mueble e inmueble de
'toda descripción; operar mis cuentas bancarias, abrir y cerrar cualesquiera otras cuentas
'bancarias; tomar prestado y dar en préstamo, dar, variar y revocar instrucciones
'respecto a la manera en que dividendos, intereses u otros dineros pagaderos a mí
'o por mí se pagarán o negociarán, liquidar o llegar a compromiso respecto a
'reclamaciones por o contra mí, y votar y dar poder para votación en Asambleas e
'incluyendo para el propósito de la transferencia de acciones inscritas el derecho a
'delegar el poder de transferir, recibir y dar recibos para toda clase de propiedad
'(mueble e inmueble), emprender y defender acciones de toda clase, pagar todas las
'obligaciones incurridas por mí o él en mi nombre, designar, remunerar o destituir
'sirvientes o agentes, y en mi nombre y en mi representación hacer lo siguiente o
'cualquiera o más de ellos, o sea, formalizar, firmar, sellar, entregar y completar todas
'las Escrituras, instrumentos, Avisos y todas las demás clases de documentos o
'escritos y a propósito me abstengo de particular más detalladamente la descripción
'de mis asuntos y mis derechos de propiedad e interés y poderes conferidos, no sea
'que al hacerlo así se entendiera que limito la operación que se tiene intención que
'tenga este instrumento como poder notarial amplio y general _ _ _ _ _ _ _ _ _ _ _
'Y POR EL PRESENTE DOCUMENTO DECLARO que este documento será
'irrevocable durante doce meses a partir de la fecha del mismo y que en todo momento
'(tanto durante como después del periodo citado) me comprometerá efectivamente a
'mí y a mis Representantes personales a favor de terceras partes que no hayan recibido
'Aviso de la revocación del mismo, pero de modo que el ejercicio por mí personalmente,
'periódicamente, de cualquiera de los poderes otorgados por el presente documento
'no se considerará en sí mismo como una revocación _ _ _ _ _ _ _ _ _ _ _ _ _ _ _
'EN TESTIMONIO DE LO CUAL he firmado y he colocado mi Sello este día 17 de

65

'febrero de Mil novecientos noventa y cuatro — — — — — — — — — — — — — — — — — —
'FIRMADO SELLADO Y ENTREGADO por el arriba nombrado — — — — — — — —
'Gregory R. Watson —
'en presencia de: —
'[firma ilegible] —
'[firma ilegible] —
'[firma ilegible]' —

Hoja 2.

'Yo, Robert Hogan, de Cork, Condado de Cork, Abogado, mayor de veintiún años
'JURO y digo lo siguiente: —
'1. Que soy el Testigo suscriptor del Poder Notarial que lleva la fecha de 17 de
'febrero de 1994 y que el citado Gregory R. Watson formalizó el mismo debidamente
'en mi presencia como aparece en el mismo ahora — — — — — — — — — — — — — — —
'2. Que yo efectivamente despues de tal formalización atestigüé y suscribí el citado
'Poder Notarial en presencia del mencionado Gregory R. Watson — — — — — — — — —
'[firma que parece decir Robert Hogan] — — — — — — — — — — — — — — — — — — —
'JURADO ante mí este día —
'17 de febrero de 1994 en Cork, Condado de Cork, — — — — — — — — — — — — — —
'por el citado Robert Hogan y conozco al Declarante — — — — — — — — — — — — —
'[firma ilegible] —
'[Sello notarial] —
'Notario Público' —

Hoja 3.

'OFICINA DE LA CORTE SUPREMA
'CUATRO JUZGADOS
'DUBLÍN
'IRLANDA

'Yo, J...................... Registrador de la Corte Suprema por el presente documento
'certifico que parece que a partir de los Registros de esta Oficina que
'J...................... cuyo nombre está suscrito en el documento anexo — — — — —
'fue nombrado el 21 de diciembre de 1993 Notario Público para el Condado de Cook
'y que su nombre figura actualmente en el Registro de Notarios — — — — — — — — —
'Y además certifico que al comparar la firma .... y el sello
'adherido al citado documento con las muestras de firma y sello del Notario Público
'arriba mencionado archivados en esta Oficina realmente creo que las mismas parecen
'su firma manuscrita y su sello —
'Fechado este día 8 de septiembre de 1995 — — — — — — — — — — — — — — — — — —

'[Sello de la Corte] –
'[Firma ilegible] –
'Registrador' –

CERTIFICO que la precedente traducción es fiel de su original fotocopia en lengua inglesa a la que me remito.
[firma del traductor]

Madrid, 17 de abril de 1992
Gregorio Fernández López
Traductor jurado del Ministerio de Asuntos Exteriores

TEXTO ORIGEN 4.2.

DEATH CERTIFICATE

R. B. D.
CAUTION. It is an offence to falsify a certificate or to make or knowingly use a false certificate or a copy of a false certificate intending it to be accepted as R.B.D. genuine to the prejudice of any person, or to possess a certificate knowing it to be false without lawful authority.

CERTIFIED COPY OF AN ENTRY
Pursuant to the Births and Deaths Registration Act 1953.

DEATH	Entry number 69
Registration District: Basingstoke Subdistrict: Basingstoke	Administrative Area: County of Hampshire

1. Date and place of death:
    Fourteenth October 1996
    Ipswich	

2. Name and surname: Andrew Louis CARTER	3. Sex: Male
	4. Maiden surname of woman who has married
5. Date and place of birth: 22 January 1915, Hampstead, London	

6. Occupation and usual address:
Engineer (Retired)

28 Decoy Drive, Basingstoke, Hampshire.

7. (a) Name and surname of informant: Robert Thomas CARTER	(b) Qualification: Son

8. Cause of death:
1a. Bronchopneumonia
b. Carcinoma of Lung
Certified by B. Bertwhistle, M. B.

9. I certify that the particulars given by me above are true to the best of my knowledge and belief.
R. T. Carter   Signature of informant

10. Date of registration: 11. Signature of registrar:
Sixteenth October 1996   P. Cortfield
                                    Registrar

Certified to be a true copy of an entry in a register in my custody.

.... Registrar .... Date

(219 palabras)

Comentario general

Este certificado de defunción británico, en el que los nombres y direcciones son ficticios, sigue un formulario preestablecido, en el que se rellenan los datos personales del finado, acompañados de la certificación de veracidad del encargado del registro. El traductor puede imitar este formulario o transferir la traducción al formulario paralelo español, opción esta última que no suele adoptarse, para ajustarse lo más posible a la literalidad seguida en este tipo de traducciones. Obsérvese la nota de advertencia al principio del documento, característica de muchos impresos oficiales británicos, que vuelve a poner de manifiesto el empeño de la *common law* por no dejar lagunas. Aunque en este caso no se incluye la traducción jurada del documento, ésta seguiría las normas establecidas para el texto anterior.

Notas

R.B.D.: Iniciales de *Registry of Births and Deaths*. En español, *Registro Civil*, aunque el traductor utilice la equivalencia *R. de N. y D.*, que suponemos corresponde a *Registro de Nacimientos y Defunciones*.

La nota de advertencia debe traducirse por formar parte del documento, aunque no sea costumbre incluirla en el documento español.

Entry: Literalmente *inscripción o asiento (en el registro).* En lenguaje jurídico español *partida* es tanto *asiento de nacimiento, bautismo, defunción,* etc., como la copia certificada de uno de estos asientos. Obsérvese que también figura en la certificación del documento al final.

Cuadro:

Maiden surname of woman...: El *nombre de soltera,* inexistente en español, se exige a las mujeres casadas en gran número de documentos oficiales británicos.

Engineer: No necesariamente *ingeniero.* Con este título también se designa cualquier profesión de grado medio que en español se denominaría con las palabras *técnico* o *perito.*

Qualification: La inclusión de este título responde también a motivos culturales propios de la cultura británica. Se considera que la persona que informa al Registro del fallecimiento de otra no tiene por qué estar emparentada con ella. De ahí que la traducción por *parentesco* no sea apropiada. *Qualification* significa en realidad *relación con el fallecido,* no necesariamente familiar.

M. B.: Iniciales de *Medicinae Baccalaureus,* es decir, *Bachelor of Medicine.*

to the best of my knowledge and belief: Fórmula empleada en documentos jurídicos para asegurar la veracidad de una declaración, juramento o certificación. El traductor recurre a una fórmula equivalente, *a mi mejor saber y entender,* que, sin embargo, no sería necesaria en el texto paralelo (Certificado de Defunción) español.

TEXTO META 4.2.

CERTIFICADO DE DEFUNCIÓN

Registrador
Superintendente/
de N. y D.

ADVERTENCIA.—Constituye un delito falsificar un certificado o hacer o a sabiendas usar un certificado falso con la intención de que se acepte como verdadero en perjuicio de cualquier persona, o poseer sin autorización legal un certificado sabiéndolo falso.

COPIA CERTIFICADA DE UNA PARTIDA
Con arreglo a la Ley de Inscripción de Nacimientos y Defunciones de 1953.

DEFUNCIÓN	Partida N.º 69
Distrito de Inscripción: Basingstoke Subdistrito: Basingstoke	Zona Administrativa: Condado de Hampshire

1. Fecha y lugar del fallecimiento: Catorce de octubre de 1996. Ipswich	

2. Nombre y apellido: Andrew Louis CARTER	3. Sexo: Masculino
	4. Apellido de soltera de la mujer que ha contraído matrimonio:

5. Lugar y fecha de nacimiento: 22 de enero de 1915, Hampstead, Londres	

6. Profesión y domicilio habitual: Ingeniero (Jubilado) 28 Decoy Drive, Basingstoke, Hampshire.	

7. (a) Nombre y apellido del declarante: Robert Thomas CARTER	(b) Parentesco: Hijo

8. Causa del fallecimiento: 1a. Bronconeumonía. b. Carcinoma de pulmón. Certificado por B. Bertwhistle, médico	

9. Certifico a mi mejor saber y entender, que los datos que anteriormente indico son verdaderos. R. T. Carter　　　　　　　　　　Firma del declarante	

10. Fecha de inscripción: dieciséis de octubre 1996	11. Firma del registrador: P. Cortfield
Registrador.	

Se certifica ser copia fiel de una partida obrante en un registro bajo mi custodia.

Firma: P. Corfield, Registrador　　　　　　　Fecha: 16.10.96

TEXTOS 4.3.

Comentario general

En la actualidad, la traducción de textos legales (leyes, reglamentos, órdenes, comunicaciones, etc.) de una a otra lengua se realiza en su mayor parte en el ámbito de organizaciones supranacionales, donde es frecuente que un texto deba ser traducido a las lenguas de uso dentro de dichas organizaciones. En el caso de la Unión Europea, las lenguas de uso son, por lo general, las oficiales de cada país miembro, con excepción de algunas (catalán, gallego, vasco, flamenco, galés, romanche, etc.) de carácter territorial en dichos Estados miembros. Normalmente, el primer borrador de un documento se redacta en alguna de estas lenguas, preferentemente francés, como en el caso que sigue, aunque la persona que lo redacte no sea un usuario nativo de esta lengua. Para el traductor es a veces completamente imposible discernir con exactitud cuál es el TO, pues a veces no hay uno solo, al haber sido redactado simultáneamente en más de una lengua. Obsérvese el uso de la literalidad como estrategia traductora básica y necesaria en estas condiciones de trabajo. Ello obliga a crear continuamente fórmulas estereotípicas paralelas entre lenguas diversas, que actúan como factor de homologación, eliminando ambigüedades o imprecisiones no deseadas. A pesar de todo, en este ejemplo, extraído del *Diario Oficial de las Comunidades Europeas*, podemos comparar algunas características de los lenguajes legales español e inglés, y comentar los fenómenos que se derivan del permanente contacto entre lenguas distintas.

Para terminar, es interesante recordar que el inglés utilizado en las ediciones del *Diario Oficial* en esta lengua ha sido objeto de enormes críticas e incluso ridiculizado por la prensa británica. Como se sabe, desde determinados sectores políticos del Reino Unido se ha venido orquestando una campaña en contra de la Unión Europea y todo lo que ella representa a lo largo de las dos últimas décadas. Estos ataques han contribuido en gran medida a crear un estado de opinión en torno al inglés utilizado en los documentos oficiales de la Unión. El estilo y la sintaxis de estos textos refleja sin lugar a dudas la influencia de los TO que, en la mayor parte de los casos, se escriben en francés. El léxico resulta también extraño en ocasiones, ya que se incluyen palabras y expresiones acuñadas expresamente o *prestadas,* con objeto de describir una situación política concreta (por ejemplo, *subsidiarity*), o jergas técnicas que, a veces, han reemplazado palabras inglesas más tradicionales (por ejemplo, *sheep meat* en vez *de mutton* o *lamb*). Además, los documentos oficiales de la unión contienen rasgos del lenguaje jurídico como la repetición o la redundancia, siempre sorprendentes para el lector no especialista. En definitiva, todos estos aspectos no han hecho sino alimentar la creencia popular, aún no disipada totalmente, de que el inglés utilizado por la unión es deliberadamente oscuro y opaco con el fin de disfrazar la realidad y evitar así las críticas.

TEXTO META 4.3. (ESPAÑOL)

COMUNICACIÓN DE LA COMISIÓN CON ARREGLO A LA LETRA A) DEL APARTADO 1 DEL ARTÍCULO 4 DEL REGLAMENTO (CEE) N.º 2408/92 DEL CONSEJO.

Imposición de obligaciones de servicio público a los servicios aéreos regulares procedentes de la ciudad de Pau y con destino a la misma.

(95/C 240/05)
(Texto pertinente a los fines del EEE).

En aplicación de lo dispuesto en la letra a) del apartado 1 del artículo 4 del Reglamento (CEE) n.º 2408/92 del Consejo, de 23 de julio de 1992, relativo al acceso de las compañías aéreas de la Comunidad a las rutas aéreas intracomunitarias*, Francia ha decidido imponer obligaciones de servicio público a los servicios aéreos regulares que operen entre Pau y Madrid.

Las obligaciones de servicio público serán las siguientes:

— *En cuanto al número de frecuencias mínimas:*

— los servicios deberán prestarse como mínimo a razón de una ida y vuelta diaria, de lunes a viernes, durante todo el año exceptuando el mes de agosto;

— los servicios deberán prestarse sin escala.

— *En cuanto al número y tipo de los aparatos utilizados y a la capacidad ofrecida:*

los servicios se prestarán utilizando aparatos con una capacidad mínima de diecinueve asientos.

— *En cuanto a tarifas:*

la tarifa completa máxima para un trayecto de ida ascenderá a 1.500 francos franceses (de 1995), equivalentes a 37.500 pesetas españolas. Este valor no incluirá los impuestos aplicables.

— *En cuanto a política comercial:*

los vuelos deberán comercializarse mediante al menos un sistema informatizado de reservas.

— *En cuanto a la continuidad de los servicios:*

— excepto en caso de fuerza mayor, el número de vuelos cancelados por razones directamente imputables al transportista no deberá exceder, por temporada aeronáutica IATA, del 3 % del número de vuelos previstos;

— los servicios solamente podrán ser interrumpidos por el transportista después de enviar una notificación previa con un mínimo de seis meses de antelación.

* DO n.º L240, de 24-8-1992, p. 8.

(Extraído del *Diario Oficial de las Comunidades Europeas,* C240, 15 de septiembre de 1995, p. 5.)

TEXTO META 4.3. (INGLÉS)

COMMUNICATION FROM THE COMMISSION UNDER ARTICLE 4 (1) (a) OF COUNCIL REGULATION (EEC) No 2408/92

Imposition of public service obligation in respect of scheduled air services to and from Pau.

(95/C 240/05)

(Text with EEA relevance).

Under the provisions of Article 4 (1) (a) of Council Regulation (EEC) No 2408/92 of 23 July 1992 on access for Community air carriers to intra-Community air routes*, France has decided to impose public service obligations in respect of the scheduled air services operated between Pau and Madrid.

The public services obligations in question are as follows:

Minimum frequency:

— the services must comprise at least one outward and one return journey daily, from Monday to Friday, all year round except during the month of August,

— the services must be operated without any intermediate landing.

Type and capacity of aircraft used:

the services must be operated by an aircraft having a minimum seating capacity of 19.

Fares:

the full fare for a single journey must not exceed FF 1.500 (at the 1995 value) or Pta. 37.500. This amount is exclusive of taxes.

Commercial policy:

seats on these flights must be marketed by at least one computerized booking system.

Continuity of the service:

— except in case of force majeure, the number of flights cancelled for reasons directly attributable to the carrier must not, in any one IATA scheduling season, exceed 3 % of the numbers of flights scheduled,

— the carrier must give at least six months' notice before discontinuing these services.

* OJ No L240, 24-8-1992, p. 8.

(Extraído de *Official Journal of the European Communities*, C240, 15 de septiembre de 1995, p. 8.)

Notas

Una primera comparación entre ambos textos proporciona similitudes y diferencias, que relacionamos a continuación:

Destacaremos entre las similitudes derivadas del carácter prescriptivo del texto el uso de los verbos de obligación, que se concreta en el verbo *must* en inglés (que aparece siete veces) y el futuro de obligación en español, que varía entre *deberán* (cuatro veces) y otros verbos como *se prestarán, ascenderá, no incluirá,* etc. El formato también se mantiene igual en el caso de negritas, número y orden de párrafos, así como en la manera de expresar las fechas y las cantidades, prueba de la homogeneidad a la que progresivamente se tiende en estos detalles entre lenguas que se encuentran en contacto permanente.

Entre las diferencias encontramos una considerable economía léxica por parte del inglés frente a las otras dos lenguas. El TM español contiene 318 palabras, 1.642 caracteres y 30 líneas, frente a las 258 palabras, 1.310 caracteres y 26 líneas del inglés. El TO francés se encuentra a medio camino, con 288 palabras, 1.547 caracteres y 29 líneas. Para lograr dicha economía, el inglés utiliza preposiciones, frente a las locuciones adverbiales españolas. Por ejemplo:

español	inglés	francés
Con arreglo a	*Under*	Au
En aplicación de	*Under*	En application des
Procedentes y		
con destino a	*To and from*	deservant
relativo al	*On*	concernant
En cuanto al	Ø	En termes de
Equivalentes a	*or*	soit

La prolijidad del español para referirse a detalles legales la resuelve el inglés con muchos menos elementos. Por ejemplo, la frase inicial *con arreglo a la letra a) del apartado 1 del artículo 4 del reglamento (CEE) n.º 2408/92 del Consejo,* se traduce al inglés por *under article 4 (1) (a) of Council Regulation (EEC) No 2408/92.* Constituyen también detalles interesantes los distintos sujetos utilizados por el inglés frente al español o el francés en las frases *los vuelos deberán comercializarse* (el inglés precisa *seats on these flights*), o en la primera oración del último párrafo, que el español comienza con *los servicios* y el inglés con *the carrier,* cambiando el foco de información.

Otros detalles formales son el énfasis en signos que marcan párrafos sucesivos del español y del francés (raya y frase en cursiva) frente a la simple cursiva del inglés. O el uso del número (19) en vez de la palabra para referirse al número mínimo de plazas. Finalmente, el uso de acrónimos es similar en las dos lenguas: CEE (Comunidad económica europea), EEC *(European Economic Community)*; EEE (Espacio económico europeo), EEA *(European Economic Area)*; DO (Diario oficial), OJ *(Official Journal),* con una excepción: IATA, préstamo en español del acrónimo inglés que representa a la International Air Transport Association.

Podemos concluir que los rasgos formales del lenguaje administrativo están siendo homogeneizados cada vez más por el contacto entre dichas lenguas; que las similitudes superan con mucho a las diferencias, y que se está produciendo una *contaminación* en la que elementos de una lengua son asimilados por otra y vice-versa, de una manera constante.

TEXTO ORIGEN 4.3. (FRANCÉS)

COMMUNICATION DE LA COMMISSION AU TITRE DE L'ARTICLE 4 PARAGRAPHE 1 POINT a) DU RÈGLEMENT (CEE) N.º 2408/92 DU CONSEIL.

Imposition d'obligations de service public sur des services aériens réguliers desservant la ville de Pau.

(95/C 240/05)

(Texte présentant de l'intérêt pour l'EEE).

En application des dispositions de l'article 4 paragraphe 1 point a) du règlement (CEE) n.º 2408/92 du Conseil, du 23 juillet 1992, concernant l'accès des transporteurs aériens communautaires aux liaisons aériennes intracommunautaires*, la France a décidé d'imposer des obligations de service public sur les services aériens réguliers exploités entre Pau et Madrid.

Les obligations de service public sont les suivantes:

— *En termes de nombre de fréquences minimales:*

Les services doivent au minimum être exploités à raison d'un aller et retour par jour, du lundi au vendredi, toute l'année sauf pendant le mois d'août.

Les services doivent être exploités sans escale intermédiaire.

— *En termes de nombre de type d'appareils utilisés et de capacité offerte:*

Les services doivent être assurés au moyen d'un appareil d'une capacité minimale de dix-neuf sièges.

— *En termes de tarifs:*

Le plein tarif maximal pour un aller simple est de 1.500 francs français (valeur de 1995) soit 37.500 pesetas espagnoles. Cette valeur n'inclut pas les taxes applicables.

— *En termes de politique commerciale:*

Les vols doivent être commercialisés par au moins un système informatisé de réservation.

— En termes de continuité de service:

Sauf cas de force majeure, le nombre de vols annulés, pour des raisons directement imputables au transporteur, ne doit pas excéder, par saison aéronautique IATA, 3% du nombre de vols prévus.

Les services ne peuvent être interrompus par le transporteur qu'après un préavis minimal de six mois.

* JO n° L 240 du 24-8-1992, p. 8.

(Extraído de *Journal Officiel des Communautés Européennes,* C240, 15 de septiembre de 1995, p. 5.)

4. Legal and Administrative Documents

The language used in legal and official documents in both Spanish and English has some common characteristics. It is highly stereotypical, conventionalised and conservative in nature, with a high proportion of set formulae. It retains morphological, syntactical and lexical features which have fallen into disuse. Its prime purpose is to make very specific and precise statements, avoiding connotations and ambiguities at all costs, to such an extent that it frequently becomes reiterative and repetitive. Nevertheless, there are significant differences in terms of cultural contexts. Spain, the countries of continental Europe and Latin America have legal systems based on Roman Law, whereas those of most of the English-speaking countries are based on Common Law. There are some notable exceptions to this, viz. the legal systems of Louisiana, Quebec, Scotland and South Africa, in which Roman Law provides the foundations, but the methods of applying the law are derived from English Common Law. The principles behind the two systems differ considerably. Roman or 'Continental' Law operates through codified laws and rules which are universally applied; Common Law, on the other hand, is based largely on jurisprudence [53] and the analysis of cases. There are also differences in the organisation of the legal profession. In the UK and many Commonwealth countries there are two types of legal practitioners: solicitors (who generally appear in the lower courts) and barristers (who normally appear in the higher courts); each is regulated and represented by a different body. In the rest of the English-speaking nations, and all the Spanish-speaking ones, the legal profession is undivided. (See Texts 4.1 and 6.3 for further indications of the practical problems which this can pose for the translator.)

Legal translations, then, represent something of a compromise. Translators usually strive to achieve *acceptability* (to use Toury's term) in both the target language and the cultural references which it contains, especially in official translations, which have a clearly defined rôle to play in legal processes. One factor which makes life easier for the translator is the constant repetition of set formulae and text types: this facilitates the translation process (assuming, of course, that the translator has acquired the experience and knowledge to deal confidently with the

---

[53] Note that in English, *jurisprudence* means *the science or knowledge of law* (Chambers English Dictionary), whereas in Spanish *jurisprudencia* refers to case law or precedent.

specialised terminology)[55]. This applies in most instances, although in some cases - notably constitutional law - translation is impossible without some form of cultural compensation.

SOURCE TEXT 4.4.

En la ciudad de Cottingham

Ante mí, Don Henry Powell

COMPARECE

Don George Frederick Oakwoode

Mayor de edad, …, de nacionalidad británica, con domicilio en 96 St. Anne's Drive, Cottingham, East Yorkshire, England y titular de pasaporte vigente número 397560V.

INTERVIENE

En nombre y representación de la sociedad británica OAKWOODE HOLDINGS LIMITED, con domicilio social en 376 Old Village Road, Cottingham, East Yorkshire HU16 7ZL, Inglaterra, inscrita en el Registro Mercantil de York con el número 492372. Yo, el Notario, certifico por el presente documento que he comprobado en el día de hoy en el Registro Mercantil de York que el señor compareciente está autorizado a representar a la empresa poderdante sin limitación alguna y le juzgo con la capacidad legal necesaria para otorgar esta escritura de poder y al efecto – – – – – – – – – –

EXPONE

Que da y confiere poder tan amplio y bastante como en Derecho se requiera a favor de DON PEDRO ORTEGA JIMENEZ, mayor de dad, casado, de nacionalidad española, con domicilio en c/ San Orencio, 26, 5º B 22001 Huesca, provisto de D.N.I. núm. 48.333.987 P, para que ejercite en nombre y representación de la sociedad poderdante las siguientes facultades: –

I.—Presentar y suscribir declaraciones ante la Administración Tributaria a nombre de la otorgante –
II.—Aportar documentos o datos, recibir y atender los requerimientos y comunicaciones que se practiquen, tanto si versan sobre cuestiones de trámite como sobre el fondo del asunto –
III.—Formular reclamaciones, desistir de instancias y renunciar a derechos en nombre de sus representados.

---

[55] The following dictionaries were found particularly useful:
Bilingual: ALCARAZ VARÓ, E., and HUGHES, B., *Diccionario de términos jurídicos Inglés-Español, Español-Inglés*; LACASA NAVARRO, R., and DÍAZ DE BUSTAMANTE, I., *Diccionario de Derecho, Economía y Política Español-Inglés, Inglés-Español*.
Monolingual: BLACK, H. C., *Black's Law Dictionary*; RIBÓ DURÁN, L., *Diccionario de Derecho*.

IV.—Actuar ante la Inspección de los Tributos y obligarse en cuantas actas, diligencias y documentos se extiendan –
V.—Recibir de la Hacienda Pública Española las transferencias por devoluciones que resulten a favor del sujeto pasivo –
Eximiéndole expresamente de las obligaciones de depositario o gestor de los bienes y derechos de la sociedad representada –
VI.—Firmar cuantos documentos públicos y privados sean precisos, hasta obtener la inscripción del bien inmueble en el Registro de la Propiedad correspondiente, incluyendo escrituras complementarias, aclaratorias y de subsanación – – – – – – –
Así lo dice y otorga el compareciente y después de leer el presente instrumento público en su versión inglesa, lo aprueba y firma conmigo en el lugar y la fecha arriba indicados –

(368 words)

General Comments

This is a standard legal document. The original was in the form of parallel texts with each line of the ST placed, wherever possible, alongside its equivalent in the translated text in order to facilitate the work of those involved in transnational legal work. The format is similar to that of many Spanish legal documents: first, there is a statement giving the names of the solicitor and the parties to the agreement, then there is a section detailing the terms of the agreement, and finally a signed declaration. (Note that in the original the signed declaration is at the end of the two parallel texts, and is only in English.) Those interested in the format of Spanish legal documents may wish to compare this one with 4.6, 4.7 and 6.3. It is also instructive to compare this document with ST 4.1, which was drafted for a similar purpose. It will be seen that the difficulties faced by the translator are not simply those associated with the specialised terminology. Cultural differences must also be taken into consideration: for instance, the detailed commentaries on Texts 4.1 and 4.5 make it clear that the functions of a Notary are not exactly the same as those of a *Notario*, yet in both cases the translators have taken a pragmatic approach and decided that for their purposes the two terms are, nevertheless, equivalents. Cultural differences are also apparent in the structure of these documents. Adaptation (i.e. the redrafting of the document in a structure which fully complies with the conventions for legal documents in the target language) is occasionally necessary, but would be undertaken by a legal practitioner, rather than a translator. In most cases, however, a translation which preserves the structure and other features of the source language document will be acceptable.

The language exhibits the characteristics mentioned in the introduction to this chapter. It is full of legal set phrases, as well as morphological, syntactical and lexical features which have disappeared from general use. It is a text written by professionals for professionals; the author makes heavy use of specialised terminology and goes to great lengths to ensure that there is no doubt or ambiguity in it, even if this involves some repetition and redundancy.

Notes

ciudad: Spanish makes no distinction between towns and cities. In English, a city is generally a large town which has, or once had, a cathedral; if the latter is absent, then it is called a town.

Ante mí: *In the presence of* would also be appropriate here. However, note that this formula, which is ubiquitous in Spanish legal documents, has no exact counterpart in English.

Comparece: This is another formula which has no exact counterpart in legal documents in the English-speaking world. Note the use of *hereby*, which is only used nowadays in legal or official documents.

Mayor de edad: *Of the age of majority*: this is not found so frequently in legal documents in English. When it does occur, it is sometimes expressed in a rather different way (cf. 4.1).

domicilio: In Common Law, a distinction is made between *domicile* (a person's permanent home or permanent abode), *residence* (while an individual may have only one *domicile,* s/he may have several residences) and *abode* (a dwelling place; a residence or home: this is often but not necessarily synonymous with *domicile* because the latter may be different from an individual's *abode*, and although it is possible to have more than one abode, one can have only one domicile. *Permanent abode*, however, is a synonym for domicile).

titular de pasaporte: Identity card and passport numbers must always be stated in Spanish legal and official documents.

domicilio social: A synonym for *sede social*.

Registro Mercantil: *Company Registry* would also be acceptable here.

con el número: *Under number* would be more idiomatic.

el Notario: *Notary public*: a public officer whose function is to attest to the genuineness of documents and to administer oaths. This term is used mainly in Scotland. In England and Wales the term *commissioner for oaths* [*fedatario público*] is used, although the two terms are not entirely synonymous. In practice, this rôle is often combined with that of *solicitor* - a person trained in the law who prepares briefs and other legal documents, and advises clients, but is restricted with regard to the courts in which s/he may appear. In the United States, an *attorney (at law)* performs many of the functions of a solicitor. A *power of attorney* authorises an agent or representative to act on behalf of a principal (in this case, the solicitor's client). The word *lawyer* is a general term used to denote a person qualified to practise law. A *barrister* is a person who is qualified and permitted to plead cases in certain types of court in England, although in recent years the distinction has become blurred, since solicitors now have the right of audience in the higher courts, and barristers may appear in the lower courts

certifico por el presente documento: Note how *hereby* renders the last four words in this phrase. *I hereby certify* is a very common legal phrase.

poderdante: A technical term meaning a person who grants power of attorney: *grantor.*

escritura de poder: Escritura can be translated in a variety of ways, depending on the precise context (cf. commentary on text 4.5).

D.N.I.: Documento Nacional de Identidad. (See also the note regarding *titular de pasaporte.*)

las facultades: Powers. An alternative rendering would be *so that in the name {…} he may exercise the following powers.*

Presentar y suscribir declaraciones ante la Administración Tributaria a nombre de la otorgante: Submit and subscribe (i.e. sign) declarations made to the Tax Authorities in the name of the grantor.

datos: Information, not *dates,* as stated in the translated text.

requerimientos: Requests, as stated in the translated text. However, a *requerimiento judicial* is a summons.

que se practiquen…: Which may be made conveys the force of the subjunctive more effectively than *are made.*

el fondo del asunto: The substance of the matter is more suitable in a legal context.

desistir de instancias: To desist from petitions / requests / instances.

Actuar ante la Inspección de los Tributos: A more idiomatic rendering would be *Act as the Company's representative for Tax Inspection purposes, and bind it…*

en cuantas actas, diligencias y documentos se extiendan: In any agreements, proceedings or documents that may be enacted would be nearer the meaning of the original.

transferencias por devoluciones: A good example of the use of *por* which, in this case, really means *as a result of. Amounts received as a result of tax refunds* would be clearer in English.

Eximiéndole: This should be *Exempting him,* since the reference is to an individual.

depositario: Depositary or *depository.*

gestor: Administrator or *agent* would be more meaningful for English readers.

de la sociedad representada: Of the Company which he represents would be clearer here.

cuantos (+ subjuntivo): Whatever or *such* would be the words found in a similar context in English. *As may be deemed necessary* would convey the force behind the subjunctive rather more effectively than just *as.*

hasta obtener la inscripción: A passive would be more likely in English - *To sign such public and private documents as may be deemed necessary until such time as the property is recorded in…* In the U.S.A. *real estate* would be the appropriate translation for *bien inmueble;* in the U.K. *property* would be understood from the context to mean non-removable property.

Así lo dice: In witness whereof is a standard phrase found in legal documents.

el compareciente: Appearer exists, but it is not a standard legal term. The formula used elsewhere in the document, viz. *the person appearing before me* could be used in place of it.

instrumento público: Public instrument (*instrument* in legal terminology in English means *document*).

TARGET TEXT 4.4.

In the city/town of Cottingham

Before me, Mr. Henry Powell

THERE HEREBY APPEARS

Mr. George Frederick Oakwoode, of legal age, ..., of British nationality, domiciled at 96 St. Anneís Drive, Cottingham, East Yorkshire, England and holder of valid passport number 397560V _

HE ACTS

In the name and on behalf of the British firm OAKWOODE HOLDINGS LIMITED, with registered office at 376 Old Village Road, Cottingham, East Yorkshire HU16 7ZL, England, recorded in the Company Register of York with number 492372. I, the Notary, hereby certify that on todayís date I have verified in the Company Register of York that the person appearing before me is authorised to represent the constituent without any limitation and I consider him to have sufficient legal capacity to grant this power of attorney and to such effect _

HE STATES

That he grants power of attorney, as ample and sufficient as may be required by Law in favour of Mr. PEDRO ORTEGA JIMENEZ, married, of Spanish nationality, domiciled at c/ San Orencio, 26, 5º B 22001 Huesca, with D.N.I. nº 48.333.987 P, so that in the name and representation of the constituent company he may: _ _ _ _ _

I.—Submit and subscribe declarations before the Tax Office in the name of the constituent _

II.—Provide documents or dates, receive and attend the requests and communications that are made, whether they are about questions of procedure, or about the bottom of the matter _

III.—File claims, desist from instances and waive rights in the name of the represented _

IV.—Act before the Tax Inspection and bind the Company in any minutes, decrees and documents that are issued _

V.—Receive from the Spanish Public Treasury the transfers for refunds that may result in favour of the taxpayer _

Exempting them explicitly from the obligations of depository or gestor of the assets
and rights of the represented –
VI.—Sign as many public or private documents as necessary until obtaining the
inscription of the real estate in the corresponding Property Registry, including
complementary, explanatory and correctional deeds – – – – – – – – – – – – – – – – –
In witness whereof the appearer, having read the English version of this public
instrument, approves and signs it with me at the place and on the date above
mentioned –
Signed by George Frederick Oakwoode in the presence of me at 407 Attwood Street,
Cottingham East Yorkshire England this 7th day of December 1997.

Henry Powell
Notary Public

SOURCE TEXT 4.5.

ESCRITURA DE PROPIEDAD

FINCA NÚMERO VEINTITRÉS.—Vivienda Tipo B portal 2 —situada en la tercera
planta— del edificio en calle Velázquez y fachada también a la Avenida de América
de esta Ciudad, con entrada desde la calle de su situación por el portal número dos
del edificio; mide una superficie útil de noventa metros cuadrados, distribuida en
vestíbulo, salón-comedor, cuatro dormitorios, cocina, lavadero, un baño y un aseo.
Linda al frente de su entrada al Sur con rellano y hueco de la escalera del portal
número dos por donde tiene su acceso, hueco de ascensor y la vivienda Tipo A de
este mismo portal y planta; por la derecha entrando al Este, con la calle Velázquez,
por la izquierda al Oeste vuelo del edificio a Vivero de Obras Públicas y al fondo, al
Norte con la vivienda Tipo B del portal número uno de la misma planta. – – – – –
Su cuota cinco enteros, sesenta y siete centésimas por ciento en el valor del edificio
y elementos comunes. Inscrito al tomo 1.683, folio 173, finca 37.242, - 1ª. Su valor
en pesetas es el de 3.372.000. –

(179 words)

General Comments

This is a short extract from an eighteen-page *escritura* (title deed). The structure
of the document is similar to that of the power of attorney (4.4), i.e. a statement
giving the names of the solicitor and the parties to the agreement; then there is a
section detailing the terms of the agreement, and finally a signed declaration. (See
also 4.4, 4.6 and 6.3.)

It describes the location of the property, arrangements for access, its boundaries and its main features, all with the extreme thoroughness and precision so characteristic of documents of this type. Nothing is left to chance: everything is stated with such clarity and explicitness that the reader is left with very little - if any - scope for individual interpretation of the description of the property, even though this can make the text sound pedantic and repetitive. The translator's main priority is to be as faithful as possible to the ST, conveying every shade of meaning that it contains, style and aesthetic considerations being of secondary importance.

Notes

Finca: *Estate* (when referring to land); here *property* is more appropriate, since it refers to both the building in which the flat is located and the plot of land on which the building stands.

fachada: *Façade* or *facade* in English; however, this is used mainly as a technical term in architecture: *frontage* is probably a better choice in this context. *Facing on to* or *fronting on to* would be other possible translations.

de esta Ciudad: The city where the building is situated is mentioned at the beginning of the document. *Aforementioned* is often found in official and legal documents; *above mentioned* would also be acceptable here.

noventa metros cuadrados: Whereas in the English-speaking world references to the surface area of a house or flat are comparatively rare, in Spain it is invariably quoted, both in deeds and in estate agents' advertising.

Linda: *Lindar* means to adjoin. The translator has decided to make the reference rather more precise by including the word *boundary*.

hueco de ascensor: This would be *elevator shaft* in American English.

por la derecha entrando al Este: The author's description is very precise and specific: *approaching from the East* would also be possible, but the translator's choice is more apposite.

TARGET TEXT 4.5.

TITLE DEED

PROPERTY NUMBER TWENTY-THREE: apartment Type B door 2 - situated on the third floor - of the building in Calle Velázquez and also with a frontage on Avenida de América in the aforementioned city, with an entrance from the street where it is located via doorway number two of the building; having a usable surface area of ninety square metres, divided into a hall, sitting and dining room, four bedrooms, a kitchen, a laundry room, a bathroom and a toilet. Its boundary to the front of its entrance to the South adjoins the landing and stairwell of doorway number two through which access to it is gained, the lift shaft and apartment Type A with access

via the same doorway and situated on the same floor; on the right viewed from the East Calle Velázquez, on the left viewed from the West the elevation of the building which adjoins the Public Works Department Nursery and viewed from behind apartment Type B with access via doorway number one and situated on the same floor. –
Its share being five and sixty-seven hundredths per cent of the value of the building and communal elements. Recorded in volume 1,683, page 173, property 37,242 - 1st. Its value in pesetas is 3,372,000. –

SOURCE TEXT 4.6.

ACTA DE DIVORCIO

En nombre de la República de México y como Oficial único del Registro Civil de este lugar, hago saber a los que la presente vieren y Certifico ser cierto que en el libro número uno Tomo 1 del Registro Civil que es a mi cargo a la foja(s) número(s) 107 se encuentra asentada un acta del tenor siguiente: Al margen: Acta número 107 da divorcio a los señores JAMES WHITE, Y ANN BLACK DE WHITE: Dentro de Sabinas, Coahuila, República de México siendo las 18 horas del día 12 de Noviembre de 1,997 mil novecientos noventa, y siete, ante mí José Hernández García, Oficial del Registro Civil en este lugar, compareció, el señor James White, manifestando ser de Nacionalidad, Norteamericana, de 38 años de edad, ser originario, de Lake Wobegon, Minnesota, de ocupación, mecánico, y con residencia, en el mismo lugar de origen, diciendo que la segunda es de Nacionalidad, Norteamericana, de 34 años de edad, originaria de Lake Wobegon, Minnesota, de ocupación, su hogar, y con residencia en el mismo lugar de origen. –
Ambos de Nacionalidad, Norteamericana, y él accidentalmente de tránsito en este lugar con el propósito de llenar los requisitos de estadística, ha manifestado los siguientes datos, que con fecha de 14 de Noviembre de 1,985 mil novecientos ochenta, y cinco contrajeron Matrimonio Civil en la ciudad de Lake Wobegon, Minnesota. –
Que durante su Matrimonio no hicieron bienes de fortuna de ninguna naturaleza que a últimas fechas se han llegado al convencimiento de que ya no les es posible hacer vida Marital, por existir entre ambos el aliciente de incompatibilidad de carácter, por lo que ha decidido promover este juicio de Divorcio de acuerdo con las Leyes del país, y conforme lo ordenado por los artículos 114, 115, 116, Fracción VIII, relativos al Código Civil vigente en el Estado de Coahuila, República de México. – – – – –
Por esta razón, y otros motivos que no creo necesario externar, y considerando que se llenan todos los requisitos que marcan los ya mencionados artículos espero que no haya ningún impedimento para que se otorgue este Divorcio, como se está solicitando ya que así conviene a nuestros intereses. –
Con lo anteriormente expuesto, y después de haber exhortado al señor, James White, para una posible reconciliación, y habiendo visto que su voluntad para Divorciarse era

irrevocable el C. José Hernández García, Oficial del Registro Civil en este lugar, dicto resolución, en tal sentido disolviendo en nombre de la ley, y de la Sociedad, el vínculo Matrimonial que une a los señores James White y Ann Black de White. – – – – – Por lo tanto se pide a esta Oficialía se expida copia certificada de estos autos, y que con la misma representación, de esta oficina se le restituya a la señora Ann Black de White su nombre de soltera que es el de Ann Black, y se ordena a esta oficina se expida copia certificada de estas circunstancias. – – – – – – – – – – – – – – – – – –

Así lo determino, y firmo el C. José Hernández García, Oficial del Registro Civil de este lugar, ante los testigos señores Pablo Ortiz y Felipe Sánchez, – – – – – – – – –

RÚBRICAS: –

CERTIFICO: Y DOY FE: Que la presente es copia fiel, y correcta tomada de su original, y se expide la presente a solicitud de parte interesada, a los 12 días de Nov. 1,997 en SABINAS, COAHUILA, MEXICO.

EL OFICIAL DEL _____ REGISTRO CIVIL.
                                José Hernández García

(555 words)

General Comments

This divorce decree was issued in Mexico, and displays many of the linguistic and structural characteristics associated with legal documents throughout the Spanish-speaking world. (See the introductory notes on Text 4.5.)

Notes

Registro Civil: Registry (of Births, Deaths and Marriages), commonly known as the Registry Office. The official in charge of it is known as the Registrar, although the translator's decision to remain close to the ST is a wise one, since Sr. Hernández García does not appear to be the Registrar (q.v. *copista*).

hago saber: The translator's choice is quite acceptable, although *I (do solemnly) declare* is often found in these circumstances.

la presente: This refers to *la presente (copia)*.

que es a mi cargo: In Peninsular Spanish, *está a mi cargo*.

foja: Hoja in modern Peninsular Spanish, although this form is still found in legal documents and is still in general usage in Spanish-speaking America.

acta: In Mexico, acta generally means *certificate* (e.g. *acta de matrimonio* [marriage certificate]). However *divorce certificate* is not a standard legal term in the English-speaking world, where *divorce decree* would be used to denote the document certifying that an individual's marriage has been dissolved. (English Common Law, for example, recognises two types of divorce decree, the *decree nisi* [sentencia provisional] and the *decree absolute* [sentencia absoluta]). Strictly speaking, a decree is a judgement of a Court of Law, but it is by no means clear in this case that the acta was granted by a Court. Given the differences between legal systems, the translator often has to resort to adaptation (see Introduction, 2.1.4), and is obliged to convey the message by replacing cultural elements in the source language with their nearest equivalents in the target language. *Decree* would probably be the best choice here, even though it is not the precise equivalent of *acta* in the eyes of the law. Note that in the Target Text acta has been translated by both *certificate* and *decree* when it occurs twice in the same sentence. It would, perhaps, be wiser to opt for *decree* in both instances in the interests of consistency.

Note that the translator has chosen to insert a paragraph break.

da divorcio a...: *Grants a divorce to* would be the appropriate phrase here.

1,997: Note the use of the comma, rather than the full stop, which is usually found when years are expressed in figures in Mexican Spanish. The punctuation in the ST is rather idiosyncratic (e.g. *noventa, y siete*). Note also that the month is usually written in lower case letters in Spanish; however, the use of an initial capital letter is becoming more widespread, presumably because of the growing influence of English.

ante mí: *In the presence of* would also be acceptable here. (See also the notes on Text 4.5.)

compareció: *Appeared* (in an official sense), e.g. to appear in Court. Another possibility would be *Present before me, José Hernández García, was the (aforementioned) Mr. James White, who stated that...* (See also the notes on Text 4.5.)

Norteamericana: This denotes anyone, or anything, from North America, i.e. the U.S.A. and Canada. However, the translator has judiciously departed from the literal meaning and given the wording of the translated text the more specific meaning *(of United States nationality)* which the author intended it to have.

de ocupación, mecánico: *...That he is a mechanic by occupation* would be more idiomatic, yet not distort the meaning.

con residencia en el mismo lugar de origen: *...Is resident in his place of birth* would be rather more idiomatic, yet not depart from the wording of the ST.

de ocupación, su hogar: *That she is a housewife by occupation.* Sus labores is occasionally found in Spanish legal documents: when it refers to unmarried women, it means *unemployed*; when applied to married women, it means *housewife*.

Ambos de Nacionalidad...: The present participle *(siendo)* has been omitted from this phrase.

bienes de fortuna: The Real Academia's *Diccionario de la Lengua Española* defines this as los *[bienes] que o nunca han pertenecido a nadie o han sido abandonados* *por su dueño.* The meaning of the phrase is at odds with the meaning suggested by the context. The author may well have intended to put *bienes gananciales* (as used in Peninsular Spanish), i.e. property and money acquired by either or both spouses after marriage and which belongs to them jointly.

por existir entre ambos el aliciente de incompatibilidad de carácter: The use of *aliciente* is rather unexpected here: *both being convinced that their characters are incompatible* would convey the sense of the original.

por lo que ha decidido promover este juicio: The translated text alters the meaning somewhat, since it is the husband who has initiated divorce proceedings. The translation should be phrased along the following lines: *…he has therefore petitioned for divorce…*

…de acuerdo con las Leyes del país y conforme lo ordenado por los artículos…: A rather neater translation would be *…in accordance with the Law of Mexico and the provisions of articles…*

externar: This verb does not appear in the Real Academia's *Diccionario de la Lengua Española*. The author probably intended to put *exteriorizar*.

espero que no haya ningún impedimento para que se otorgue este Divorcio…: *I trust that there is no impediment to the granting of this divorce, which accords with our interests.* It is not always easy to identify the person(s) to whom reference is being made here. It can be assumed that *nuestros intereses* means those of the spouses. Note that the following paragraph is a statement by the Registry Official.

el C. José Hernández García: *C* signifies *copista* - a civil servant who is qualified to make official copies of records.

en tal sentido: *To this effect* rather than *in such a way*. (See TT.)

Oficialía: *Office* rather than *Authorities*. (See TT.)

con la misma representación: *Representación* really refers to the document and the statements made in it: *…and that by this same decree, issued by this office…* The wording which follows would have to be altered to read *Mrs. Ann Black de White's maiden name, which is Ann Black, should be restored to her…* In the Spanish-speaking world women usually retain their maiden name after marriage, so the author of the document has decided to ensure that the position regarding her name is absolutely clear by making specific reference to it here.

Así lo determino, y firmo: *Decreed and signed* would be a suitable phrase here.

ante los testigos: *And witnessed by* would be more idiomatic than *before the witnesses*. (See TT.)

Rúbricas: *Headings* (cf. translated text) is not appropriate here: *Signatures* or *Signed* would suit the context.

Certifico y doy fe: The standard legal phrase is: *In witness whereof, I swear…*

copia fiel: *A true copy* would also be a suitable translation.

TARGET TEXT 4.6.

DIVORCE DECREE

In the name of the Republic of Mexico and as the sole official of the Civil Register of this locality, I inform all who may read this document and certify that in book number one Volume 1 of the Civil Register in my keeping on page(s) number(s) 107 is recorded the following certificate worded as follows: In the margin: Decree of Divorce Number 107 relating to Mr. JAMES WHITE and ANN BLACK de WHITE: Issued in Sabinas, Coahuila, Republic of Mexico at 1800 hours on 12th November 1997 (nineteen hundred and ninety seven) in my presence José Hernández García, Official of the Civil Register of this locality, Mr. James White appeared stating that he is of United States nationality, that he is 38 years old, that he was born in Lake Wobegon, Minnesota, that his occupation is a mechanic and that his place of residence is his place of birth, and stating that the latter is of United States nationality, that she is 34 years old, that her occupation is a housewife and that her place of residence is her place of birth. –

Both parties are of United States nationality, and the husband who by chance is passing through this locality with the intention of complying with statistical requirements, has declared the following facts, that on 14th November 1985 (nineteen hundred and eighty five) they were married under civil law in the town of Lake Wobegon, Minnesota. –

That during their marriage they did not make any goods of fortune of any type and that recently they have realised that they can no longer live together as man and wife since both of them were aware that their characters were incompatible, accordingly it has been decided to enact judgement of Divorce in accordance with the laws of the country and with what is established in articles 114-115-116 Part VIII relating to the Civil Code in force in the State of Coahuila, Republic of Mexico. – – – – – – –

For this reason, and for other reasons which I do not deem necessary to state and considering that all the requirements contained in the above mentioned articles have been fulfilled, I hope that there will be no hindrance to the granting of this Divorce, which is now requested and is in accordance with our interests. – – – – – – – – –

In accordance with what has been stated, and after having exhorted Mr. James White, to bring about a reconciliation if possible and having seen that his wish for a divorce is irrevocable, I José Hernández García Official of the Civil Register of this locality do issue a decree in such a way dissolving in the name of the law the Matrimonial links joining Mr. James White and Mrs. Ann Black de White. – – – – – – – – –

Therefore, these Authorities are requested to issue a certified copy of these decrees and that this office in the same capacity should restore to Mrs. Ann Black de White her maiden name which is Ann Black, and this office is ordered to issue a certified copy of this decree. –

I therefore determine and sign, José Hernández García, Official of the Civil Register of this locality before the witnesses, Pablo Ortiz and Felipe Sánchez. – – – – – – –

HEADINGS: –

I CERTIFY AND TESTIFY that this document is a faithful copy and has been correctly taken from the original and that this document is issued by request of the interested party on 12th November 1997 in Sabinas, Coahuila, Mexico.

THE OFFICIAL OF THE CIVIL REGISTER

José Hernández García

SOURCE TEXT 4.7.

TRIBUTACIÓN DE NO RESIDENTES: PERSONAS FÍSICAS

1. CONSIDERACIONES GENERALES: DERECHO INTERNO ESPAÑOL

La forma en que una persona física debe tributar en España se determina en función de si la misma es o no residente en este país.

Según la ley española una persona es RESIDENTE FISCAL en territorio español cuando se dé cualquiera de las siguientes circunstancias:

— que permanezca más de 183 días, durante el año natural, en territorio español, o

— que radique en España el núcleo principal o la base de sus actividades empresariales o profesionales o de sus intereses económicos.

Para determinar el período de permanencia en territorio español se computarán sus ausencias temporales, salvo que demuestre su residencia habitual en otro país durante 183 días en el año natural.

Asimismo, se presumirá, salvo prueba en contrario, que una persona tiene su residencia habitual en territorio español, cuando residan habitualmente en España el cónyuge no separado legalmente y los hijos menores de edad que dependan de aquél.

(From: Agencia Tributaria, Tributación de no residentes: personas físicas, 1992, p. 2)

(162 words)

General Comments

This is an extract from a guide to the taxation of non-residents published by the Spanish *Agencia Tributaria*. It is not designed to be a definitive work of reference for accountants or lawyers, but to provide a clear explanation of the appropriate legislation for the layperson. In this sense, this text differs substantially from the others in this chapter, which are intended for specialists, and therefore make full use of the relevant terminology and references. The archaic and convoluted phraseology which characterises such texts has been abandoned in favour of a more accessible form of language, which is better suited to the purpose of the publication, and its intended readership. Sentences are short, with few sub-clauses; the style is direct, with relatively few instances of, for example, the impersonal se, and the number of technical and specialised terms is comparatively low.

Notes

Persona física: Spanish law makes a distinction between *personas físicas* (individuals) and *personas jurídicas* (legal entities, i.e. companies, etcétera).

La forma en que una persona física…: The rendering in English could be made a little clearer here by some judicious paraphrasing and simplification: *In Spain, the tax liabilities of individuals depend on whether the person concerned is a resident or a non-resident. En este país* is redundant in the ST, so there is no real need to translate it.

Según: The translator has made the best choice here, since the most obvious rendering *(according to)* would not be idiomatic, since it has to be used with a name.

Residente fiscal: *Resident for tax purposes.* Although the adjective *fiscal* exists in English, it tends to be used when reference is being made to policy issues; the rendering suggested above would, in any case, be easier for the layperson to understand.

…que permanezca… en territorio español, o…: The translated text should read *if such a person.*

año natural: This is a fairly unusual expression: *año civil* or *año del calendario* are more common. Note that the 'o' which concludes the bullet point has not been translated. Some slight paraphrasing and alterations to the word order are called for here: *…if the person concerned remains on Spanish territory for more than 183 days during the calendar year.*

… que radique… intereses económicos: Once again, the translated text should read *such a person.* A more careful choice of words will improve the translation: *when the main centre or base for such a person's business or professional activities, or his / her financial interests are located in Spain. Entrepreneurial* is very much in vogue nowadays, but it tends to be applied mainly to activities associated with setting up new businesses, especially small ones. *Business* is a better choice because it is used in a much wider sense, and is a closer match for the meaning of *empresariales* in this context.

se computarán: There is no real reason for rendering this in the present tense in English: *temporary absences will be included.*

salvo que demuestre…: The subject of this verb is *residente fiscal*. However, for the sake of clarity, the subject needs to be re-stated at some point in the English version. *When an individual's period of residence in Spain is determined, temporary absences will be included in the calculation, unless s/he can demonstrate that s/he was normally resident in some other country for 183 days during the calendar year.*

cónyuge: *Spouse* is the most appropriate translation here, since it offers a neat way of referring either to the husband or the wife. It is normally found only in legal documents.

los hijos menores de edad que dependan de aquél: This could also be rendered as *dependent minors. Dependant* also exists, but it should be remembered that it is a noun (i.e. *one who depends on another for support or otherwise* [Chambers English Dictionary]).

TARGET TEXT 4.7.

TAXATION OF NON-RESIDENTS: INDIVIDUALS

1. GENERAL CONSIDERATIONS: SPANISH LAW

Taxation of individuals in Spain is defined according to whether the person concerned is resident in Spain or not.

Under Spanish law, a person is a FISCAL RESIDENT in Spanish territory in any of the following circumstances:

— if such person remains more than 183 days in Spanish territory during the calendar year;

— if the main centre or base of such person's entrepreneurial or professional activity or of its economic interest are situated in Spain.

Temporary absences are included in the calculation of the time in Spanish territory unless normal residence is evidenced in some other countries for 183 days during the calendar year.

It is also presumed, unless shown to the contrary, that a person is normally resident in Spanish territory if the spouse, not legally separated from such person, and the dependent minor children normally reside in Spain.

(From: Agencia Tributaria, Taxation of Non-Residents: Individuals, 1993, p. 2.)

5. Textos literarios y de entretenimiento

Gran parte de la actividad de los traductores entre nuestras dos lenguas gira en torno a la traducción de textos de entretenimiento, especialmente de literatura de ficción y audiovisuales, sobre todo películas de cine o televisión. El volumen de traducciones de una a otra lengua es, sin embargo, claramente desfavorable a la traducción de textos al inglés. Mientras que en España el número de libros traducidos del inglés está en un 13 % del total de libros editados[56], las traducciones de libros del español al inglés no llegan al 1 % de la cuota de mercado ni en el Reino Unido ni en los Estados Unidos, por no hablar del mercado audiovisual, donde las cifras serían aún más reducidas para el caso de las películas en español.

Tanto la traducción literaria como la audiovisual se enfrentan a problemas diferentes de los que afectan a otros tipos de lenguaje. El mayor es la ausencia de un *escopo* tan definido como en otros tipos de traducción, pues la intención del emisor es, en principio, interesar al receptor por muy diversas razones, normalmente no utilitarias, que pueden ser interpretadas de forma distinta según el traductor. El lenguaje literario depende, además, del género en el que se utilice. Por un lado, la poesía es un género sumamente simbólico, proclive a la *desviación* o desautomatización del lenguaje ordinario y en el que se encuentran recursos fónicos, como la rima y el ritmo, que difieren de una lengua a otra. Tradicionalmente, el traductor de poesía, como se verá en los dos textos que siguen, debía elegir entre construir un TM adecuado a las convenciones de la cultura meta, lo que garantizaba su aceptación y reconocimiento como texto poético, o alejarse de éstas, en cuyo caso el texto podía resultar extraño y no alcanzar el estatus de poesía en dicha cultura. Hoy en día, por razones derivadas del mayor contacto entre literaturas y de un más amplio concepto de *lo poético*, el traductor dispone de más opciones, que aplica según el contexto y las circunstancias en que trabaja.

Por otra parte, el texto teatral, normalmente destinado a ser representado y no leído, está sometido a los condicionantes que se derivan de este hecho singular: se trata de un lenguaje oral, más que escrito, y subordinado a un contexto específico (el montaje concreto de la obra), en el que otros elementos, como el gesto o la puesta en escena, pueden ser tan significativos como la propia palabra. Finalmente, la novela, posiblemente el género literario más popular hoy en día, es sin duda el más traducido y, por ello, el más proclive a intervenciones del traductor destinadas a facilitar la lectura del texto, sobre todo cuando se trata de productos destinados a grandes públicos.

---

[56] Datos de 1995, extraídos de *Libro blanco de la traducción en España*.

Lo mismo ocurre en el caso de la traducción audiovisual y sus dos modalidades, doblaje y subtitulado. En ambos casos, y a excepción de obras claramente minoritarias, la traducción debe cumplir ante todo criterios de *transparencia* [57] para alcanzar su objetivo final, que no es otro que el de llegar sin problemas al gran público. La dificultad principal de estos dos tipos de traducción estriba en la necesidad de sincronización o armonía visual y temporal con el TO.

Por lo general, se considera que la traducción literaria (y por ende la de textos de entretenimiento) es la modalidad más creativa, lo que no deja de ser cierto cuando el traductor goza de absoluta libertad en su trabajo. Sin embargo, excepto en el caso de textos muy específicos (poesía, ensayo, novela, teatro o cine experimental), normalmente dicha libertad se ve coartada por circunstancias como las ya mencionadas.

TEXTO ORIGEN 5.1.

SONNET 104

William Shakespeare

To me, fair friend, you never can be old
For as you were when first your eye I eyed
Such seems your beauty still. Three winters cold,
Have from the forests shook three summers' pride.
Three beauteous springs to yellow autumn turned
In process of the seasons have I seen,
Three April perfumes in three hot Junes burned,
Since first I saw you fresh, which yet are green.
Ah, yet doth beauty, like a dial-hand,
Steal from his figure, and no pace perceived
So your sweet hue, which methinks still doth stand,
Hath motion, and mine eye may be deceived:
For fear of which, hear this, thou age unbred:
Ere you were born was beauty's summer dead.

(Extraído de M. H. Abrams (ed.), *The Norton Anthology of English Literature*,
vol. 1, Third Edition, New York: Norton, 1974, p. 832.)

(117 palabras)

---

[57] Concepto acuñado por Lawrence Venuti en *The Translator's Invisibility*.

Comentario general

Los sonetos de Shakespeare son, sin duda, el texto de la literatura inglesa más veces traducido al español (más de trece traducciones distintas). Su belleza formal, unida a una particular perfección técnica, y su complejidad conceptual han atraído a muchos traductores, que lo han vertido al español desde perspectivas muy diferentes. La traducción que aquí presentamos es, con mucha probabilidad, la primera de este soneto, efectuada en 1919 por el político e intelectual español Salvador de Madariaga. El texto resultante es un ejemplo paradigmático de compromiso entre el respeto del traductor por un autor de la magnitud de Shakespeare (plasmado en el uso de patrones métricos ingleses, por ejemplo), y su propia libertad, reflejada en algunas de sus personales decisiones. Obsérvese el tono del español utilizado en la traducción, que utiliza términos arcaicos o literarios de manera expresa *(cual, bermeja, tornarse, estío)*. Dos de los problemas recurrentes de la traducción poética siguen siendo: 1) si la LM debe ser actual o imitar la de la época en que el poema fue escrito, y 2) si la LM debe adoptar un tono *literario*, o más accesible.

Notas

Sonnet 104: La estructura del soneto inglés es la de tres cuartetos y un pareado final (ABAB CDCD EFEF GG), distinta de la del soneto petrarquista español, compuesto de dos cuartetos (ABBA ABBA) y un sexteto que puede variar (CDE CDE; CDC DCD; CDE CED) [58]. El soneto inglés, además, responde a una métrica acentual o rítmica propia de la versificación inglesa, en la que el ritmo se consigue oponiendo sílabas acentuadas (tónicas) y no acentuadas (átonas), frente a la métrica silábica española, basada en el número de sílabas y la rima. En este soneto, la unidad de medida es el pentámetro yámbico, esto es, cinco sílabas átonas (normalmente la 1.ª, la 3.ª, la 5.ª, la 7.ª y la 9.ª) y cinco tónicas (la 2.ª, la 4.ª, la 6.ª, la 8.ª y la 10.ª) en cada línea. Madariaga, tal como han hecho posteriormente otros traductores de los sonetos (por ejemplo, Mujica Láinez, 1955; Méndez Herrera, 1976; Montezanti, 1987), opta por adecuarse a la métrica española y construye versos endecasílabos, aunque, sin embargo, aplique la rima del soneto inglés y también algunas de sus características formales, como la letra mayúscula al comienzo de cada línea, lo cual constituye un calco tipográfico, a nuestro juicio innecesario.

Otras opciones posibles podrían ser la traducción en verso rimado utilizando otros metros (por ejemplo, el verso de trece sílabas, en la traducción de García Calvo, 1974; el alejandrino, en la traducción de Falaquera, 1993), la traducción en verso blanco y con diversos metros (Auad y Garzón, 1975; Pujol, 1990), o la traducción en prosa sin recurrir al verso tipográfico (Astrana Marín, 1930).

---

[58] F. Lázaro Carreter, *Diccionario de términos filológicos*, p. 379.

fair friend: Las aliteraciones son frecuentes en este soneto y, en general, en la versificación inglesa. Véanse también *such seems* (verso 4) y *pace perceived* (verso 11). Resulta extremadamente complicado tratar de reproducirlas en español (o en cualquier otra lengua) sin provocar importantes alteraciones del significado.

Por otro lado, el género de los adjetivos *fair friend* y *old* plantea un problema de traducción. Los sonetos de Shakespeare son extraordinariamente ambiguos en cuanto a su destinatario final, a veces un hombre joven (sonetos 1-126), a veces una *dama morena* (el resto). Madariaga, sin embargo, opta por traducir *vieja* y *bella* (en el segundo verso) y se justifica con el argumento de que

> durante los siglos XVII y XVIII [los sonetos] se consideraron como dirigidos a una mujer. En la versión se ha adoptado esta solución como más tolerable para el lector hispánico. La solución contraria, no obstante, no es imposible, ni implicaría necesariamente deshonra para el gran poeta inglés. Es opinión sustentada por muchas autoridades inglesas modernas que los famosos sonetos no son autobiográficos y que su estilo enamorado es puro reflejo de la época (p. 41).

Que el traductor intervenga en este sentido, por medio de un procedimiento de explicitación (ver Procedimientos de traducción, **F.**), constituye un ejemplo de manipulación ideológica de carácter sexual que, por lo general, no se ha repetido en traducciones posteriores.

Esta decisión de Madariaga ilustra la importancia del *paratexto*, concepto de Gérard Genette [59] que designa a todo texto adicional al texto principal (en general prólogos o notas), cuando éstos acompañan a las traducciones, pues en ellos se suelen justificar las decisiones tomadas. Por otro lado, también implica serias cuestiones de índole cultural, pues lo que evidencia es que, para Madariaga, en el *horizonte de expectativas* (utilizando el término de Jauss) del lector implícito, en este caso *hispánico*, no se encuentra el amor homosexual.

eye I eyed: Los juegos de palabras son característicos de Shakespeare, en su poesía y en su teatro [60]. Constituyen un importante problema de traducción al español, y normalmente no se intentan reproducir.

Three: Obsérvese la aportación de las isotopías (recurrencia de lexemas, o de rasgos semánticos, que serían parte de lo que en el texto siguiente denominamos *couplings* o emparejamientos) a la cohesión del poema, en este caso la aparición de *three* cuatro veces, que se mantiene en la traducción española, y la de las palabras *summer* y *beauty* al principio y al final del soneto.

In process: *Procesión*, o *cambio*.

Junes: En la traducción, *julios*. Se trata de una adaptación efectuada por el traductor para, probablemente, aumentar el efecto en la oposición con abril.

---

[59] G. GENETTE, *Palimpsestes*.

[60] Véase, a este respecto, el libro de Dirk DELABASTITA, *There's a double tongue: An Investigation into the Translation of Shakespeare's Word-Play with Special Reference to 'Hamlet'*.

Ah, yet doth beauty…: De la descripción contenida en los cuartetos se pasa a un cambio de tono del poema, una reflexión que lleva a la conclusión, en este caso con tono de advertencia, en el pareado final. En la traducción el marcador de esta diferencia es una conjunción adversativa: **Mas** la belleza…

dial-hand: *aguja del cuadrante, manecilla del reloj.*

For fear of which…: El pareado final plantea problemas de comprensión (e inevitablemente de traducción), por su elevada abstracción y conceptualidad, tan renacentista y característica de los sonetos de Shakespeare, que incluye la personificación que se efectúa con la palabra *age* y la metáfora *summer's beauty*. En la antología *Norton* de literatura inglesa [61] se adjunta una nota aclaratoria en la que *age unbred* se explica como *unborn generation*. Ciñéndonos a esta interpretación, una posible traducción del pareado final sería: *Por miedo a esto, escucha tú, generación aún no nacida / Antes de que nazcáis, habrá muerto el estío de la belleza,* en clara alusión a la extraordinaria belleza de la persona descrita en el soneto.

Sin embargo, esta aclaración no se incluye en ninguna de las traducciones que hemos podido examinar. Madariaga reduce significativamente el pareado, eliminando el carácter de advertencia pronunciada por el propio poeta. Otros traductores lo resuelven así: *Por miedo de lo cual, oye esto, tú, de edad por nacer; antes de que viniéseis al mundo, el estío de la belleza había muerto* (Astrana Marín, 1930); *No sea que así sea, oh tú, futuro incierto, / oye noticias bien certeras: / antes de que tú nacieras, / el verano de la hermosura había muerto* (García Calvo, 1974); *Por temor de lo cual escucha, tú, inexperto, / antes de que nacieras el verano había muerto* (Montezanti, 1987); *Por lo cual, oye, tiempo, que no existes aún, / al nacer tú el estío ya era muerta belleza* (Pujol, 1990); *Por miedo a esto, escucha, edad nonata: antes / de nacer tú, el verano murió de la belleza* (Falaquera, 1993).

TEXTO META 5.1.

SONETO 104

William Shakespeare

Para mis ojos nunca serás vieja,
Pues tan bella hoy pareces cual te vieron
Por la primera vez. Y la bermeja
Pompa de tres estíos consumieron
    Tres inviernos; ya he visto tres gentiles
Primaveras tornarse otoños de oro,
Y perfumes arder de tres abriles
En tres julios, sin ver en ti desdoro.

---

[61] M. H. ABRAMS (ed.), *The Norton Anthology of English Literature,* vol. 1, p. 832.

Mas la belleza, cual sobre el cuadrante
La manilla que inmóvil nos parece,
Huye también. Y el rosa que constante
   Creo en tu faz, acaso palidece.
Antes de nacer tu, ya era bien cierto
Que estíos de belleza habían muerto.

(Extraído de S. de MADARIAGA, *Manojo de poesías inglesas,*
Cardiff: William Lewis, 1919, p. 7.)

TEXTO ORIGEN 5.2.

THE STARRED COVERLET

Robert Graves

A difficult achievement for true lovers
Is to lie mute, without embrace or kiss,
Without a rustle or a smothered sigh,
Basking each in the other's glory.

Let us not undervalue lips or arms
As reassurances of constancy,
Or speech as necessary communication
When troubled hearts go groping through the
dusk;

Yet lovers who have learned this last
refinement
- To lie apart, yet sleep and dream together
Motionless under their starred coverlet -
Crown love with wreaths of myrtle

(Extraído de *Robert Graves,* edición del propio Robert Graves y Anthony Thwaite.
Harmondsworth: Penguin, 1957/1978, p. 138.)

(80 palabras)

Comentario general

Aunque este poema no tiene rima, se encuentran en él determinados rasgos específicos del texto poético. Entre ellos podríamos citar el formato tipográfico (tres estrofas de cuatro versos, cada uno con parecida longitud; la primera letra del verso en mayúscula, según la convención inglesa), el ritmo (la situación de los acentos de palabra, que le confiere una cadencia especial), y los rasgos sintácticos y léxicos. Las relaciones entre todos estos elementos (los famosos *emparejamientos* o *couplings* descritos por Samuel R. Levin)[62] dotan al texto de una armonía especial que lo aparta del lenguaje cotidiano y lo acerca a lo que normalmente se denomina *lenguaje literario.* Como hemos señalado antes, las características de los lenguajes literarios, y en especial de los poéticos, son muy parecidas de una lengua a otra, aunque también se adviertan diferencias. Por ejemplo, el español ha preferido elementos como la rima o el número de sílabas, mientras que en inglés la cadencia lograda mediante las estructuras acentuales es el rasgo de cohesión poética más favorecido.

Por ello, una de las primeras decisiones que ha de tomar el traductor de poesía inglesa al español es la de adoptar o no en el TM convenciones poéticas como la rima o los metros españoles. Es lo que hace, en el ejemplo anterior, Salvador de Madariaga. Sin embargo, la poesía española reciente, a partir sobre todo de los años veinte, y probablemente por influencia de la poesía traducida, entre otras razones, ha adoptado estructuras como el verso blanco, sin rima pero sometido a otras regularidades estróficas, o el verso libre, sin rima ni regularidad estrófica, poco utilizados hasta entonces. Por tanto, un poema como éste, por ejemplo, puede también verterse al español sin adoptar rimas o estrofas españolas tradicionales, y ésta es, en la actualidad, la tendencia más seguida en la traducción de versos ingleses al español.

Notas

achievement: Esta palabra *(logro, hazaña)* no ha sido traducida. Es quizá en el lenguaje literario donde el procedimiento de omisión al pasar de LO a LM se produce con mayor frecuencia, sobre todo en la prosa (ver Procedimientos de traducción, **G.**). En poesía, y en el relato corto poético (V. Woolf, J. Joyce, K. Mansfield, etc.), se suele decir que ninguna palabra sobra, ni se encuentra en el texto por pura casualidad. Sin embargo, otros criterios igualmente válidos, como mantener el número de sílabas en español, a veces hacen necesario omitir alguna palabra.

without embrace or kiss: Los *emparejamientos* o paralelismos se pueden ver en la repetición de *without* seguida de las frases disyuntivas compuestas de dos elementos, *embrace or kiss* en el segundo verso, y *rustle or a smothered sigh* en el tercero, que se mantienen en la traducción, al igual que el encabalgamiento *(enjambement)* que se produce del primer verso al segundo.

Basking: Su significado preciso es *exponerse al sol/calor/sensaciones agradables* y no tiene una equivalencia precisa en español. *Deleitarse* se acerca mucho, pero posee un campo semántico mucho más amplio.

---

[62] S. R. Levin, *Linguistic Structures in Poetry,* La Haya: Mouton, 1962 (trad. esp. de Julio y Carmen Rodríguez-Puértolas, *Estructuras lingüísticas en la poesía,* Madrid: Cátedra, 1974).

achievement: Hay en el poema una serie de vocablos abstractos característicos de la poesía de Graves *(achievement, undervalue, communication, learned, refinement)* que pensamos que deben mantenerse en la traducción.

smothered sigh: Aliteración que aparece en el tercer verso. La otra es *go groping*, en el noveno, cuya transferencia al español resulta difícil. No debe olvidarse que la aliteración es otro de los *emparejamientos* clásicos en la poesía en lengua inglesa, mucho más que en la española.

dusk: La oposición que se establece en el texto entre *luz*, representada por *basking* o *starred*, y *oscuridad* por *dusk*, como metáfora de la adversidad, es otra clave interna que creemos que debe mantenerse en la traducción. Lo mismo ocurre con la confrontación entre *apart* y *together* en el verso 14. El hecho de que *dusk* se encuentre sólo en el verso 10 se debe a que el 9 sería muy largo si se mantuviera en ella (lo mismo ocurre con *refinement* en el verso 13). Aunque en esta traducción ambas se hayan desplazado también en español, no siempre hay por qué hacerlo así.

TEXTO META 5.2.

LA COLCHA ESTRELLADA

Robert Graves

Para dos amantes de verdad, es difícil
yacer callados, sin abrazo o beso,
sin susurro o suspiro sofocado,
deleitándose cada uno en la gloria del otro.

No desestimemos labios o brazos
como reafirmadores de la constancia,
o el habla como necesaria comunicación
cuando los corazones apenados recorren a tientas
la penumbra;

Pero los amantes que han aprendido
este último refinamiento,
yacer separados, pero dormir y soñar juntos,
inmóviles bajo su colcha estrellada,
ponen al amor coronas de mirto.

(Extraído de *El laberinto de zinc, revista de poesía.*
Málaga, enero 1996, p. 22. Traducción de Juan J. Zaro)[63].

---

[63] En este caso, el autor de esta sección del libro explica su propia traducción. Como en todos los demás casos, sostengo que nunca hay una sola traducción posible y que ésta es sólo una de ellas.

TEXTO ORIGEN 5.3.

THE VALLEY OF ADVENTURE

Enid Blyton

The children laughed, and Jack parted the fronds cautiously, in case by any chance the men were still anywhere about. Kiki clambered through, looking very sorry for herself. She flew to Jack's shoulder and nibbled his ear gently.

'All aboard!' she said more cheerfully, and cracked her beak. Dinah ruffled up the feathers on her head.

'Kiki must have flown out from behind the waterfall and come straight here', she said. *'Clever Kiki! clever old bird!'*

'God save the queen!' said Kiki. *'Wipe your feet!'*

Jack's tin-opener came out again, and a choice of tins and jars was made. There was a small tin of biscuits still to be finished, and the children chose some pressed meat to go with them, and a large tin of juicy apricots. Jack opened the fronds just a little to let in enough daylight to see by. Once again they thoroughly enjoyed their meal, and Kiki got into trouble for making more than her fair share of apricots.

The children waited some time before they dared to creep out of the cave. When the sun was well down, Jack clambered out between the fronds, and had a good look round. There was no sign of the men at all. Jack found a high place from which, if he sat there, he could see for a good way in any direction.

'We'll take it in turns to keep watch', he said. *'You can come in half an hour, Philip'.* They had a fine time clambering all about. They found some wild raspberries, and ate great quantities of them. They were delicious. Kiki ate all them, too, murmuring *'Mmmmmmmmm'* all the time.

(Extraído de Enid BLYTON, *The Valley of Adventure,*
Londres: Piper, 1988 [1947], pp. 85-86.)

(276 palabras)

Comentario general

Este texto pertenece a una novela de aventuras para niños y adolescentes. *Aventura en el valle (The Valley of Adventure)* es uno de los numerosos títulos escritos por la escritora británica Enid Blyton, fallecida en 1968, dirigidos a un público juvenil que la leyó en todo el mundo. Traducida a numerosísimas lenguas, las traducciones al español, aparecidas en los años cuarenta y cincuenta en la editorial Molino, se consideran hoy modélicas por muchas razones. López Hipkiss, traductor también de la serie *William,* de Richmal Crompton, consiguió un difícil equilibrio en su obra al presentar personajes, escenarios y ambientes cien por cien británicos, y por tanto exóticos para el lector español, a través de un lenguaje fluido, rico y cercano. A partir del estilo de Blyton, López Hipkiss crea en español un lenguaje dinámico, destinado expresamente al público joven que lo leía. Creaciones suyas como *¡Troncho!* (por *Gosh!*) se han convertido en señal distintiva utilizada por los lectores de sus obras. En el texto que aquí incluimos podemos examinar algunas de sus ingeniosas soluciones.

Notas

looking very sorry for herself: Procedimiento de transposición, por el cual esta frase queda reducida a una palabra en español, cariacontecido. (Ver Procedimientos de traducción, **A.**) Obsérvese que el loro *Kiki*, cuyo nombre siempre aparece en cursiva en la edición española, es hembra, pero en español siempre se le cita en género masculino.

Dinah se convierte en *Dolly* en la traducción española. Véase abajo la nota correspondiente a Philip.

'All aboard!': La convención tipográfica de la prosa literaria española para marcar el estilo directo es el guión, mientras que en la inglesa es la comilla. Los verbos de lengua (por ejemplo, él/ella dijo) en medio del diálogo irían también entre guiones, como se puede ver unas cuantas líneas más abajo. Obsérvese que Dinah se convierte en Dolly en español, probablemente porque se trata de un nombre inglés más conocido. En cualquier caso, la decisión de preservar ciertos nombres propios en inglés para mantener su exotismo constituye una decisión importante y atrevida en el contexto en el que traduce.

Kiki must have flown…: Las tres frases que se encuentran en esta línea pueden dejarse tal cual, o convertirse (como hace el traductor) en tres líneas distintas separadas por punto y aparte.

'Clever Kiki! Clever old bird!': El traductor comprime estas dos frases en una. Obsérvese la dificultad de traducir *old* en este contexto, y en muchos otros, al ser una palabra mucho más utilizada en inglés que en español como expresión de afecto o familiaridad.

God save the queen!: Una de las frases repetidas continuamente por el loro. La novela se publicó por primera vez en 1947, y se sitúa precisamente en esa época, por las referencias que se hacen a los nazis recién huidos de Europa al terminar la Segunda Guerra Mundial. En esa fecha reinaba en Gran Bretaña un monarca (Jorge VI), por lo que esta frase, en puridad, debería ser *God save the king!* Posiblemente, en ediciones posteriores a su muerte y a la coronación de la actual reina Isabel II, la frase fuera reformada. Lo cierto es que en el texto que manejamos, y en la traducción, se habla de reina y no de rey.

Wipe your feet!: Tanto la frase anterior como ésta hacen referencia directa a la cultura británica, una a la institución monárquica y otra al clima lluvioso que permite oír dicha frase continuamente en los hogares británicos donde hay niños. Nuevamente, la opción *domesticadora* sería españolizar ambas; sin embargo, el traductor las deja como están, lo que evoca al lector español una realidad diferente.

tins and jars: *Latas* y *tarros* en español actual. En la traducción, *jars* se traduce como *potes*, cuyo uso hoy en día ha quedado restringido a zonas geográficas concretas.

There was a...: A pesar de tratarse de una comida evidentemente improvisada, sus ingredientes suenan cuando menos exóticos al lector español. Podría ser, sin embargo, un perfecto *lunch* desde el punto de vista británico.

pressed meat: Carne cocinada y enlatada cuidadosamente. Más frecuente, como alimento, en el Reino Unido que en España. El traductor opta por una equivalencia, *carne en conserva*, que resultaría demasiado genérica en el Reino Unido, donde se dan varios tipos de carnes enlatadas; por ejemplo, *corned beef* o *dry beef.*

Philip: Se convierte en Jorge en la traducción española. Esta vez la opción es adaptar, pero no por el nombre correspondiente en español (Felipe), sino por otro, Jorge. El tratamiento de los nombres propios efectuado por el traductor responde a criterios aparentemente eclécticos: mantiene algunos (como Jack, el líder del grupo), cambia otros a nombres ingleses (Dinah se convierte en Dolly, como ya hemos visto, y Lucy-Ann se reduce a Lucy) y españoliza otros, como éste. Evidentemente, Dolly y Lucy, a secas, son más fáciles de recordar para un lector español que los originales, mientras que Jorge es más sonoro y carente de connotaciones que Philip o Felipe. López Hipkiss hizo lo mismo con los famosos *proscritos* de la serie *William*, traduciendo algunos (Guillermo, Enrique y Pelirrojo) y manteniendo otros (Douglas).

wild raspberries: No suelen encontrarse en los bosques españoles, lo que supone un rasgo más de distanciamiento con respecto al lector español.

Mmmmmmmm: Esta interjección inglesa denota satisfacción ante los alimentos que se van a comer o se están comiendo ya. Hoy en día se suele escribir *Hmmm!* La correspondencia española puede ser *¡Ummmm!*, pero en la traducción que manejamos se prefiere siempre *Yum, yum*, otra creación de López Hipkiss recurrente en sus traducciones.

TEXTO META 5.3.

AVENTURA EN EL VALLE

Enid Blyton

Los niños se echaron a reír y Jack apartó cautelosamente las frondas por si daba la casualidad de que se hallaran aún los hombres por las cercanías. Kiki entró, cariacontecido. Se posó en el hombro de Jack, y le picoteó dulcemente la oreja.

—¡Todo el mundo a bordo ! —dijo más alegremente.

E hizo un chasquido con el pico.

Dolly le revolvió las plumas por la cabeza.

—*Kiki* debe de haber salido por el lado de la catarata y volado hasta aquí —dijo—. ¡Qué pájaro más listo!

—¡Dios salve al rey! —contestó el loro—. ¡Límpiate los pies!

Jack sacó el abrelatas de nuevo, y escogieron unas latas y unos potes. Quedaba una lata de galletas pequeña por terminar y los niños escogieron un poco de carne en conserva para comer con ellas y una lata de albaricoques. Jack separó las frondas un poco, nada más que lo suficiente para que entrase un poco de luz. Disfrutaron también de aquella comida, y *Kiki* volvió a encontrarse en dificultades por tomar más albaricoques de los que le correspondían.

Después aguardaron un buen rato antes de atreverse a salir de la cueva. Cuando ya había bajado bastante el sol, Jack fue a echar una mirada por los alrededores. No vió ni rastro de los hombres. Encontró un lugar alto desde donde, sentado, le era posible ver bastante lejos en todas direcciones.

—Haremos guardia por turno —dijo—. Puedes venir a relevarme dentro de media hora, Jorge.

Lo pasaron muy bien escalando la montaña. Hallaron frambuesas silvestres y comieron una buena cantidad. Estaban deliciosas.

Kiki las comió también, murmurando: *Yum, yum* todo el rato.

(Extraído de *Aventura en el valle,* de Enid Blyton.
Traducción de Guillermo López Hipkiss.
Barcelona: Editorial Molino, 1987 [1955], pp. 113-114.)

TEXTO ORIGEN 5.4.

FLIRT

Int. Emily's, apt. early evening

Bill and Emily have been making love all afternoon. They discuss their future.

EMILY: I feel disgusting.

BILL: Why?

EMILY: I'm a liar.

BILL: No, you're not.

EMILY: He writes to me and says he misses me. He calls me and says he loves me. And I reply, 'I miss you too.' (*Turns to Bill*) But I don't.

BILL: Maybe you don't know what you feel.

EMILY: But I do know what I feel. I love you. Maybe I love him too. But I definitely love you more.

BILL: And I love you.

She sighs and gets off the bed, wrapping the sheet around her as she looks out of the window.

EMILY (*finally*): We're using the same language I use when I lie to him.

Bill moves to the fridge and takes a swig of Evian. Then:

BILL: What time's your flight?

EMILY: Seven o'clock.

BILL: He's going to meet you at the airport in Paris?

EMILY: Yes.

BILL: What will you tell him?

EMILY (*watching him, then*): What do you want me to tell him?

BILL: I don't want to tell you what to do.

EMILY: Then tell me what you want.

BILL: That would be the same thing.

EMILY (*smokes, then*): It would help me decide.

He turns and looks at her. After a thoughtful pause, he sighs and looks at his feet.

BILL: He wants you to stay with him in Paris, huh?

EMILY: Yes.

BILL: He wants to marry you?

EMILY: I guess. Eventually.

Emily sits on the edge of the bed. Bill sits down beside her.

BILL: What do you want me to say?

EMILY: I want you to tell me if there is a future for me and you.

BILL: A future, huh?

EMILY: Yes.

She gets up, throws her suitcase on the bed, and starts tossing clothes into it.

BILL: How can I answer that?

EMILY (*packing*): Yes or no.

BILL: I can't see the future.

She pushes him out of the way.

EMILY: You don't need to see it if you know it's there.

He takes a deep breath and stands up. Troubled and preoccupied, he glances at his watch.

BILL: What time's your flight?

EMILY (*packing*): Seven.

BILL (*pacing*): Seven, huh. OK. It's four now…

She keeps packing while watching him pace, He's thinking. He lights a cigarette and stops.

Look. Let me go get Michael's truck. I'll drive you to JFK.

EMILY: I can take a taxi.

He comes over and takes her by the arm.

BILL: No, I want to. Can you wait here?

EMILY: How long?

BILL (*considers*): An hour and a half.

EMILY: And then what?

BILL: I'll tell you the future.

EMILY (*looks at her watch*): At five-thirty?

BILL: Without fail.

She looks at him and considers.

He seems earnest.

She smiles.

EMILY: Five-thirty.

They kiss.

(Extraído de Hal HARTLEY, *Flirt*. Londres: Faber & Faber, 1996, pp. 1-8.)

(477 palabras)

Comentario general

El doblaje y la subtitulación forman parte de lo que se denomina *traducción subordinada*[64], es decir, traducción dependiente de un contexto, en este caso visual. Aunque son muy diferentes, ambos procesos comparten características comunes. Por ejemplo, como se ha señalado antes, en los dos es esencial prestar atención a la sincronización de palabras, en el caso del doblaje, o de títulos, en el caso del subtitulado, con la imagen, que necesariamente obliga a veces a una síntesis del TO para conseguir la simultaneidad entre los dos textos. Sin embargo, mientras que el doblaje permite la redundancia propia del texto hablado, el subtitulado normalmente la pierde.

---

[64] REISS y VERMEER (1984, *op. cit.*) definen la traducción *multimedia* como aquella que es interdependiente de otras informaciones, sobre todo visuales y acústicas. MAYORAL, KELLY y GALLARDO (1986) la denominan *traducción subordinada,* que es el término que utilizamos aquí.

El subtitulado puede ser impreso, fijado en la banda de imagen de la película o vídeo, o electrónico, fijado en un soporte, normalmente una pantalla alargada, en lugares como el teatro o la ópera. Generalmente, en cada segmento de subtitulación aparecen entre 52 y 70 pulsaciones, divididas en dos líneas como máximo. Cada título se mantiene en pantalla entre dos y siete segundos. La traducción subtitulada de *Flirt* que se incluye está dividida en títulos numerados.

Flirt es una película encuadrada en lo que se ha venido en denominar *free American cinema*, es decir, producciones de bajo coste y casi artesanales alejadas del macrosistema de producción y distribución hollywoodiense, que es el que predomina en Estados Unidos. Este carácter ciertamente *marginal* a la gran industria se mantiene, e incluso acentúa, al proyectarse en Europa, y en realidad es uno de los motivos de que se visione subtitulada y no doblada. *Flirt* es un producto destinado desde el principio a un público escogido, culto e intelectual, capaz de efectuar el *esfuerzo cognitivo* que requiere el subtitulado, que prefiere éste al doblaje y se interesa por este tipo de cine. Su distribución en España es mucho más restringida que la de cualquier otra película, y prácticamente se reduce a salas especiales de Madrid, Barcelona y otras grandes ciudades. Debe recordarse que en los Estados Unidos sucede lo mismo con las películas europeas, con la diferencia de que en dicho país prácticamente todo el cine europeo, con excepción de ciertas películas británicas, se destina de entrada a este tipo de público.

Como puede verse, el TO está extraído del guión publicado de la película. Hemos preferido mantenerlo íntegro, pues las acotaciones que lo acompañan ayudan a imaginar el ambiente de la escena.

Notas

Flirt: La ventaja de este texto de cara al subtitulado es su extrema concisión y simplicidad lingüística, que permite prácticamente una traducción literal sin mayores complicaciones. El diálogo, además, es lento y se ha rodado con una enorme economía de planos (sólo tres en toda la escena). Sin embargo, ciertas señales verbales (la entonación) y no verbales (gestos) de los personajes, algunos de los cuales se reflejan en las acotaciones, confieren al diálogo un tono mezcla de hastío y cinismo sólo perceptible al ver la película y esencial para entender plenamente el conjunto.

I feel disgusting: La lentitud del discurso de Emily obliga a que esta frase aparezca en dos segmentos (1 y 2) en vez de en uno.

He writes to me…: Esta réplica de Emily se convierte en el subtitulado en cinco segmentos, también posibles debido a la lentitud con que Emily la pronuncia. Lo mismo ocurre en el párrafo que comienza *But I do know what I feel*, que se divide en cuatro segmentos, y en la línea *I guess. Eventually*, que se divide en dos.

Evian: Aunque no sea un elemento verbal, el hecho de que los protagonistas estén bebiendo Evian, agua mineral francesa importada a los Estados Unidos, denota cierta sofisticación social inexistente fuera de los grandes núcleos urbanos de dicho país. Este detalle, que podría pasar inadvertido, muestra otra vez la relevancia de los códigos no verbales en medios como el cine o el teatro.

I don't want to tell you…: En este caso sucede lo contrario que en los anteriores. Un solo segmento contiene dos réplicas, dichas de manera muy rápida.

You don't need to see…: A pesar de su aparente claridad, es una de las frases más extrañas del TO. En la traducción *see* se traduce (a nuestro juicio acertadamente) por *predecir*.

JFK: Se opta por el préstamo (sin tan siquiera intentarse la aclaración) de las siglas *JFK*, por las que normalmente se conoce el aeropuerto Kennedy de Nueva York (ver Procedimientos de traducción, **2.2.**). Una posible razón es el receptor del texto, el público de las películas subtituladas, al que se presupone culto y conocedor de estas siglas. Una versión doblada habría tenido que recurrir a otro tipo de traducción (*al Kennedy* o, más probablemente, *al aeropuerto*). La traducción de esta frase (*Deja que vaya a por el camión de Michael y te llevo al JFK*) es también reveladora de la tendencia del español a la unión de frases mediante hipotaxis (coordinación) o parataxis (subordinación), frente a la preferencia del inglés por las frases separadas.

I'll tell you the future: Esta frase conecta con la ambigüedad y el juego de las anteriores. Probablemente aquí sí se podría traducir *Te predeciré el futuro*.

TEXTO META 5.4.

FLIRT

Hal Hartley

1. Me siento…
2. …repugnante.
3. ¿Por qué?
4. Soy una mentirosa.
5. No lo eres.
6. Me escribe y me dice que me echa de menos.
7. Me llama y me dice que me quiere.
8. Y yo respondo:

9. 'Yo también te echo de menos'.
10. Pero no es así.
11. Quizá no sepas lo que sientes.
12. Sí que sé lo que siento.
13. Te quiero a ti.
14. Quizá también le quiera a él.
15. Pero decididamente, te quiero más a ti.
16. Y yo te quiero a ti.
17. Estamos usando el mismo lenguaje que uso cuando le miento.
18. ¿A qué hora es tu vuelo?
19. A las siete.
20. ¿Te recibirá en el aeropuerto de París?
21. Sí.
22. ¿Qué vas a decirle?
23. ¿Qué quieres que le diga?
24. No te diré qué hacer.
    —Pues dime lo que quieres.
25. Eso sería lo mismo.
26. Me ayudaría a decidir.
27. Quiere que te quedes con él en París, ¿no?
28. Sí.
29. ¿Quiere casarse contigo?
30. Supongo.
31. Algún día.
32. ¿Qué quieres que diga?
33. Quiero que me digas si tú y yo tenemos futuro.
34. Futuro, ¿eh?
35. Sí.
36. ¿Cómo puedo responderte a eso?
37. Sí o no.
38. No puedo predecir el futuro.
39. No hace falta predecirlo al tenerlo delante.
40. ¿A qué hora es tu vuelo?
    —A las siete.
41. A las siete, ¿eh?
42. Muy bien. Son las cuatro.
43. Deja que vaya a por el camión de Michael y te llevo al JFK.
44. Puedo ir en taxi.
45. Quiero hacerlo. ¿Me esperas aquí?
46. ¿Cuánto tiempo?
    —Hora y media.
47. ¿Y luego qué?
    —Te hablaré del futuro.
48. ¿A las 5:30?
    —Sin falta.
49. A las 5:30.

(Extraído de la traducción subtitulada de *Flirt*, de Hal HARTLEY.
Los responsables de la versión española no aparecen en los títulos de crédito.)

5. Literature and Entertainment

The growing interest in literature in Spanish (especially the literature of Hispanic America) amongst educated readers in the English-speaking world has stimulated enthusiasm for the problems of translating literary texts from Spanish into English. Nevertheless, the quantity of material translated from English into Spanish far exceeds the relatively meagre volume of translations from Spanish into English. It is not just the great authors who are translated: there is a ready market for popular fiction, television and cinema films in most Spanish-speaking countries. Official figures confirm the existence of this imbalance: in Spain, for instance, books translated from English represent some 30-35% of all published works, whereas in the UK and the USA, translations from Spanish account for less than 1% of the total. The audio-visual market is even less significant, with English-language versions of films made in Spanish, for example, being comparatively rare. This apparent lack of interest in the products of the Hispanic world's artistic, literary and entertainment output cannot simply be ascribed to the traditional Anglo-Saxon reluctance to embrace foreign cultures: it also reflects commercial realities. In 1995, for instance, only 1.8% of all UK box office receipts were generated by films from other EU countries, compared with the 2.6% which came from films wholly produced in the UK. These figures are dwarfed by those for US-produced films, which accounted for the lion's share (84.1%), illustrating Hollywood's cultural and commercial domination of the film distribution and cinema circuits[65].

Translation problems associated with literature and the audio-visual media are unique and highly specific. The greatest of these is the absence of a *skopos* that is as clearly defined as it is in other types of translation, since the sender's intention is basically to engage the recipient's interest for various purposes (and not normally for utilitarian reasons), and which can be interpreted in different ways by different translators. Furthermore, the so-called 'literary sociolects' are shaped by the genres in which they appear. Poetry, for instance, is highly symbolic, and is prone to deviate from the norms of everyday language. Phonic devices such as rhyme and rhythm are yet another of its essential features. These differ markedly in the two languages. As will be seen from the following texts, translators normally choose to construct a TT which conforms to the poetic conventions of the target language,

---

[65] *BFI Film and Television Handbook 1997*, 1996, London, British Film Institute, Table 17, p. 38. In the same year the corresponding figures for UK/USA co-productions and and foreign language films from the rest of the world were 6% and 0.2% respectively.

thereby ensuring that it is accepted and recognised as *poetry*. Sometimes, however, they choose to abandon such conventions, but in doing so they run the risk of creating a poem which may appear strange, and fail to achieve the status which it enjoyed in the culture of the source language. Nevertheless, nowadays - given the greater degree of contact between the two literatures - these distinctions are much . hazier, and translators have many other options open to them, none of which would be wholly unacceptable.

Plays present different problems. They are usually intended to be acted and not read, so they are subject to the constraints associated with this. Their language is oral, rather than written, and is subordinated to a specific context (the staging of the play), in which gestures or the way it is directed on stage may be just as significant as the words themselves.

Finally, there is the novel, which is possibly the most popular literary genre today. It is also the genre which is most frequently translated. Novels are frequently adapted or modified by the translator with the aim of making them easier to read. This is especially true of products which target the mass market.

The same applies to the translation of films and other audio-visual productions, with regard to both dubbing and subtitling. Except in the case of productions targeting minority audiences, the translation should meet the criterion of *transparency* if it is to attain its final objective, i.e. to reach mass audiences without any problems. In both types of translation, the main constraint is the need to synchronise the target language with the source language in such a way that it is in harmony with the image on the screen.

Literary translation (and that of texts designed for entertainment) is often deemed to be the most creative form of translation. This is certainly true when the translator is given free rein in his / her work. However, except in the case of very specific types of text (poetry, novels, plays or avant-garde cinema), this freedom is, to a large extent, constrained by the factors mentioned above.

SOURCE TEXT 5.5.

DON QUIJOTE DE LA MANCHA

Capítulo VIII.   Del buen suceso que el valeroso don Quijote tuvo en la espantable y jamás imaginada aventura de los molinos de viento, con otros sucesos dignos de felice recordación.

En esto, descubrieron treinta o cuarenta molinos de viento que hay en aquel campo; y, así como don Quijote los vio, dijo a su escudero:

—La ventura va guiando nuestras cosas mejor de lo que acertáramos a desear, porque ves allí, amigo Sancho Panza, donde se descubren treinta, o pocos más, desaforados gigantes, con quien pienso hacer batalla y quitarles a todos las vidas, con cuyos despojos comenzaremos a enriquecer; que ésta es buena guerra, y es gran servicio de Dios quitar tan mala simiente de sobre la faz de la tierra.

111

—¿Qué gigantes? —dijo Sancho Panza.

—Aquellos que allí ves —respondió su amo— de los brazos largos, que los suelen tener algunos de casi dos leguas.

—Mire vuestra merced —respondió Sancho— que aquellos que allí se parecen no son gigantes, sino molinos de viento, y lo que en ellos parecen brazos son las aspas, que, volteadas del viento, hacen andar la piedra del molino.

—Bien parece —respondió don Quijote— que no estás cursado en esto de las aventuras: ellos son gigantes; y si tienes miedo, quítate de ahí, y ponte en oración en el espacio, que yo voy a entrar con ellos en fiera y desigual batalla.

(From: DE CERVANTES SAAVEDRA, M.: *El Ingenioso Hidalgo Don Quijote de la Mancha,* taken from *Obra Completa* edited by Sevilla Arroyo, F. and Rey Hazas, A. [Centro de Estudios Cervantinos, 1993-95]; digital version by Urbina, E Texas A & M University, Center for the Study of Digital Libraries], 1997. http://www.csdl.tamu.ed...antes/english/ctxt/cec).

(228 words)

General Comments

Thomas Shelton's translation of Part I of *Don Quijote* appeared in 1612, only about eight years after the corresponding part of *El Ingenioso Hidalgo Don Quijote de la Mancha* was first published. It is claimed to be the first foreign language version of Cervantes' masterpiece, pre-dating the French translation by two years. Shelton revised his translation in 1620, and it was this version which was used as the basis for the Macmillan edition, published in 1900, from which this extract is taken.

Shelton's text was the first of many English language translations of *Don Quijote*. We have selected it because it is contemporary with the novel itself, providing examples both of early seventeenth century English, with all its richness of idiom and expression, and of the skill of the translator.

His text is no longer acknowledged to be the *standard* one, having been superseded by versions in modern English which not only make fewer demands on the reader, but are also more accurate. Nevertheless, Shelton's translation is not without its virtues. In his *Biographical Note* to the Macmillan edition, Alfred W. Pollard expresses the wish that *[Shelton's translation] was as uniformly exact as it is uniformly racy and untrammelled.* (*The History of the Valorous & Witty Knight-Errant Don Quixote of the Mancha,* translated by Thomas Shelton [London: Macmillan & Co. Ltd., 1900], Vol., 1, p. vi.) Nevertheless, his overall verdict is positive:

> 'But the temper in which a man takes upon him to translate a contemporary novel which has pleased him, and that in which he approaches a recognized classic are distinct enough, and in the joyous and courageous handling which results from the contemporary's lack of reverence, though he misrepresent the letter more often

than is creditable, he may well catch such a portion of his author's spirit, as more learned and painstaking successors can only envy. In a translator of Don Quixote one touch of Cervantes' spirit atones for a dozen verbal slips, and it is because Shelton had a true feeling of kinship with his author that his version has here been preferred to any other'. (*Op. cit.*, pp. vi-vii).

Modern readers will still find much that will appeal to them in the Shelton text [66]. Nevertheless, they will, perhaps, experience more difficulty in following his prose than their Spanish fellow readers will in following that of Cervantes: this is an indication of the scope and nature of the changes which have taken place in the two languages over the last three and a half centuries.

For the purpose of comparison, the same passage is reproduced as it appears in the *standard* modern translation, that of J. M. Cohen. (*Don Quixote:* London: Penguin, 1950.) Although this version is not without its critics [67], it is certainly the most widely available one in the English language today. The two texts were produced for two different readerships. Each translator has therefore adopted very different solutions to the translation problems posed by the ST. Shelton succeeded in producing a text which conveys much of the flavour and colour of the original, managing to capture the reader's imagination. However, he sometimes does so at the expense of accuracy and attention to detail. Cohen, on the other hand, approached the task with the needs of the modern reader in mind: he sought, therefore, to produce a text which was readable, comprehensible and, above all, an accurate translation. This he has managed to do, although when it is compared with Shelton's, Cohen's text is dry and lacking in verve. Nevertheless, both translations are equally valid as responses to the problem: the differences between them demonstrate that each solution was shaped by the translator's perception of the needs and expectations of the intended readers of the text.

Notes

Del buen suceso...: There are two occurrences of *suceso* in this sentence: the first *suceso* does, indeed, mean *success* or *result*; the second one, however, means *event* or *incident*, which is just what this word means in modern Spanish. Note that Shelton (TS) translates the second *suceso* as *accident*, a word which originally meant *event*, as well as *mishap*. *Valeroso* is not translated by TS (*Of the Good Success Don Quixote had...*). (See also Translation Procedures, **G.**)

---

[66] There is a parallel to be drawn here with another much translated work - the Bible. It is interesting to compare the enduring popularity of the Authorised (King James) Version of the Bible (which was published in 1611 and is, therefore, contemporaneous with Shelton's text, although it was, in fact, based extensively upon the work of William Tyndale, nearly a century earlier) with the somewhat lukewarm reception accorded to many of the modern translations. The seventeenth century version falls far short of the latter in terms of accuracy, but the beauty of its language surpasses by far anything that they can offer.

[67] See RAFFEL, B.: *The Art of Translating Prose,* pp. 131-57.

En esto: The previous chapter ends with a conversation between Don Quijote and Sancho Panza; the purpose of this phrase is, then, to give a sense of continuity. Note the different solutions adopted by each translator.

campo: Cohen (JMC) prefers *plain*, which creates a more vivid picture of La Mancha than that which is suggested by *field* (TS).

La ventura... la faz de la tierra: The TS version of this sentence has a dynamism which is absent from the JMC one. This is not simply because of his choice of words: TS preserves the single sentence of the ST, whereas JMC splits it into four. Curiously, both agree on *monstrous* as a translation of *desaforados*. The English word conjures up an image of hugeness and grotesqueness, yet the Spanish word encompasses the former, but not the latter. TS translates *simiente* as *seed*, echoing the Bible, whereas JMC chooses *brood*, thereby losing the resonance of this word. Note also that TS chooses to use the third person singular of *to appear*, but modern English would favour the use of the plural here. JMC's translation of *buena guerra* is nearer the mark, since *buena* in this context means *just* or *legitimate*.

dos leguas: JMC has converted this measurement into modern units; however, this is hardly necessary, since present-day readers are likely to be aware that a league is considerably longer than a mile or a kilometre, even though they may not be able to recall the precise conversion factor.

Mire vuestra merced: Both translators have avoided *look* and have chosen to inject a more explicit note of caution into Sancho's words. *Vuestra merced* gradually evolved into *usted*. As can be seen here, it was originally a courtesy title used by servants when addressing their masters.

lo que en ellos... la piedra del molino: Once again, the TS version manages to capture the ease and spontaneity of Sancho's expression; the JMC version, on the other hand, is slightly more accurate (cf. the renderings of *hacen andar la piedra del molino*), but also rather colourless by comparison.

Bien parece: JMC's translation makes more sense of this phrase than does that of TS.

TARGET TEXTS 5.5.

DON QUIJOTE DE LA MANCHA

Chapter VIII. Of the Good Success Don Quixote had, in the Dreadful and Never-imagined Adventure of the Windmills, with other Accidents worthy to be recorded.

As thus they discoursed, they discovered some thirty or forty windmills, that are in that field; and as soon as Don Quixote espied them, he said to his squire, 'Fortune doth address our affairs better than we ourselves could desire; for behold there, friend Sancho Panza, how there appears thirty or forty monstrous giants, with whom I mean to fight, and deprive them all of their lives, with whose spoils we will begin to be rich; for this is a good war, and a great service unto God, to take away so bad a seed from the face of the earth.' 'What giants?' quoth Sancho Panza. 'Those thou seest there,' quoth his lord, 'with the long arms; and some there are of that race whose arms are almost two leagues long.' 'I pray you understand,' quoth Sancho Panza, 'that those which appear there are no giants, but windmills; and that which seems in them to be arms, are their sails, that, swung about by the wind, do also make the mill go.' 'It seems well,' quoth Don Quixote, 'that thou art not yet acquainted with matter of adventures. They are giants; and, if thou beest afraid, go aside and pray, whilst I enter into cruel and unequal battle with them.'

(From: DE CERVANTES SAAVEDRA, M.: *The History of the Valorous & Witty Knight-Errant Don Quixote of the Mancha,* translated by Thomas Shelton [London: Macmillan & Co. Ltd., 1900], vol. 1, p. 47.)

DON QUIJOTE DE LA MANCHA

Chapter VIII. Of the valorous Don Quixote's success in the dreadful and never before imagined Adventure of the Windmills, with other events worthy of happy record.

At that moment they caught sight of some thirty or forty windmills, which stand on that plain, and as soon as Don Quixote saw them he said to his squire: 'Fortune is guiding our affairs better than we could have wished. Look over there, friend Sancho Panza, where more than thirty monstrous giants appear. I intend to do battle with them and take all their lives. With their spoils we will begin to get rich, for this is a fair war, and it is a great service to God to wipe such a wicked brood from the face of the earth.'

'What giants?' asked Sancho Panza.

'Those that you see there,' replied his master, 'with their long arms. Some giants have them about six miles long.'

'Take care, your worship,' said Sancho; 'those things over there are not giants but windmills, and what seem to be their arms are the sails, which are whirled round in the wind and make the millstone turn.'

'It is quite clear,' replied Don Quixote, 'that you are not experienced in this matter of adventures. They are giants, and if you are afraid, go away and say your prayers, whilst I advance and engage them in fierce and unequal battle.'

(From: DE CERVANTES SAAVEDRA, M.: *Don Quixote,* translated by J. M. Cohen [London: Penguin, 1950], p. 68.)

SOURCE TEXT 5.6.

VIENTO DEL PUEBLO

Miguel Hernández

Vientos del pueblo me llevan,
vientos del pueblo me arrastran,
me esparcen el corazón
y me aventan la garganta.
Los bueyes doblan la frente,
impotentemente mansa,
delante de los castigos;
los leones la levantan
y al mismo tiempo castigan
con su clamorosa zarpa.
No soy de un pueblo de bueyes,
que soy de un pueblo que embargan
yacimientos de leones,
desfiladeros de águilas
y cordilleras de toros
con el orgullo en el asta.
¡Nunca medraron los bueyes
en los páramos de España!
¿Quién habló de echar un yugo
sobre el cuello de esta raza?
¿Quién ha puesto al huracán
jamás ni yugos ni trabas,
ni quién al rayo retuvo
prisionero en una jaula?
Asturianos de braveza,
vascos de piedra blindada,
valencianos de alegría
y castellanos de alma,
labrados como la tierra
y airosos como las alas;
andaluces de relámpagos,
nacidos entre guitarras
y forjados en los yunques
torrenciales de las lágrimas;
extremeños de centeno,
gallegos de lluvia y calma,
catalanes de firmeza,

aragoneses de casta,
murcianos de dinamita
frutalmente propagada;
leoneses, navarros, dueños
del hambre, el sudor y el hacha,
reyes de la minería,
señores de la labranza;
hombres que entre las raíces,
como raíces gallardas,
vais de la vida a la muerte,
vais de la nada a la nada:
yugos os quieren poner
gentes de la hierba mala;
yugos que habéis de dejar
rotos sobre sus espaldas.
Crepúsculo de los bueyes
están despuntando el alba.
Los bueyes mueren vestidos
de humildad y olor de cuadra;
las águilas, los leones
y los toros, de arrogancia:
y detrás de ellos, el cielo
ni se enturbia ni se acaba.
La agonía de los bueyes
tiene pequeña la cara;
la del animal varón,
toda la creación la agranda.
Si me muero, que me muera
con la cabeza muy alta.
Muerto y veinte veces muerto,
la boca contra la grama,
tendré apretados los dientes
y decidida la barba.
Cantando espero a la muerte,
que hay ruiseñores que cantan
encima de los fusiles
y en medio de las batallas.

(From: Miguel HERNÁNDEZ, *Viento del pueblo*,
in Rafael ALBERTI, ed., *Romancero general de la guerra española*,
Buenos Aires: Patronato Hispano Argentino de Cultura, 1944, pp. 232-234.)

(337 words)

General Comments

The life of Miguel Hernández (1910-42) ended when the poet was only 32; had he lived longer he would, no doubt, have achieved a status comparable to that of Lorca. He belongs to that generation of poets who found themselves caught up in the Spanish Civil War (1936-39). A staunch supporter of the Republican cause, Hernández fought as a soldier in the War, was taken prisoner, and sentenced to death, although this was subsequently commuted to thirty years' imprisonment. However, he was to live for only a few years after the end of the war, and died of tuberculosis in a prison hospital in Alicante.

Viento del pueblo: poesía en la guerra was published in 1937, and was intended to be recited to comrades-in-arms. The poem shares many of the features of the Spanish ballad or romance: it is clearly designed to make a direct appeal by stirring the emotions of troops preparing for battle, rather than stimulating the intellect of the silent reader by expressing sophisticated thoughts in highly complex language. The octosyllabic (eight syllable) line is extensively used in the poem: this is one of the most noteworthy characteristics of the Spanish *romance*. One of the difficulties faced by the translator of poetry is the need to reflect both the rhythm and the content of the original: here, the translator has opted for a more irregular rhythmical form instead of keeping rigidly to the octosyllabic line of the romance. In this sense, the translator is, perhaps, reflecting the greater variety of ballad forms found in other languages, especially English [68]. Note also that the source and target texts have been subdivided in different ways.

Viento del pueblo is a morale-boosting call to arms: its strong rhythm suggests the sound of an army marching to victory, and it is heavily laden with impassioned pleas to the people to resist attempts to subjugate them. The task of the translator is to preserve this sense of rhythm and respect the imagery and symbolism which are also important features of this poem.

The English version has been adapted in several ways. Firstly, two sections (lines 53-64 and 69-70) of the ST have been omitted in the TT. (The missing lines are shown in Italics in the ST.) The reasons for these omissions must inevitably be a matter for conjecture. The references to the oxen, eagles etc. in lines 53-64 echo metaphors introduced earlier in the poem. The oxen clearly represent those who advocated appeasement as the only feasible response to the rise of fascism, whereas the eagles, lions and bulls embody the virtues of those who were prepared to resist tyranny to the bitter end. Two of the most interesting aspects of the Spanish Civil War are its significance in terms of the international debate about the fascist threat, and the way in which it foreshadowed the Second World War. The translator's (or editors') decision to omit these sections may have been prompted by a desire to address the more immediate problem of how to mobilise support for the Republican cause in Spain, given that the translation appeared in a collection of Spanish Civil War poetry published in the United States while the war itself was at its height.

---

[68] For a more detailed and extensive consideration of the nature of the Spanish ballad, see SMITH, C. Colin: *Spanish Ballads,* pp. 1-45.

Another consideration might have been the possibility of negative reactions by potential Republican sympathisers in that country, given that the words of the poem allude not only to ambiguous attitudes within Spain itself, but also to the failure of the international community (with the notable exception of the Soviet Union) to provide any substantial material support for its democratically elected government. Hernández certainly does not mince his words (*Los bueyes mueren vestidos / de humildad y olor de cuadra*), so the decision to cut these lines may have been prompted by the desire to play safe and maximise support by not alienating anybody who might have been prepared to help. The two omissions diminish the stature of the English version of the poem by robbing it of the heroic sentiments expressed in the original, thereby lessening its impact.

The second striking example of adaptation by the translator is his decision to make some of the references more explicit. Two examples discussed in the detailed comments below (the addition of *black mind* to *¿Quién habló de echar un yugo?*, and the rendering of *gentes de la hierba mala* as *these tyrants of madness*) show where the translator's sympathy lay. In this respect the translation itself was, perhaps, just as much of a political statement on the part of the translator as the poem was on the part of Miguel Hernández. It also provides a further illustration of the way in which the decisions taken by translators are inevitably conditioned by their perceptions of the expectations and needs of the recipients.

Notes

esparcen: *To scatter* has a range of meanings which equate, in general terms, to those of *esparcir*; however, it is also used specifically to refer to the sowing of seed (to scatter seed = *sembrar [a voleo]*). It is therefore a particularly suitable partner for *winnow* (in the next line).

impotentemente mansa: The translator has used some poetic licence here in rendering *impotentemente* as *pitiably*. Another option could be *powerlessly*.

y al mismo tiempo castigan con su clamorosa zarpa: Another example of poetic licence on the part of the translator; on this occasion it has been used to make the meaning more explicit in the TT.

embargan yacimientos de leones: Hernández was able to express this idea with great economy; the translator has chosen to ignore the imagery to maintain the pace of the poem. A similar strategy has been adopted with regard to lines 17 and 18.

los páramos de España: The TT has been *foreignized* here, possibly because the translator felt the need to include a Spanish word in order to locate the poem in an appropriate context in the reader's mind. However, *meseta* might not be readily understood by all English-speaking readers. Presumably their needs were uppermost in the translator's mind when he chose to provide the extra detail (*desolate*) which they would need to interpret the line.

¿Quién habló de echar un yugo…?: The translator has resorted to amplification here: *What **black mind** would put the yoke to the neck of heroes?* (See also Translation Procedures, **E.**). Presumably, *black mind* was added to stress the symbolic significance of the yoke. The latter is not simply to be taken as a reference to oppression; it was also part of the emblem adopted by the Nationalists, against whom the Republican forces were pitted in the Civil War.

raza: The word chosen by the translator (*heroes*) is an example of politically inspired explicitation; it also fails to convey the idea of *pure lineage* implied by *raza*.

¿Quién ha puesto al huracán…?: This is an example of modulation, with some simplification, in the TT.

labrados: Wrought in the TT: this is a past participle of *to work*, which is now used only in certain senses. Presumably the translator chose this (*furrowed* would be a better choice), because it fits the stress patterns of the line. It is a fairly close equivalent to *labrados*, although it does not convey the specific meaning of *labrar*: 'to work the land'. (Cf. *tierra de labranza* = ploughland [Am. plowland]; *labrador* = ploughman [Am. plowman].).

y airosos como las alas: Note the word order in the TT, which not only keeps closely to that of the ST, but also prevents the wording in English from becoming predictable and banal.

extremeños de centeno: Extremadurans exists in English, but it is rather long and would sound quite awkward alongside the other nouns of origin used in the translated text. This presumably is why the translator adopted the *Men of…* solution, which also allowed him to expand the de *centeno* idea, thereby making it easier to follow in the translated text. Here the translator has only conveyed one of the images suggested by this phrase, i.e. the tanned skin of the peasants (*bodies the color of rye*). (See Translation Procedures, **H.**). However, the metaphor hints at a number of other ideas: their physical appearance (tall and lean); the importance of this staple crop, and the economic dependence which it creates amongst the agricultural workers who toil in the *latifundios* in the area.

gentes de la hierba mala: Mala hierba can denote weeds: it can also refer to an evil influence. The position of the adjective in the poem gives it greater emphasis. The reference has been made much more specific in the translated text. *These tyrants of madness* is a much more direct allusion to the Nationalists, its juxtaposition with *yokes* echoing the image of the *black mind* putting the yoke *to the necks of heroes* earlier in the poem. However, the links between the *hierba mala* image and its associations are lost in the translation. It is clearly intended to cast the reader's mind back to the *raíces* image, which occurs a few lines above, and suggests, perhaps, a struggle for survival between the *hierba mala* (i.e. the Nationalist army), with its all-pervasive roots which stunt the growth of the crop, and the *raíces gallardas* (the Republican army). The rendering in the TT (*these tyrants of madness*) offers an example of modulation (see Translation Procedures, **B.**).

Note that in the previous line *os* is translated as *us*: this may be a deliberate attempt on the part of the translator to encourage readers in the United States to identify with the fight against Fascism, and provides an example of explicitation (see Translation Procedures, **F.**).

grama: This is relatively unfamiliar to English-speaking readers, so the translator has judged it necessary to add *grass*.

que hay ruiseñores que cantan: The English version is a free translation. Although the transpositions in the last four lines separate *cantando* and *cantan*, the effect achieved in the translated text is a nice one, with the final stanza opening with *singing* and concluding with *sing*. By moving the reference to the nightingales (symbolising the poet) to the end of the poem, the translator has strengthened the note of optimism.

TARGET TEXT 5.6.

WINDS OF THE PEOPLE

Miguel Hernández

Winds of the people pull me,
winds of the people drag me,
winds of the people,
scatter my heart,
winnow my throat.

Oxen when beaten
drop their heads
pitiably meek,
but the lions lift their heads,
bring death with their deadly claws.

I am not of the people of oxen,
but I am the son of that people
all fierce like lions,
son of that people
whose mountain crags
are with eagles filled,
whose meadows are watched over
by the proud and fearless bull.

Never did the oxen fare
in the desolate meseta of Spain.
What black mind would put the yoke
to the necks of heroes?
Who shall ever harness the hurricane?
Who imprison the thunderbolt?

Asturians of braveries,
Basques of armored stone,
Valencians of laughter,
Castilians wrought of the soil,
from the earth rising on wings,
Andalusians hot as lightning,
swift torrent, river of tears,
born of the guitar and the anvil.

Men of Estremadura,
bodies the color of rye,
Galicians of rain and peace,
Catalonians, the steady,
Aragonese of noble ancestors,
Murcians of dynamite
fruitfully exploding,

Leonese, Navarrese, masters all,
masters of hunger, sweat, and the ax,
kings of the deep mines,
lords of the turned fields,
men like trees whose proud deep roots
go from life to death,
from nothing to nothing.
Yokes they would hang on us,
these tyrants of madness,
yokes you will break on their heads.

If I die, let me die
with my head upraised,
dead, twenty times dead,
with my mouth to the grama grass.

Singing, I await death,
for above the rattle of the machine guns,
above the din of the battle lines—
listen—the nightingales sing!

(From: HERNÁNDEZ, Miguel: *Winds of the People,* translated by Willard Maas in Humphries, R. and Bernadette, M. [eds.]: *And Spain Sings* [New York: The Vanguard Press, 1937], pp. 51-2.)

SOURCE TEXT 5.7.

LUVINA

Juan Rulfo

—*¡Oye, Camilo, mándanos otras dos cervezas más!* —volvió a decir el hombre. Después añadió:

—*Otra cosa, señor. Nunca verá usted un cielo azul en Luvina. Allí todo el horizonte está desteñido; nublado siempre por una mancha caliginosa que no se borra nunca. Todo el lomerío pelón, sin un árbol, sin una cosa verde para descansar los ojos; todo envuelto en el calín ceniciento. Usted verá eso: aquellos cerros apagados como si estuvieran muertos y a Luvina en el más alto, coronándolo con su blanco caserío como si fuera una corona de muerto...*

Los gritos de los niños se acercaron hasta meterse dentro de la tienda. Eso hizo que el hombre se levantara, fuera hacia la puerta y les dijera: *¡Váyanse más lejos! ¡No interrumpan!* Sigan jugando, pero sin armar alboroto.

Luego, dirigiéndose otra vez a la mesa, se sentó y dijo:

—*Pues sí, como le estaba diciendo. Allá llueve poco. A mediados de año llegan unas cuantas tormentas que azotan la tierra y la desgarran, dejando nada más el pedregal flotando encima del tepetate. Es bueno ver entonces cómo se arrastran las nubes, cómo andan de un cerro a otro dando tumbos como si fueran vejigas infladas; rebotando y pegando de truenos igual que si se quebraran en el filo de las barrancas. Pero después de diez o doce días se van y no regresan sino al año siguiente, y a veces se da el caso de que no regresan en varios años.*

(From: RULFO, Juan: *El llano en llamas: Luvina*
[México, D.F.: Fondo de Cultura Económica, 1986], p. 114.)

(244 words)

General Comments

Juan Rulfo (1918-86) was brought up in provincial Mexico, which is vividly portrayed in his fiction. His novel, *Pedro Páramo* (1955), is the work through which he is most widely known. However, he also wrote short stories. *Luvina* is taken from a collection of his stories, *El llano en llamas*, published in 1953. In it he paints a picture of rural Mexico. *Luvina* is a desolate, windswept place where poverty and despair are constant companions. Rulfo evokes the all-pervading sense of hopelessness which stems from the villagers' grim struggle to scratch a living in a harsh, unforgiving environment; his thoughts are conveyed to the reader partly by the narrator (who is en route to Luvina), but mainly through the observations of his anonymous drinking partner (an ex-inhabitant of Luvina) as they pass an evening conversing in a small bar.

This device allows the author to fashion his description of Luvina in the structure and words which would be used in everyday conversation, and it is all the more powerful for that. Nevertheless, the narrator's companion chooses his words with care and precision; his use of imagery is carefully calculated, creating vivid pictures in the reader's mind.

The translator's task is more complex than it might appear to be: the balance between the need to reflect the easy conversational style in which the story is framed, and the need to recreate the author's skilfully crafted imagery in another language is not easy to strike.

Notes

señor: This is always difficult to translate into British English: *sir* would indicate that the speaker occupies a subservient rôle. There is less of a problem in the USA, since *mister* is not encumbered with such connotations.

desteñido: The Real Academia's *Diccionario de la lengua española* defines *desteñir* as *quitar el tinte; borrar o apagar los colores; manchar con su color una cosa a otra.* The bilingual dictionaries consulted made a variety of suggestions, including *to fade or to run, to lose colour* and to *discolour.* On the face of it, the translator's choice of *dingy (of a dim or dark colour; dull, soiled [Chambers English Dictionary])* is a strange one, seeming to invest the author's words with a meaning which was not intended. However, the logic behind it is clear, the translator's intention being to link this idea with that which follows (*nublado siempre por una mancha caliginosa, caliginosa* being defined in the Real Academia dictionary as *denso, oscuro, nebuloso*). The other difficulty here is *nublado*. Its equivalent in English *(clouded)* tends to be used figuratively *(His judgement was clouded by his desire for revenge)*.

An alternative translation would be: *There the whole skyline is discoloured* (Am. *discolored*): *it's always covered in clouds that spread over it like a dark stain which is forever there / never fades.*

sin un árbol, sin una cosa verde: Repetition is used in this paragraph to reinforce the images of desolation and barrenness. In addition to this example of repeated words, there is repetition of sounds *(caliginosa, calín)* and grammatical constructions *(como si estuvieran muertos, como si fuera una corona de muerte)*. The translator has not recreated this sense of repetition in the English text.

calín: *Smog* is a word coined from **sm**oke and **f**o**g**. As its etymology indicates, it denotes a fog which is intensified by chemical pollution, in particular smoke from chimneys and vehicle exhausts. It is essentially an urban phenomenon, so it would appear to be an inappropriate choice of word here, although it does reinforce the idea of contamination and staining, which is present elsewhere in this paragraph.

¡Váyanse más lejos!: The second person plural *(vosotros)* form of the verb is, perhaps, what those accustomed to most forms of peninsular Spanish would expect to find here and in the verbs which follow, since the narrator's companion is addressing a group of children. However, in many parts of the Hispanic world (i.e. most of Spanish-speaking America, the Canary Islands and Andalusia) *ustedes* would be used in such circumstances.

tepetate: A word which has its origins in Honduras and Mexico. The *Pequeño Larousse Ilustrado* defines it as: (Mex.): *Roca que se emplea en la fabricación de las casas (Hond. y Mex.): La tierra de mina que no tiene metal.*

se arrastran: Literally *drag themselves*, but the translator paints a slightly different picture, adding an idea not present in the ST *(crawl **heavily** about)* (see Translation Procedures, **F.**].

andan: The choice of *march* is rather surprising, given that it implies brisk, purposeful movement, an idea which is not always present in *andar*, and which seems to be at variance with the image conveyed by *se arrastran*. It also conflicts with *dando tumbos* (q.v.).

dando tumbos: *Jumping* implies some degree of co-ordination and control, yet the image created in the ST is one of a series of events over which nobody exercises control. The whole phrase is difficult to translate, since the author personifies the clouds, and then uses a simile to liken them to an inanimate object *(vejigas infladas)*. An alternative translation might be: *...how they wander about / meander from one hill to another, lurching around as if they were inflated bladders, colliding with the edge of the precipices and unleashing thunderclaps, just as if they were bursting.*

TARGET TEXT 5.7.

LUVINA

Juan Rulfo

Hey, Camilo, two more beers! the man said again. Then he added, *There's another thing, mister. You'll never see a blue sky in Luvina. The whole horizon there is always a dingy color, always clouded over by a dark stain that never goes away. All the hills are bare and treeless, without one green thing to rest your eyes on; everything is wrapped in an ashy smog. You'll see what it's like-those hills silent as if they were dead and Luvina crowning the highest hill with its white houses like a crown of the dead.*

The children's shouts came closer until they penetrated the store. That made the man get up, go to the door and yell at them, *Go away! Don't bother us! Keep on playing, but without so much racket.*

Then, coming back to the table, he sat down and said, *Well, as I was saying, it doesn't rain much there. In the middle of the year they get a few storms that whip the earth and tear it away, just leaving nothing but the rocks floating above the stony crust. It's good to see then how the clouds crawl heavily about, how they march from one hill to another jumping as if they were inflated bladders, crashing and thundering just as if they were breaking on the edge of the barrancas. But after ten or twelve days they go away and don't come back for several years.*

(From: RULFO, Juan: Luvina, in *The Burning Plain and Other Stories,* translated by George D. Schade [Austin, Texas: University of Texas Press, 1967], reprinted in *The Penguin Book of Latin American Short Stories* edited by Thomas Colchie [London: Viking/Penguin, 1992], p. 284.)

SOURCE TEXT 5.8.

BODAS DE SANGRE

Federico García Lorca

Interior de la cueva donde vive la NOVIA. Al fondo, una cruz de grandes flores rosa. Las puertas, redondas, con cortinajes de encaje y lazos rosa. Por las paredes, de material blanco y duro, abanicos redondos, jarros azules y pequeños espejos.

Criada: *Pasen…* (Muy afable, llena de hipocresía humilde. Entran el NOVIO y su MADRE. La MADRE viste de raso negro y lleva mantilla de encaje. El NOVIO, de pana negra con gran cadena de oro.) *¿Se quieren sentar? Ahora vienen.* (Sale.)

(Quedan MADRE e HIJO sentados, inmóviles, como estatuas. Pausa larga.)

Madre: *¿Traes el reloj?*

Novio: *Sí.* (Lo saca y lo mira.)

Madre: *Tenemos que volver a tiempo. ¡Qué lejos vive esta gente!*

Novio: *Pero estas tierras son buenas.*

Madre: *Buenas; pero demasiado solas. Cuatro horas de camino y ni una casa ni un árbol.*

Novio: *Éstos son los secanos.*

Madre: *Tu padre los hubiera cubierto de árboles.*

Novio: *¿Sin agua?*

Madre: *Ya la hubiera buscado. Los tres años que estuvo casado conmigo plantó diez cerezos.* (Haciendo memoria.) *Los tres nogales del molino, toda una viña y una planta que se llama Júpiter, que da flores encarnadas, y se secó.*

(Pausa.)

Novio: (Por la novia.) *Debe estar vistiéndose.*

(Entra el PADRE de la NOVIA. Es anciano, con el cabello blanco, reluciente. Lleva la cabeza inclinada. La MADRE y el NOVIO se levantan y se dan las manos en silencio.)

Padre: *¿Mucho tiempo de viaje?*

Madre: *Cuatro horas.* (Se sientan.)

Padre: *Habéis venido por el camino más largo.*

Madre: *Yo estoy ya vieja para andar por las terreras del río.*

Novio: *Se marea.*

(Pausa.)

Padre: *Buena cosecha de esparto.*

Novio: *Buena de verdad.*

Padre: *En mi tiempo, ni esparto daba esta tierra. Ha sido necesario castigarla y hasta llorarla, para que nos dé algo provechoso.*

Madre: *Pero ahora da. No te quejes. Yo no vengo a pedirte nada.*

Padre: (Sonriendo.) *Tú eres más rica que yo. Las viñas valen un capital. Cada pámpano una moneda de plata. Lo que siento es que las tierras..., ¿entiendes?..., estén separadas. A mí me gusta todo junto. Una espina tengo en el corazón, y es la huertecilla esa metida entre mis tierras, que no me quieren vender por todo el oro del mundo.*

Novio: *Eso pasa siempre.*

Padre: *Si pudiéramos con veinte pares de bueyes traer tus viñas aquí y ponerlas en la ladera. ¡Qué alegría!*

Madre: *¿Para qué?*

Padre: *Lo mío es de ella y lo tuyo de él. Para verlo todo junto, ¡que junto es una hermosura!*

Novio: *Y sería menos trabajo.*

Madre: *Cuando yo me muera, vendéis aquello y compráis aquí al lado.*

Padre: *Vender, ¡vender! ¡Bah!; comprar, hija, comprarlo todo. Si yo hubiera tenido hijos hubiera comprado todo este monte hasta la parte del arroyo. Porque no es buena tierra; pero con brazos se la hace buena, y como no pasa gente, no te roban los frutos y puedes dormir tranquilo.*

(Pausa.)

Madre: *Tú sabes a qué vengo.*

Padre: *Sí.*

Madre: *¿Y qué?*

Padre: *Me parece bien. Ellos lo han hablado.*

Madre: *Mi hijo tiene y puede.*

Padre: *Mi hija también.*

Madre: *Mi hijo es hermoso. No ha conocido mujer. La honra más limpia que una sábana puesta al sol.*

Padre: *Qué te digo de la mía. Hace las migas a las tres, cuando el lucero. No habla nunca; suave como la lana, borda toda clase de bordados y puede cortar una maroma con los dientes.*

Madre: *Dios bendiga su casa.*

Padre: *Que Dios la bendiga.*

(From: GARCÍA LORCA, Federico: *Bodas de sangre,* Acto I, cuadro tercero, *Obras Completas,* 17.ª edición [Madrid: Aguilar, 1972] pp. 1194-8.)

(575 words)

General Comments

Federico García Lorca (1898-1936) is the best known literary figure that Spain has produced in the twentieth century. His poetry and plays have been translated into many languages, his trilogy of folk tragedies - *Bodas de sangre, Yerma* and *La casa de Bernada Alba* - being regarded as classics of the twentieth century theatre. Set in rural Spain in the early years of the twentieth century, these three plays deal with powerful universal themes such as love, passion, sexual rivalry, sterility, jealousy, hatred and murder, all of which are scarcely concealed by a thin veneer of civilisation. In *Bodas de sangre* (first performed in 1933) Lorca took a newspaper story about a crime of passion and turned it into a tragedy in which the themes associated with the male characters (honour and sexual rivalry) are in sharp contrast with the powerlessness of the female characters, and the values of tenderness and compassion which they represent. Music and verse are interwoven with the prose, the language of the play being full of imagery and symbolism.

This English translation *(Blood Wedding)* was broadcast on BBC radio. The problems faced by the translator are present at two levels. Firstly, there are the difficulties of turning a work written for the stage into a convincing piece of radio drama. Secondly, there are the problems of the cultural context of the original play. The latter called for some ingenuity on the part of the translator, given that early twentieth century rural Spain does not have any immediately obvious parallels in most parts of England, at least, although there are, perhaps, some in Scotland or Ireland. The Cotswolds or Devon are rural areas, but the English concept of rural life is far removed from the background against which *Bodas de sangre* is set. The solution adopted - the relocation of the action of the play to the English-speaking Caribbean - is a felicitous one, since it conjures up an image of an environment in which rural life is far from comfortable *(Cuatro horas de camino y ni una casa ni un árbol; En mi tiempo, ni esparto daba esta tierra. Ha sido necesario castigarla y hasta llorarla, para que nos dé algo provechoso)* and a society in which passions run closer to the surface of everyday life. It also gives scope for hinting at the cultural and geographical proximity of the Spanish-speaking world: in addition to including a sprinkling of Spanish words *(vegas, cafetal)*, the radio adaptation in English suggests this proximity through the use of music (a mariachi plays at the wedding and during the intervals between scenes, and guitar music accompanies the lullabies). The intonation and cadences of Caribbean English are well suited to the rhythm of the poetry and songs in the play, and enhance the dialogue with an expressiveness which serves the radio adaptation well, helping the listener to recreate the atmosphere of the stage version.

The extract has been taken from Act I, Scene iii. It includes none of the poetry or songs present in other scenes of the play, but those with an interest in the translation of poetry should see 5.6.

Notes

Criada: Pasen...: Note that the revised wording in the translated text together with the tone of voice adopted by the actress were used to convey to the listener the impression that the maid is *muy afable* and *llena de hipocresía humilde*. It provides an interesting example of compensation (***Please**, come in. Would you like to come in? They'll be here soon*). (See Translation Procedures, **H.**).

...cerezos... nogales... una viña, esparto: These are not translated into English, but replaced in the translated text by suitable Caribbean crops: mango and banana trees, coffee plants and tobacco respectively. The aim is clearly to provide references which will reinforce the listener's mental image of a Caribbean island. The TT *(He'd have looked for it! The three years he was married to me he planted ten mango trees, three banana trees by the road, a*

whole hillside of coffee and a plant called Jupiter with red flowers, but it dried up!) provides a good example of adaptation. (See Translation Procedures, **D.**)

Novio: (Por la novia.) Debe estar vistiéndose: Omitted from the English version. On the stage the meaning of the remark would be reinforced by an appropriate gesture, such as a movement of the head.

Across the savannah: An idea not present in the ST. The word *savannah* is, in fact, of Spanish origin (originally *zavana*, now *sabana*, defined in the Real Academia Española's *Diccionario de la Lengua Española* as [*De or. caribe] Llanura, en especial si es muy dilatada, sin vegetación arbórea*). It has been added for two reasons: firstly, it emphasises the cultural and geographical proximity of the Spanish-speaking Caribbean; secondly, it emphasises the difficulties of rural life in general, but in particular those associated with travel and communications in such an environment.

…para que nos dé algo provechoso: In the English version the idea is amplified and elaborated to make the father's comments easier to follow. The word vegas is added - yet another reference to the Spanish-speaking world. The change in wording also introduces the apparent paradox *(suffer to create)* which, in turn, makes the idea contained in the Spanish version *(castigarla y hasta llorarla)* clearer and much more explicit.

Tú eres más rica que yo…: This speech has been shortened and simplified in the English version, the final sentence being omitted. Note also that neither *viñas* nor *pámpano* is translated literally: the translator has, once again, opted for references to crops which could be associated with the Caribbean (i.e. *coffee plantations* rather than *vineyards*).

hija: Used as a familiar form of address in Spanish. However, *woman*, as used in the TT, implies a rather different type of relationship between the two speakers, with the male clearly indicating that he feels a sense of superiority and that he has a better understanding of the ways of the world.

Mi hijo tiene y puede: Left as a literal translation, this would puzzle listeners, so the translator has opted for a wordier, but more explicit rendering: *My son has **plenty**, and he knows **how to manage it**.* It provides a further example of amplification. (See Translation Procedures, **E.**).

La honra más limpia: Again, the obvious rendering of *honra* has been rejected in favour of a noun which provides opportunities for the translator to find a more successful link to the idea of cleanliness.

Hace las migas… el lucero: Note that the wording in the Spanish version is more succinct; that of the English version, on the other hand, is designed to provide a greater degree of explanation. *Migas* is a popular Andalusian dish based on fried breadcrumbs. It was originally the typical fare of the poor agricultural workers in the region. The translator's choice of *bread* is rather puzzling, as it could have been replaced by an appropriate Caribbean dish. The image of *breaking bread* in the translated text suggests religious overtones not present in the ST.

TARGET TEXT 5.8.

BLOOD WEDDING

Federico García Lorca

Maid: *Please, come in. Would you like to come in? They'll be here soon.*

Mother: *Thank you.*

Maid: *If you'll excuse me…*

Mother: *Have you got your watch?*

Bridegroom: *Yes, look.*

Mother: *We have to get back in good time. These people live so far away.*

Bridegroom: *But this land is good.*

Mother: *Yes, but too isolated. Four hours' journey. And not a house, not a tree anywhere.*

Bridegroom: *These are the dry lands.*

Mother: *Your father would have covered them with trees.*

Bridegroom: *Without water?*

Mother: *He'd have looked for it! The three years he was married to me he planted ten mango trees, three banana trees by the road, a whole hillside of coffee and a plant called Jupiter with red flowers, but it dried up.*

Father: *Ah, welcome! Welcome! Did the journey take long?*

Mother: *Four hours.*

Father: *Well, please sit down. You must have come the longest way round. Across the savannah.*

Mother: *I'm too old to cross the rough ground by the river.*

Bridegroom: *It makes her giddy.*

Father: *A good crop of tobacco.*

Bridegroom: *Oh, very good.*

Father: *In my day this land didn't even produce tobacco. I've had to punish it, even make it suffer to create these vegas to give us something useful.*

Mother: *And now it does. Don't worry. I'm not going to ask you for anything.*

Father: *You're better off than me. Your cafetal is worth a fortune. Each coffee bean a silver coin. What I am sorry about is that our estates are - you know - separate. I like everything together. If we could use twenty teams of oxen and bring your plantation here and put it on the hillside, eh? What a joy that would be!*

Mother: *But why?*

Father: *Mine is hers, and yours is his, that's why. To see it all together: together that would be a thing of beauty!*

Bridegroom: *And it would be less work!*

Mother: *When I die, you can sell that and buy here, next to this.*

129

Father:	*Sell? Sell? No, woman! Buy! Buy everything! If I'd had sons, I'd have bought the whole of this hill, right up to the stream. It's not good land, but with your arms you can make it good, and since no-one passes by, they don't steal the fruit, and you can sleep easy.*
Mother:	*You know why I've come.*
Father:	*Yes.*
Mother:	*So?*
Father:	*I approve. They've talked it over.*
Mother:	*My son has plenty, and he knows how to manage it.*
Father:	*My daughter, too.*
Mother:	*My son's handsome. He's never known a woman. His name's as clean as any sheet spread in the sun.*
Father:	*What can I tell you about my girl? She's breaking up bread at three, when the morning star's shining. She never talks too much; she's as soft as wool, she does all kinds of embroidery, and she can cut a piece of string with her teeth.*
Mother:	*May God bless their house!*
Father:	*May God bless it!*

(From: *Blood Wedding*, translated by Gwyn Edwards, broadcast on BBC Radio 4 UK, 22nd April 1996.)

6. Textos socioeconómicos

El lenguaje socioeconómico se utiliza en textos creados para y en el mundo de los negocios. No puede olvidarse que el propósito de este campo de actividad es comprar y vender productos, por lo que la mayoría de los tcxtos se escribe para establecer o acordar reglas y normas relativas a transacciones comerciales.

La traducción de escritos socioeconómicos (en especial la de contratos, acuerdos y correspondencia comercial) tiene lugar en muchos casos en las propias empresas, por lo que se trata de una labor especializada según sea la actividad comercial de dichas entidades. Los textos son normalmente recurrentes y estereotípicos, por lo que en la traducción se puede, con frecuencia, recurrir a plantillas previas o informatizadas. El conocimiento de las leyes y normas socioeconómicas de cada Estado, cada vez más uniformes en la Unión Europea, también incide decisivamente en la comprensión de los TO. Las convenciones de los distintos tipos textuales (por ejemplo, la carta comercial) también tienden cada vez más a uniformarse, y a adoptar en este caso las de la lengua predominante, es decir, el inglés.

TEXTO ORIGEN 6.1.

FLAMINGO CLUB AT PUNTA BEACH

PURCHASE AGREEMENT

AGREEMENT No.

This purchase agreement is made on the ....

BETWEEN

On the one hand FLAMINGO HOLDINGS LIMITED of 7 Main Street, Isle of Jersey ('the Company') of the first part and FLAMINGO MANAGEMENT LIMITED of 7 Main Street, Isle of Jersey ('the Manager') of the second part. The Company and the Manager are hereinafter together called 'the Founder Members'. On the other hand, the Purchaser ('the Purchaser') of the third part as under:

PURCHASER ....
TELEPHONE .... (Home) .... (Office) ....
ADDRESS ....
....

The Purchaser hereby applies for membership of Flamingo Club of which the Company and Manager are Founder Members, in accordance with the following particulars:

APARTMENT NUMBER(S) OR TYPE ....

FLOOR PLAN ....

PERMITTED OCCUPANTS ....

HOLIDAY PERIOD(S) OR SEASON ....

OCCUPANCY COMMENCING ....

MEMBERSHIP FEE ....

CHECK IN DAY: SATURDAY

	MEMBERSHIP TERMS PAYMENTS	METHOD OF PAYMENT
ADMISSIONS FEE:	£	....
ADMINISTRATIVE AND CONTRACT FEE	£	....
CONTRACT FEE- INTERNATIONAL EXCHANGE:	£	....
TOTAL:	£	....
DEPOSIT RECEIVED:	£	....
BALANCE:	£	....

DATE BALANCE DUE: ....

All payments must be made in favour of TIMESHARE TRUSTEES (INTERNATIONAL) LIMITED ('the Stakeholder') and must be sent to TIMESHARE TRUSTEES (INTERNATIONAL) LIMITED P.O. Box 43, 7 Main Street, Isle of Jersey. The Stakeholder shall hold the Membership Admissions Fee in escrow until the date upon which the conditions mentioned in paragraph 6 of the Purchase Agreement conditions stated on the reverse of this document have been fulfilled.

THE STAKEHOLDER CANNOT BE RESPONSIBLE FOR ANY PAYMENTS MADE TO ANY OTHER PARTY.

The Purchaser also hereby agrees to pay the undermentioned Initial Management Charge as described in Clause 12 of the Constitution of the Club as soon as the Membership certificate is issued.

Initial Management Charge: £.

The purchaser(s) hereby irrevocably agrees by his/her/their signature(s) below to be bound by the PURCHASE AGREEMENT CONDITIONS as stated on the reverse of this document, subject to acceptance of this Agreement by the Founder Members within 28 days of the date of this Agreement.

....

SIGNED by Purchaser

....

SIGNED by Purchaser   Witnessed by: ....

AGREED TO AND ACCEPTED BY FLAMINGO HOLDINGS LIMITED and FLAMINGO MANAGEMENT LIMITED upon the PURCHASE AGREEMENT CONDITIONS stated on the reverse of this document.

....

....

Authorised signatory for and behalf of Flamingo Holdings Limited and Flamingo Management Limited.

(376 palabras)

Comentario general

Este texto es la parte anterior de un pequeño contrato, redactado en inglés y en español, en cuyo reverso figuran las *condiciones de afiliación*. Como puede verse, se trata de la afiliación a la propiedad de apartamentos mediante el régimen de *time-sharing*, muy frecuente en los últimos años en las costas españolas. Este sistema, denominado hasta ahora en español *tiempo compartido* (disfrute de una propiedad inmobiliaria por turnos) o *multipropiedad* (propiedad compartida por varios), tiene una nueva definición jurídica que es la de *aprovechamiento por turno de bienes inmuebles*. El peculiar régimen jurídico de este tipo de contratos, desconocido en la legislación de nuestro país, ha provocado problemas que sólo muy recientemente han sido abordados desde un punto de vista legal[69]. El TO es, por tanto, un buen ejemplo de texto socioeconómico, cuyo trasfondo legal (y en cierto modo cultural) es ajeno a la cultura y a la lengua a la que se traduce. Su traducción, en realidad casi innecesaria dado que la oferta se dirige principalmente a destinatarios británicos, responde al posible *escopo* de atraer clientes españoles, simplemente por estar situados los apartamentos en España. En consecuencia, no es extraño que el TM tenga características extrañas al sistema español, tanto en su formato (un formulario impreso en las dos lenguas) como en sus aspectos lingüísticos, a veces incorrectos.

---

[69] En julio de 1997, el consejo de ministros del gobierno español aprobó un proyecto de ley de regulación de este tipo de propiedad compartida (Ley de Aprovechamiento por turno de Bienes Inmuebles) que fue aprobada en el Congreso de los Diputados el 10 de septiembre de 1998.

Notas

Flamingo Club…: La sociedad que promueve el contrato figura al principio del documento, normalmente mediante un logotipo o membrete identificativo. Se mantiene así en el TM.

Purchase agreement: Mientras que el TO habla de compra de unos derechos de *membership*, en el TM se escoge directamente *afiliación*, aunque se hable después de *comprador*. En este caso, el traductor español ha preferido unificar dos conceptos (en realidad similares), que en el caso del inglés aparecen por separado. Piénsese en lo extraño que sonaría en español una frase como *compra de afiliación a un club*.

Agreement No.: En el TM se mantiene, miméticamente, la contracción *No.* en vez de la española *Nº*.

Isle of Jersey: Obsérvese que la sede social de la empresa es la isla de Jersey, uno de los *paraísos fiscales* radicados en el Reino Unido. Aunque esta información pueda parecer irrelevante a efectos de traducción, se trata de un dato interesante que a ningún traductor debería pasar inadvertido, pues ello puede implicar (como de hecho sucede) que el contrato se somete a la jurisdicción de los tribunales de dicho territorio británico, y no a la de los tribunales españoles.

hereinafter: Fórmula utilizada en textos jurídicos para evitar repeticiones innecesarias *(de aquí en adelante, en lo sucesivo)*.

hereby: Otra fórmula específica de textos jurídicos o legales. En español, *por el / la presente,* según el género del escrito.

stakeholders: Palabra muy empleada en la jerga socioeconómica inglesa contemporánea. Aunque en principio puede servir para denominar a cualquier persona interesada en un negocio, en este caso se aplica a la parte a la que se confía el dinero depositado para la transacción y que es garante de ésta. La traducción española, *el depósito fiduciario*, es, en este caso, sólo aproximada, al no existir un concepto equivalente en el Derecho español.

in escrow: En sobre cerrado y sellado. En lenguaje jurídico español se emplea para este concepto el término *plica*.

The Stakeholder cannot…: Otra posible traducción de esta frase en letras mayúsculas sería *El depositario fiduciario no puede ser responsable de ningún pago hecho a cualquier otra parte*. El adjetivo inglés *any* induce a confusión en muchos casos y se traduce, a veces indebidamente, por *cualquier/a*.

The purchaser(s)…: La inclusión de anglicismos y la confusión en la concordancia de número y género en el TM pueden explicarse por su carácter extranjero, ya comentado antes. *As stated* debería ser *según se especifican*, mientras que *de la misma*, palabras que cierran el párrafo en español, deberían ser en todo caso *del mismo*. Este inconveniente se habría evitado utilizando la expresión (por otra parte, más correcta) *dentro de 28 días contados desde su fecha*.

TEX META 6.1.

CONTRATO DE AFILIACIÓN

CONTRATO No.

ESTE Contrato de Afiliación se hace el ....

ENTRE

Como primera parte, FLAMINGO HOLDINGS LIMITED de 7 Main Street, Isla de Jersey (*la Sociedad*) y FLAMINGO MANAGEMENT LIMITED de 7 Main Street, Isla de Jerscy (*el Gerente*) como segunda parte. La Sociedad y el Gerente son llamados en lo sucesivo *los Socios Fundadores*. Por otra parte, el Comprador (*el Comprador*) como tercera parte, como sigue debajo:

COMPRADOR ....

TELÉFONO .... (Privado) .... (Oficina) ....

DIRECCIÓN ....

....

El Comprador solicita por el presente documento su afiliación en el Flamingo Club del cual la Sociedad y el Gerente son Socios Fundadores, de acuerdo con los siguientes datos:

NÚMERO(S) O TIPO DE APARTAMENTO ....

PLANTA ....

OCUPANTES PERMITIDOS ....

PERÍODO(S) TURÍSTICOS O TEMPORADA ....

OCUPACIÓN COMIENZA ....

HONORARIO DE AFILIACIÓN ....

DIA DE ENTRADA: SÁBADO

CONDICIONES DE AFILIACIÓN

	PAGOS	MÉTODO DE PAGO
HONORARIO DE ADMISIÓN A LA AFILIACIÓN	Ptas.	....
HONORARIO ADMINISTRATIVO Y DE CONTRATO	Ptas..	....
HONORARIO DE CONTRATO INTERCAMBIO INTERNACIONAL:	Ptas.	....
TOTAL:	Ptas.	....
DEPÓSITO RECIBIDO:	Ptas.	....

135

SALDO: Ptas. ....

FECHA VENCIMIENTO SALDO: ....

Todos los pagos deberán hacerse a favor de TIMESHARE TRUSTEES (INTERNA-
TIONAL) LIMITED (*el Depósito Fiduciario*) y deben enviarse a TIMESHARE
TRUSTEES (INTERNATIONAL) LIMITED, Apartado 43, 7 Main Street, Isle of
Jersey. El Depositario Fiduciario conservará el Honorario de Admisión a la Afiliación
en plica hasta la fecha en que se hayan cumplido las condiciones mencionadas en el
párrafo 6 de las condiciones de Contrato de Afiliación especificadas en el reverso de
este documento.

EL DEPOSITARIO FIDUCIARIO NO PUEDE SER RESPONSABLE DE CUAL-
QUIER PAGO HECHO A CUALQUIER OTRA PARTE. El Comprador también
acuerda por el presente documento pagar el Cargo de Administración Inicial mencionado debajo según descrito en la Cláusula 12 de la Escritura de Constitución del Club
tan pronto como se extienda el Certificado de Afiliación.

Cargo Inicial de Administración: Ptas.

El (los) comprador(es) irrevocablemente acuerda(n) por el presente documento mediante su(s) firma(s) que aparece(n) debajo, obligarse a cumplir con las CONDICIO-
NES DE CONTRATO DE AFILIACIÓN según especificadas en el reverso de este
documento, sujeto a la aceptación de este Contrato por los Socios Fundadores dentro
de 28 días desde la fecha de la misma.

....
FIRMADO por el Comprador

....
FIRMADO por el Comprador   ATESTIGUADO por:

ACORDADO Y ACEPTADO POR FLAMINGO HOLDINGS LIMITED y FLA-
MINGO MANAGEMENT LIMITED según las CONDICIONES DE CONTRATO
DE AFILIACIÓN especificadas en el reverso de este documento.

TEXTO ORIGEN 6.2.

BUSINESS LETTER

Sr. Fernando Cámara Porlier.
Escuela de Diseño y Arquitectura de Interiores.
Calle Romero Robledo 55.
Madrid.

Fax 00 34 1 664 1112

25 October 1995

Dear Sir,

I hope that you received the information on our undergraduate Interior Design course which I sent you last week.

We are very interested in the possibilities of working together and look forward to the opportunity of discussing the matter further.

If you have any questions regarding our work here arising from the course documentation, please do not hesitate to contact me, or Paul Scott, Dean of Architecture.

I look forward to hearing from you.

Yours faithfully,

Peter Aston
Course Leader

(107 palabras)

Comentario general

Según la clasificación del tipo textual *carta comercial*, de Ghadessy[70], que se divide en cartas petitorias, informativas y directivas, este ejemplo correspondería a las segundas. Por tanto, el traductor ha de ser consciente de que, ante todo, la información debe transmitirse con absoluta claridad de expresión. Dependiendo de la función de la traducción (por ejemplo, si se trata de una carta circular que emplea el mismo texto en lenguas diversas, o si se trata sólo de un encargo de traducción con fines puramente internos, como es el caso de esta carta), habrá de atenerse a los rasgos de formato del género *carta comercial* y variar lo que pueda diferir de una lengua a otra.

---

[70] M. GHADESSY y J. WEBSTER, «Form and Function in English Business Letters», en M. Ghadessy (ed.), *Registers of Written English,* p. 115.

Notas

Sr. D. Fernando Cámara…: Se trata del nombre y dirección del destinatario, convención que se utiliza tanto en español como en inglés. Hoy en día, la mayoría de las cartas comerciales se escribe en papel con membrete, por lo que es de suponer que ésta lo incorpora, posiblemente en la parte superior derecha.

Fax number: El número de fax indica que la carta se envía también por dicho medio. No se olvide que los mensajes por fax tienen sus propias convenciones. Por ejemplo, en el encabezado se especifican remitente (persona y empresa/lugar de trabajo), destinatario, número de hojas enviadas y (a veces) asunto.

25 October 1995: La fecha en las cartas comerciales en inglés y en español se suele situar en la parte superior derecha del escrito, precedida (en español), del nombre del lugar desde el que se envía. Últimamente pueden verse ejemplos como éste, en los que la fecha se sitúa entre el nombre del destinatario y el cuerpo principal del texto. Debe recordarse que esta manera de poner la fecha en inglés, con número sin sufijo (cada vez más frecuente) se leería como número ordinal: *the twenty-fifth of October*, en inglés británico, o *October twenty-fifth* en inglés norteamericano. En español, la preposición no se suprime, y el mes se escribe en minúsculas: *25 de octubre de 1995*.

Dear Sir: El uso británico emplea coma o nada después de *Sir*. El uso norteamericano más extendido suele colocar dos puntos. Recuérdese también que en el plural, el británico *Dear Sirs* se convierte en Estados Unidos en *Dear Gentlemen*.

undergraduate: Los títulos académicos de los sistemas universitarios anglosajones crean problemas serios de traducción. Mientras que *course* en el sentido utilizado aquí es un genérico para *estudios*, *Undergraduate* no es exactamente un licenciado español, aunque normalmente así se traduzca. Se llama con este nombre a cualquier estudiante del ciclo básico universitario, que culmina con el título de *Bachelor*, que se obtiene tras cursar tres años de estudio. A partir de aquí, cualquier estudiante de *Master* o doctorado, es decir, de ciclos posteriores, se conoce como *Graduate Student*.

If you have…: El párrafo está repleto de fórmulas típicas del género *cartas comerciales,* caracterizado por un lenguaje formal (*regarding, arising, hesitate*), que tienen su equivalente en fórmulas españolas similares.

Dean: Aunque se traduce al español por *decano*, los dos cargos no son en absoluto equivalentes en potestad y funciones. (Véase el comentario al texto 8.2.)

I look forward to hearing from you: Fórmula de cierre y despedida un tanto deslexicalizada.

Yours faithfully: Despedida formal de una carta comercial. En inglés norteamericano, *Sincerely yours o Very truly yours*. Obsérvese que la traducción española de ésta y de la fórmula anterior se ha resuelto con una sola frase.

Course Leader: Coordinador o director de estudios. La opción del traductor, *Coordinador académico*, nos parece acertada.

TEXTO META 6.2.

CARTA COMERCIAL

Sr. Fernando Cámara Porlier.
Escuela de Diseño y Arquitectura de Interiores.
Calle Romero Robledo 55.
Madrid.

Fax 00 34 1 664 1112

25 Octubre 1995

Muy señor mío:

Espero que haya llegado a su poder la información sobre nuestra licenciatura en Diseño Interior que le envié la semana pasada.

Nos interesa la posibilidad de colaborar con ustedes, y esperamos poder profundizar nuestro diálogo.

Si necesita más amplia información sobre el trabajo que realizamos aquí, o sobre la documentación que le hemos mandado, le ruego se ponga en contacto conmigo o con Paul Scott, decano de la escuela de Arquitectura.

En espera de su pronta contestación, le saluda atentamente,

Peter Aston
Coordinador académico

6. Socio-Economic Texts

These are texts created for and by the business world. The main purpose of businesses is to buy and sell products and services, so many of these texts are written in order to establish the rules and practices governing commercial transactions.

The translation of this type of text (especially contracts, agreements and business correspondence) is often undertaken by the companies themselves, since - depending on the type of company - the work is often specialised in nature. The texts themselves tend to be stereotyped and repetitive, so the translator can often rely upon existing templates or phrases stored in computer databases. Knowledge of legislation and commercial practices - both of which are being harmonised in the European Union - is vital for full comprehension of the source texts. The conventions which apply to different text types (e.g. business letters) are also becoming more standardised. In this case, those of the predominant business language (i.e. English) are becoming the norm.

SOURCE TEXT 6.3.

CONTRATO

NÚMERO TRES MIL NOVECIENTOS OCHENTA Y TRES – – – – – – – – – –

En Málaga, mi residencia, a cuatro de Octubre de mil novecientos noventa y siete. –

Ante mí, Jorge Pérez Martín, Notario del Ilustre Colegio de Granada – – – – – – – –

COMPARECEN: –

De una parte, Don Ricardo López Ochoa, mayor de edad, casado, Abogado, vecino de Madrid, Gran Vía, 586, con D.N.I. número 328.794. – – – – – – – – – – – – – –

Y de otra, Don Federico Ruíz Gómez, mayor de edad, casado, Abogado, vecino de Coín, Centro Comercial Las Acacias, con D.N.I. 24.005.997. – – – – – – – – – – –

INTERVIENEN: El Sr. Muñoz González como mandatario verbal de Mr. Andrew Mackie, mayor de edad, británico, soltero, Ingeniero, con domicilio en 15 Sinclair Street, Aberdeen, Scotland. No acredita la representación, por lo que advierto a los comparecientes de la necesidad de que el pretendido mandante ratifique este otorgamiento para su eficacia; y Don Ricardo López Ochoa en representación y como Con-

---

140

sejero Delegado de la Entidad Mercantil ARCA, S.A., de nacionalidad española, de duración indefinida, domiciliada en Málaga, Carretera de Jaén, trozo conocido por Doña María Gutiérrez, esquina a calle Larios, Edificio 'El Azahar', constituida por escritura otorgada ante mí el 26 de agosto de 1985, al número 2698, y que figura inscrita en el Registro Mercantil de la Provincia de Málaga al tomo 756 del Archivo, libro 318 de la Sección de Sociedades Anónimas, folio 69, hoja 6.428, inscripción 1.ª Para su expresado cargo fue nombrado en la propia escritura fundacional, delegándose, al igual que a otro, pero para que cada uno de ellos pudiera ejercitarlas por sí solo, todas las facultades que por Ley o por los Estatutos corresponden al Consejo de Administración, salvo las indelegables por imperativo legal. Entre las facultades correspondientes al Consejo y delegadas al Sr. compareciente figuran las enumeradas en el artículo 45.º de los Estatutos de la Sociedad, que en la parte que aquí interesa dice lo siguiente: 'Artículo 45.º—El Consejo de Administración tendrá los poderes más amplios para la gestión y administración de la Sociedad, ostentando la representación de la Sociedad sin limitación ni reserva y está especialmente facultado para... 9. Consentir y realizar compras, ventas, permutas, transacciones, arriendos, subarriendos, segregaciones, divisiones y obras nuevas, y otras cualesquiera adquisiciones y enajenaciones de bienes inmuebles...' Asegura el Sr. compareciente que subsiste la vida legal de la Sociedad, que continúa en el desempeño del cargo de Consejero Delegado de la misma, con la vigencia a su favor de odas las facultades transcritas. – – – – – –

(394 words)

General Comments

This is the preamble of a contract. Its format is typical of documents of this type (see also 4.5 and 4.7), viz. a statement of the names of the parties to the agreement, followed by a section detailing the terms of the contract and, finally, a declaration signed by the parties in the presence of witnesses.

As might be expected, the text is replete with specialised terminology (*mandatario, mandante, los Estatutos de la Sociedad, bienes inmuebles,* etc.) as well as examples of a lexis which has a very specific, precise meaning when used in a legal context, even though it may have a much wider range of connotations and denotations in non-legal contexts. It is a text written by professionals for professionals, one which is designed to convey information in such a way that there can be no doubt as to its meaning or interpretation, style, form and structure all being of secondary importance. These considerations clearly define the translator's terms of reference, and the criteria that s/he should apply when making the decisions which will shape the translated text.

Notes

mi residencia: See notes on Text 4.5.

Ante mí: See notes on Text 4.5.

Notario: See notes on Text 4.5.

Ilustre Colegio de Granada: In English, courtesy titles such as *ilustre* are rarely used. The Real Academia Española's *Diccionario de la Lengua Española* defines *colegio* (as used in this context) as *sociedad o corporación de hombres de la misma dignidad o profesión. COLEGIO de abogados, de médicos.* Since this organisation has no exact equivalent in the legal systems of the English-speaking world, its title should be left in Spanish. Further explanation can be provided by means of a translator's footnote. One way of explaining such titles is to point to institutions which perform a similar function in the country of the reader. However, caution should be exercised here, since the structure of the legal profession in Spain differs considerably from that in the U.K. and many Commonwealth countries, where it is divided into *solicitors* (who are entitled to appear in the lower courts, and are regulated by the Law Society) and *barristers* (who plead cases in the higher courts, and are regulated by the Bar Council and the appropriate Inn of Court [or Faculty of Advocates in Scotland]). An explanation such as *Granada Law Society or Association* would, therefore, need to be suitably qualified. In the rest of the English-speaking world the legal profession is undivided, so its structure has more in common with that of Spain.

Comparecen: (The following) are present... Comparecer means to appear (in an official sense), e.g. to appear in a court of law. See notes on Text 4.5.

De una parte... de otra...: One way of rendering this would be *The two parties to the agreement...*

mayor de edad: This is not found quite so frequently in legal documents in the English-speaking world. *Of legal age* would be an acceptable translation, although it should be remembered that legal age (i.e. the age at which a person acquires the capacity to conduct business) varies from state to state in the U.S.A. In the U.K. the legal age was 21 years before 1970, when it was lowered to 18 years.

vecino de Madrid: Residing / abiding in Madrid would be more idiomatic, yet would not distort the meaning.

D.N.I.: Documento Nacional de Identidad. For a declaration to be legally valid in Spain, the number of each party's identity card must be quoted.

mandatario: Agent, i.e. an individual who acts for and represents the principal. In this case, the agent is representing the principal in the contract negotiations.

mandante: Principal. When two individuals or companies enter into an agreement whereby one acts as the agent for the other, the person who authorises the agent to act on his/her behalf is known as *the principal.*

No acredita la representación: i.e. Sr. Muñoz González does not have (formal) authorisation to represent Mr. Mackie.

...advierto a los presentes de la necesidad de que el pretendido mandante ratifique...: ...I therefore advise those present of the need for the person claiming to be the principal to ratify / confirm this authorisation...

para su eficacia: So that it may take effect. The main difficulties for the translator here are the length of the sentence and the large number of sub-clauses that it contains.

en representación: Representing. This is an example of transposition (see Translation Procedures, **A.**).

Consejero Delegado: Chief Executive (Officer).

entidad mercantil: The concern / business known as 'Arca S.A.'

de nacionalidad española: This refers to Arca S.A., not to Don Ricardo López, so it should be rendered as *incorporated in Spain.*

de duración indefinida: Permanently.

constituida por escritura otorgada ante mí...: Escritura can be translated in a variety of ways, depending on the context. Here, it clearly refers to the *escritura de constitución*, which is the memorandum / articles of association, or the articles of incorporation of a company.

Registro Mercantil: Companies House, i.e. the office where details of all companies registered in the province are recorded. *The Company Registry for the Province of Málaga* would be a more helpful rendering for those unacquainted with Spanish company law.

Para su expresado cargo fue nombrado en la propia escritura fundacional: The translator's decision to identify the individual to whom this refers is welcome, in view of the length of the length and complexity of the previous sentence. A rendering closer to the original (always advisable in a legal translation) would be: *He (Don Ricardo López Ochoa) was designated as such... Escritura fundacional* is the certificate / deed / articles of incorporation or the memorandum of association of the company. (C.f. *escritura* above.) It could be translated by a less specific term, such as *incorporation papers.*

delegándose... salvo las indelegables por imperativo legal: A change of word order is necessary in English: all powers which by Law or Statute correspond to the Board of Directors, save those which cannot lawfully be delegated, are delegated to him, as they are to (an)other person(s), but in order that each of them might individually exercise such powers.

el Sr. compareciente: The best way of dealing with this is, perhaps, to render it as *the person before me.*

enumeradas: Set out would be the appropriate term here.

Estatutos de la Sociedad: Articles or Memorandum of Association or Incorporation.

ostentando la representación de la Sociedad: Ostentar means to be responsible for, or to be charged with: this phrase might, then, be rendered as *...being charged with representing the Company without limitations or reservations.*

transacciones: This has been omitted from the translated text: *transactions* would be the appropriate word.

arriendo: *Lease*, i.e. a contract which permits a tenant to occupy land or buildings. *Subarriendo* is *sub-lease*.

enajenaciones: The *transfer, alienation* or *conveyance* of property from its owner to another individual or company. An appropriate translation for the phrase would be *transfer of ownership of property*.

que subsiste la vida legal de la Sociedad: *Life* can sometimes be used in English when referring to inanimate objects, but it is normally only found in certain set expressions, e.g. the *shelf life* of a product. It would therefore be better to find some other solution, such as 'that the Company is still legally constituted'.

con la vigencia a su favor de todas las facultades transcritas: *Transcribed* does not really sit easily with *powers*, since it means literally *to write over from one book into another* (Chambers English Dictionary). Some other word is needed to make the meaning absolutely clear. *And that all the powers ascribed to him are still in force* would adequately convey the meaning of the original.

TARGET TEXT 6.3.

CONTRACT

NUMBER THREE THOUSAND NINE HUNDRED AND EIGHTY THREE − − − −

In MALAGA, my home town on the fourth of October, 1997   − − − − − − − − − −

In front of me, Jorge Pérez Martín, solicitor of the famous Granada Law School   − − −

APPEAR: −

On the one hand Don Ricardo López Ochoa, adult, married, a solicitor, a resident in Madrid, Gran Vía, 586, holder of National Identity Document Number 328.794. − −

On the other Don Federico Ruiz Gómez, adult, married, solicitor, a resident of Coín, Centro Comercial Las Acacias, holder of National Identity Document Number 24.005.997. −

THE FOLLOWING ARE PRESENT: Sr. Muñoz González as an oral proxy for Mr. Andrew Mackie, adult, British, bachelor, engineer, living at 15 Sinclair Street, Aberdeen, Scotland. He (Mr. MACKIE) has not authorised the legal representation - for this reason I advise those present of the necessity that the would be constituent ratifies this contract so that it is valid. Don Ricardo López Ochoa is a representative and as a delegated consultant of the Spanish company Arca S.A., for a period of indefinite duration, based in Málaga, Carretera de Jaén, a place known as Doña María Gutiérrez Street, with a corner with Larios Street, registered by a contract drawn up in my presence on the twenty sixth of August, 1985, under the number 2698 and which appears written in the Málaga Trade Register in volume 756 of the archive, book 318 of the Limited Companies' Section folio 69, page 6,428, First registration, for his (Don Ricardo López Ochoa's) above mentioned role, he was named in the constituent

---

document, delegated to himself on equal terms with another, but in such a way that each one of them could have power for himself alone: all the powers that by the law or by statutes correspond to the Administrative Council, except those outside the jurisdiction of the law. Among the powers belonging to the board and delegated to the gentleman present (Señor López Ochoa) appear those laid out in the forty fifth article of the company statutes which in the section relevant here states the following: 'Article 45 - The board of directors will have the widest powers for the management and administration of the company, representing the company without restrictions and it is especially empowered to- 9. consent to and to carry out purchases, sales, exchanges, leasing, partitioning, subleasing, new projects, any other acquisitions and transfers of real estate'. The gentleman here present assures that the legal life of the company is still intact and that he is still occupying the position of Managing Director of the aforementioncd company wit the appropriate authority to use the above mentioned powers. –

SOURCE TEXT 6.4.

CARTA COMERCIAL

ESTABLECIMIENTOS TEXTILES TOMA Y DACA.
Florida, 785.
1005 Buenos Aires.

Buenos Aires, 2 de junio de 1997

SEÑORES

Smith & Jones PLC.
Hebblethwaite.
East Yorkshire.
INGLATERRA.

De nuestra mayor consideración:

Nuestra empresa fabrica tejidos para la decoración, fundamentalmente para cortinados, consumiendo para ese fin aproximadamente 20.000 kg de hilado por mes.

En la visita realizada por nuestro Director, el Ingeniero Juan Duarte, a la feria HEIM-TEXTIL, tuvo oportunidad de observar en el stand de ERBAY un muestrario de hilados de vuestra producción, que pueden ser de nuestro interés. (Art. Classique 68/265 Tex Acrylic and Slubs, en colores X8 white y X10 natural).

Nuestras necesidades son de hilado de fibra sintética, preferentemente acrílico. Estos hilados son para utilizarlos en telas de cortinas, como trama en la mayoría de los casos y si es posible también como urdimbre en algunos artículos. Para vuestra información, toda nuestra producción la tejemos en telares DORNIER.

Los títulos de los hilados que nos pueden interesar están entre Nm 8 y Nm 20, y en principio creemos que va a ser más interesante para ambas partes comprar los hilados en crudo para ser utilizados así o teñirlos en nuestra planta.

Rogamos tomen nota de nuestras necesidades y traten de contestarnos a la brevedad, pues estamos deseosos de incorporar lo antes posible este tipo de hilados a nuestra colección.

Con el fin de poder orientarnos, creemos que es suficiente que nos manden muestras de 3 a 5 metros con las especificaciones y precios de cada una, dejando el envío de muestras más importantes para el momento en que definamos los hilados de nuestro interés.

Sin otro particular, saludamos a ustedes muy atentamente,

ESTABLECIMIENTOS TEXTILES TOMA Y DACA

Ing. Juan Duarte

(256 words)

General Comments

This is an authentic letter, although the names mentioned in the original have been replaced by fictitious ones. It is a typical example of an enquiry sent by one firm to another, and it exhibits many of the characteristics of business correspondence in Spanish.

In general, the style of Spanish business letters is rather more formal than that found in their counterparts in the English-speaking world. Formulae such as *nos es grato acusar recibo de su atenta carta del 16 de marzo* are still found, whereas *we beg to acknowledge receipt of your favour of 16th March* would be considered old fashioned in English. A much less formal phrase, such as *thank you for your letter of 16th March* would be preferred. The style used in business correspondence in English is much more direct, with fewer circumlocutions and ornate phrases, yet this same style, when transposed into a letter in Spanish, can seem brusque and abrupt, causing just as much irritation to readers as the rather more elaborate Spanish style would if it were applied injudiciously to a letter in English.

As far as the translator is concerned, then, there are two considerations: firstly, there is the need to ensure that the content of the ST is reproduced as faithfully as possible; secondly, there is the need to adopt a style consistent with that used for this type of document in the language of the translated text. This means that translators have to pay special attention to meaning at phrase level, as well as word level. In some cases convention dictates that certain phrases or words have to be used in certain circumstances; translators should, then, take care to make sure that their work meets the expectations of their clients in terms of house style and lexis.

Although the letter which follows contains some specialised and technical terminology, it is, nevertheless, representative of the *genre*.

Notes

El membrete: The conventions for setting out a letter in Spanish are sometimes subject to idiosyncratic interpretations and variations; nevertheless, there are certain norms which should be adhered to. Most business letters are printed on headed notepaper (*membrete* = heading); if this is not available, the sender's address (*la dirección del remitente*) is placed at the top of the page, and may be centred, or aligned with the left margin. The date, which is always preceded by the name of the town from which the letter was sent, is placed below the sender's address, and is aligned with the right margin. The recipient's address (*la dirección del destinatario*) is placed below the date, and is aligned with the left margin. The salutation (*el saludo*) is placed below the recipient's address, and is aligned with the left margin. It should be followed by a colon, although a comma is occasionally used.

De nuestra mayor consideración: This salutation is commonplace in Argentina. It can be equated with *Dear Sir, Dear Sirs, Dear Madam,* etc. in English. In Spain, the *standard* salutations are: *Estimado(s) señor(es), Muy señor mío* (used by individuals when writing to individuals), *Muy señor nuestro* (used by a company when writing to an individual), *Muy señores míos* (used by an individual when writing to a company) and *Muy señores nuestros* (used when a company writes to a company). The standard phrase which corresponds to *Yours faithfully* or *Yours sincerely* is *Le(s) saluda(n) atentamente*. The author of this letter has chosen to end it with a variation on this theme.

cortinados: This word is used in areas of Argentina and Uruguay; in the rest of the Spanish-speaking world *cortinaje* is preferred.

Ingeniero: A courtesy title. It would not be appropriate to translate it into English. Note how the author refers to himself in the third person here.

la feria HEIMTEXTIL: Remember that in English proper nouns such as brands, model designations etc. precede the noun, e.g. a Marks and Spencer jacket, a WordPerfect document, an Olympus OM-1N camera, etcétera.

vuestra producción: Note that the writer uses the second person plural possessive adjectives in paragraphs two and three; nevertheless, in paragraphs five and six he changes to the *ustedes* form. In a letter of this type, one would expect to find the *usted* or *ustedes* verb forms, the third person possessive adjectives etc. used throughout; the inconsistency would appear to result from an oversight on the author's part.

Slubs: Here, the author is clearly referring to a catalogue or price list, and is quoting the catalogue numbers or descriptions just as they are given in these documents.

Slubs are lumps in yarn: presumably the yarn to which he refers was designed to be lumpy or knobbly in texture.

trama, urdimbre: *Weft* and *warp* respectively. The weft denotes the threads which cross the warp; in a loom the threads of the warp are stretched out lengthways and the yarn which makes up the weft is woven through them.

los títulos: This has been *borrowed* from the French, *titres*. The characteristics of yarns can be expressed in two ways: the *titre* (or *number*) relates to the diameter of a thread; the more familiar *denier* (also borrowed from the French) is the weight in grams of a 9,000-metre length of the thread or fibre.

comprar los hilados: The verb cannot be left in the infinitive in English, so the translator has resorted to a paraphrase which includes the relevant subject.

con el fin de poder orientarnos: Once again, the translator has deemed it necessary to paraphrase the original slightly.

dejando el envío: In Spanish, a change of subject in mid-sentence is not necessarily frowned upon; English, however, is far less forgiving in this respect, so instead of having to face the twin problems of accommodating a change of subject and an unwieldy sentence, the translator has adopted the expedient of beginning a new sentence at this point.

Sin otro particular le(s) saluda(n) atentamente and its variants are rarely found without some sort of *rounding off phrase*: this is one of several which frequently decorate letters in Spanish. Such phrases are used fairly infrequently in English. They add nothing significant to the text, performing a purely ornamental function, so they can safely be omitted.

TARGET TEXT 6.4.

BUSINESS LETTER

ESTABLECIMIENTOS TEXTILES TOMA Y DACA.
Florida, 785.
1005 Buenos Aires.

2nd June 1997

Smith & Jones PLC.
Hebblethwaite.
East Yorkshire.
ENGLAND.

Dear Sirs,

Our company produces decorative textiles, and uses some 20,000 Kgs. of yarn per month for this purpose.

When our Managing Director, Sr. Juan Duarte, visited the Erbay stand at the Heimtextil Fair, he took the opportunity to examine a set of samples of yarns manufactured by your company, and which may be of interest to us, i.e. Art. Classique 68/265 Tex Acrylic and Slubs, in X8 white and X10 natural colours.

Our requirement is for synthetic fibre yarn, preferably acrylic. These yarns are to be used in the manufacture of curtain material, as weft in most cases, but also as warp in some items. For your information, all of our products are woven on Dornier looms.

The yarns which are likely to be of interest to us are titres between nos. 8 and 20. In principle, we think that it will be more beneficial for both parties if we were to purchase undyed yarn to be used as such, or to be dyed in our plant.

Please take note of our requirements, and try to reply as soon as possible, since we wish to include this type of yarn in our collection at the earliest available opportunity.

To help us reach a decision, we think that it will be sufficient for you to send us samples 3 to 5 metres in length, together with the relevant specifications and prices. Larger samples will not be needed until we specify the yarns which are of interest to us.

Yours faithfully,

ESTABLECIMIENTOS TEXTILES TOMA Y DACA

Juan Duarte
Managing Director

7. Textos periodísticos

La comunicación periodística se produce a través de los medios de masas: prensa, radio y televisión. Los tipos de texto que se definen como periodísticos son, básicamente, la noticia, el reportaje, la entrevista y el artículo de opinión, todos ellos adaptados al medio (prensa, radio o televisión) por el que se difunden. Aunque el lenguaje periodístico debe ser, por definición, veraz, a menudo incluye rasgos persuasivos que inducen al lector a una opinión determinada, por lo que todo análisis de textos periodísticos ha de incluir, forzosamente, el componente ideológico subyacente. Desde el punto de vista estilístico, se pueden mencionar rasgos recurrentes del lenguaje periodístico como la concisión, la impersonalidad, la mezcla, difícil de separar, entre información y opinión, y el empleo de un estilo directo y sin rodeos.

La traducción de textos periodísticos es constante. Según Alan Bell[71], de las cuatro grandes agencias de noticias internacionales (Reuters, Associated Press, United Press International y France Presse) todas menos una utilizan el inglés como lengua de partida. Lo mismo sucede con los canales de noticias de ámbito mundial, como CNN o BBC News. Nuevamente aquí, y aunque nos faltan datos concretos al respecto, el volumen de textos traducidos del inglés a otras lenguas es infinitamente superior al número de traducciones en sentido contrario. La preponderancia y exclusividad de esta lengua explica el constante contagio de rasgos estilísticos, textuales y léxicos procedentes del inglés que sufren los lenguajes periodísticos del mundo no angloparlante.

En relación con la traducción periodística en general, cabe mencionar la tipología de textos origen de Neubert[72], que distingue aquellos dirigidos específicamente al receptor de la LO, como las noticias locales que hoy en día se traducen al inglés en periódicos y revistas dirigidos a los residentes anglófonos en España, y los dirigidos específicamente al receptor de la LM, como las noticias de alcance internacional, en los que el texto en LO normalmente sirve sólo de modelo para la traducción. La fuente, las presuposiciones, el *escopo* y el receptor varían notablemente de uno a otro. En los dos ejemplos que hemos seleccionado, uno podría adscribirse al segundo tipo de texto (7.1) y otro al primero (7.2).

---

[71] A. BELL, *The Language of News Media*, p. 50.

[72] A. NEUBERT, «Elemente einer allgemeinen Theorie der Translation», en *Actes du X Congrès International des Linguistes*, pp. 2451-2456.

TEXTO ORIGEN 7.1.

GENERATION OF HOPE?

Our reports on The Next Generation indicate that Europe's leaders are betraying our young people. Too many are being denied a decent education and the chance to work when they leave school.

Unless priority is given to improving education and ending the recession, the consequences will be grave: Europe will find it increasingly hard to compete with the United States and the Far East. *The evidence is disturbing —and there is no time to lose.* There are proportionately fewer students in higher education in Europe than in Asia, and standards at schools and universities are inadequate and often inappropriate for the modern world.

National governments have the prime responsibility for educating their people. *Establishing the balance between science and the arts, and between raising general standards and targeting specific areas, is best left to those as close as possible to the students.*

Yet, we believe that the European Community can play an important complementary role in analysing long-term trends and problems, and fostering co-operation between EC states. The Maastricht treaty for the first time gives the Commission the authority to develop a specific education policy. It should use this new power to boost language teaching in schools and to increase understanding of other EC cultures and countries. *It can also help to develop links between schools across the Community.*

However, this national and EC investment will be repaid only if there are jobs for Europe's students when they leave school. There is still precious little evidence that Europe's governments can provide the co-ordinated economic stimulus to create those jobs.

The youth of Europe, *as the Eurobarometer reveals*, support the European Community, want to protect the environment and are humanitarian and idealistic. If they are not to become disillusioned, it is vital that their elders offer them the chance to harness their abilities and their idealism.

(Extraído de *The European,* 16-19 septiembre 1993, p. 8.)

(213 palabras)

Comentario general

Este texto se ha extraído de uno de los artículos editoriales del periódico *The European* correspondiente al día de la fecha. En la página se encuentran otros dos, mucho más apegados a la actualidad que éste: un comentario al proceso de negociación entre Noruega y la Comunidad Europea y otro referente a un encuentro entre Yaser Arafat y el entonces primer ministro israelí, Rabin. El editorial va precedido de un titular con letra grande y en negrita, y su estructura es la clásica de

152

este tipo de textos: 1) hechos, 2) principios generales aplicables al caso y 3) conclusión[73].

La traducción publicada en *El País* aparece en la *Revista de Prensa* de este periódico, sección que recoge editoriales y opiniones de otros periódicos, españoles y extranjeros. Dado el escaso espacio que se otorga a esta sección, los textos que en ella se incluyen suelen abreviarse, lo que se señala con el signo (...). Las omisiones que se producen, a menudo para evitar redundancias o párrafos de menor significación, pueden tener a veces un sentido ideológico. No se olvide que la primera *norma* traductológica, en el sentido de Gideon Toury, es precisamente decidir qué se va a traducir y qué no.

En este caso, para proporcionar al lector el TO completo, se han señalado en cursiva las oraciones y párrafos no incluidas en el TM. Las *revistas de prensa* son uno de los escasos rincones de la prensa donde se traduce exacta y directamente de una fuente extranjera, con el fin de presentar al lector la opinión fidedigna de otro periódico. La selección de estos textos responde primordialmente a su interés, pero también al posible contraste de las ideas vertidas con las de la línea editorial del periódico.

Notas

The Next Generation: Aparece con mayúsculas en inglés porque es un concepto conocido y citado frecuentemente en los medios de comunicación. No sucede así en español, que obviamente prescinde de las mayúsculas.

decent: Esta palabra se considera, a veces, un falso amigo. En este caso concreto, otras posibles traducciones podrían ser *aceptable* o *digna*.

National governments...: El orden inglés de palabras, seguido escrupulosamente por el TM, podría alterarse, quizá con mejores resultados. Por ejemplo, *Son los gobiernos nacionales los principales responsables de la educación de sus pueblos...*

Yet: La conjunción inglesa *yet* tiende a confundirse en sus dos significados principales. Pensamos que esta confusión es manifiesta en la traducción, y por ello proponemos el uso de *sin embargo* o *no obstante,* en vez de *todavía*.

analysing: Proponemos también la traducción de *analysing* y *fostering* por dos sustantivos, *análisis* y *fomento*.

power to boost...: Proponemos el uso de *para* después de *utilizar* (la traducción prefiere *en*, que se oye cada día más en español). Obsérvese también el matiz proporcionado por *to boost*, potenciar, aumentar, incrementar.

youth: Es un nombre incontable, de ahí que rija verbo en singular.

---

[73] J. MARTÍN *et al., Los lenguajes especiales,* p. 202.

harness: Significa *enjaezar* o *poner arreos* al caballo, es decir, aprovechar o utilizar su fuerza, que es el matiz que aquí tiene referido a *abilities* e *idealism*. Ejemplo de modulación. (Ver Procedimientos de traducción, **B.**) Otra posible traducción para *abilities* es *capacidades*.

TEXTO META 7.1.

¿GENERACIÓN DE LA ESPERANZA?

Nuestros informes sobre la próxima generación indican que los líderes europeos están traicionando a nuestros jóvenes. A muchos se les está negando una educación decente y la oportunidad de trabajar cuando dejan la escuela. A menos que se dé prioridad a mejorar la educación y acabar con la recesión, las consecuencias serán graves: a Europa le resultará cada vez más difícil competir con EE.UU. y Extremo Oriente (…) Proporcionalmente, hay menos estudiantes de educación superior en Europa que en Asia, y el nivel de las escuelas y universidades es inadecuado y a menudo inapropiado para el mundo moderno. Los gobiernos nacionales tienen la principal responsabilidad en la educación de sus pueblos (…) Todavía creemos que la CE puede desempeñar un importante papel complementario en el análisis de las tendencias y los problemas a largo plazo, y en fomentar la cooperación entre los Estados de la CE. Maastricht da a la Comisión, por primera vez, autoridad para desarrollar una política específica en educación. Debería utilizar este nuevo poder en fomentar la enseñanza del idioma en la escuela y en aumentar la comprensión de otras culturas y países de la CE (…) La juventud de Europa (…) apoya a la CE, quiere proteger el medio ambiente y es humanitaria e idealista. Si no queremos que se desilusione, es vital que sus mayores le ofrezcan la posibilidad de aprovechar sus habilidades y su idealismo.

(Extraído de la *Revista de Prensa de EL PAÍS*, 21 de septiembre de 1993, p. 13.)

7. Journalism

The mass media (the press, radio and television) use the skills of journalists to communicate information and ideas to the general public. Text types such as news items, features and opinion columns all come under the heading of journalism, although each type is adapted to the requirements of the medium in which it is published. Journalism should, by definition, be objective, but it often has a persuasive function, and is intended to influence readers' opinions in one way or another. The underlying ideological element present in the language of journalism must, therefore, be taken into account when texts are analysed. Texts also share common stylistic elements, such as conciseness, the adoption of an impersonal style, the separation of information and opinion, and the use of direct speech.

These types of texts are always being translated. According to Alan Bell[71], of the four main international press agencies (Reuters, Associated Press, United Press International and Agence France Presse), all but one use English as their source language. The same applies to the world news channels, such as CNN or BBC News. Once again, the flow of texts from English into other languages infinitely exceeds the flow in the opposite direction, although there is little statistical information to confirm this. The volume and nature of the translation work involved mirrors the text flow. This domination and marginalisation of speakers of other languages has given rise to a phenomenon which is ever-present in the mass media, namely the growing use in these languages of stylistic, textual and lexical features which have been borrowed from English.

With regard to the translation of news items in general, it is worth mentioning Neubert's typology[72] of source texts, in which he distinguishes between those which are aimed specifically at source language recipients (such as local news items, which are now available in translation in newspapers and magazines that target expatriate English speakers living in Spain), and those which are intended specifically for target language recipients (such as international news items, in which the source language text merely serves as a model for the translation). Source, presuppositions, *skopos* and recipient all differ significantly from text to text. Of the two examples we have selected, 7.1 belongs to the second of these categories, and 7.2 to the first.

---

[71] A. BELL, *The Language of News Media*, p. 50.

[72] A. NEUBERT, *Elemente einer allgemeinen Theorie der Translation*, in *Actes du X Congrès International des Linguistes*, pp. 2451-2456.

SOURCE TEXT 7.2.

CAMBIO DE PÁGINA

Antonio Soler

Los últimos días vividos en España han sido los días de la vergüenza y la ignominia, pero también han sido los días del orgullo y la dignidad. El paso de una página siempre está rodeado por ese vértigo en el que se combinan la esperanza con el temor a lo desconocido. Un joven vasco, un joven hasta hace unos días anónimo, es quien ha unido a un país entero y quien ha hecho que ese país toque fondo y cambie de modo radical en su forma de expresarse.

Miguel Ángel Blanco ha sido como ese personaje cinematográfico, Juan Nadie, que ha representado a todos los españoles. Una persona del pueblo en la que cada uno ha podido reconocerse a sí mismo. Todos los mensajes, todos los gritos y reflexiones han sido efectuados en estos días de infamia y valentía, pero lo más importante ha venido del lado de los hechos, unos hechos que han sustituido a ese rosario cansino de repulsas, de comunicados más o menos indignados que durante tanto tiempo han venido acompañando como un soniquete intrascendente cada secuestro y asesinato.

Lo importante es que desde Málaga a Barcelona, de Valencia a Oviedo, y en todo el País Vasco, el pueblo ha decidido hacer efectivas, con su presencia en las calles, las palabras de una clase política. Habrá un antes y un después de Miguel Ángel Blanco. El asesinato de este muchacho hasta ayer anónimo va a pasar a la historia de este país, y su rostro y las manifestaciones que han acompañado su dolor y el de los suyos van a pasar a formar parte de la memoria colectiva del mismo modo que otros tantos momentos cruciales, dulces o amargos y desde la transición hasta ahora, han quedado grabados en nuestra retina. Los asesinatos de Atocha, las caravanas de las primeras elecciones democráticas, Tejero apuntando al techo en la tribuna de oradores del Congreso. La presencia ayer de todos los presidentes de la democracia en el funeral de Ermua avalan la trascendencia histórica del momento, los balbuceos de un pueblo que tras años de enmudecimiento vuelve a hablar.

(From: SOLER, A.: 'Cambio de página', *Sur,* 15 de julio de 1997, p. 21.)

(354 words)

General Comments

This text is taken from an editorial commenting upon the murder of a young politician, Miguel Ángel Blanco Garrido, who had been kidnapped by the Basque separatist organisation ETA, on 10th July 1997. ETA had previously called for all the organisation's members imprisoned in gaols elsewhere in Spain to be moved to the Basque Country. In an attempt to increase the pressure on the Government, ETA threatened to kill its captive within 48 hours if its demands were not met. The kidnapping and the ultimatum shocked the Spanish public. Hundreds of thousands of people took to the streets on 12th July demanding the release of the politician. ETA's response was swift and brutal. That same afternoon Miguel Ángel Blanco was taken to a remote spot in the Basque countryside, shot twice in the head, and left for dead. He was found shortly afterwards and taken to hospital, but died early the following morning. His murder stirred popular feelings: sympathy for the victim and his family, revulsion at the callousness of his killers and expressions of outrage, the latter eventually developing into attacks on the offices of Herri Batasuna, the political wing of ETA.

The text captures the emotions which were prevalent in Spain at the time, and articulates the commonly held view that the murder marked a turning point in the public's attitude towards ETA and Herri Batasuna. It is taken from the opinion column of *Sur*, the daily newspaper of Málaga and its province. *Sur* also publishes a weekly English edition (*Sur in English*) which is read by holidaymakers and expatriates in the *Costa del Sol* area. The TT appeared in *Sur in English*.

The author attempts to assess the significance of the event and set it against the background of the expressions of grief and outrage which he himself has witnessed. He addresses the paper's Spanish readers, rather than its English-speaking ones; the cultural references and the background knowledge that he presupposes both posed problems for the translator, who had to balance the need to produce a text which reflected the original in terms of style and content, yet provided sufficient explanatory material for readers who were less familiar with the cultural context. This is all the more important given the nature of this text, which comes straight from the heart. It is atypical in terms of style: the writing usually found in the opinion columns of the Spanish press tends to favour long and elaborately constructed sentences, appealing to the head rather than the heart. Antonio Soler has chosen a style that reflects the nature of the thoughts and emotions which he expresses: it is simple and direct, and relies on sentences which are relatively short and uncomplicated in their structure. The task of the translator is to preserve these essential features of the original.

Notes

Cambio de página: *To turn over a new leaf* means to make a fresh start, or to change one's behaviour for the better. The headline of the ST is reflected in the second sentence of the first paragraph (*el paso de una página*); the echo of the word *página* reinforces the impact of the headline, and gives an early pointer to the main theme of the article. The translator's decision to replace *page* with *leaf* in the headline can be justified on the grounds that it is an appropriate choice of idiom. The problem, however, is that it does not sit easily with the idea in the second sentence: *turning over a new leaf* implies a conscious decision by the individual to change his / her behaviour, yet this sentence focuses on the environment which conditions the individual's behaviour, rather than the behaviour itself. Unable, therefore, to accommodate the idiom in this sentence, the translator has reverted to the cognate *page*. Such choices are inevitably governed by personal preferences: however, there is a strong argument for retaining the same word in both the headline and the text. This would imply changing the headline, rather than the second sentence. (*A new page* or *A new page is turned.*) Alternatively, the image of the page could be abandoned altogether. In this case the headline could be rendered as *(Making) a fresh / new start or Starting afresh / a new*; the chosen idiom could then be used again in the second sentence.

quien ha unido...: *Quien* is used for emphasis here. It is achieved in a different way in English: *It was a young Basque, a young man, anonymous until (just) a few days ago, who...*

ha hecho que ese país toque fondo: The Real Academia's *Diccionario de la Lengua Española* defines *tocar fondo* as *llegar al límite de una situación desfavorable.* The idiom in the TT (*plummeting to the depths*) can suggest some sort of moral depravity, yet it is clear from the ST that the author is referring to the country's morale, rather than its morals. *Has united the whole nation, has taken the country to the very limits of its endurance and...* would be nearer the sentiments implied in the ST, even though it is a fairly free translation.

cambie... en su forma de expresarse: The TT is not sufficiently forceful here; we would suggest *gave it a whole new way of expressing itself.*

Miguel Ángel: Note that the surname is omitted in the English version.

Juan Nadie: This was the title of the Spanish-language version of the 1941 Frank Capra film *Meet John Doe*, starring Gary Cooper as the eponymous hero. The plot charts the life of John Doe, an anonymous tramp, who is paid to become a politician. His sponsors present him to the public as the embodiment of all the virtues of the common man. The difficulty here is that the average reader may not be familiar with the film, so the point of the reference might be lost. The translator overcomes the problem by suggesting a different context (*the unknown soldier*) - this is justifiable (and, indeed, advisable) if the original reference is so obscure or culturally specific that the intended readers of the target text would be baffled by it. (See Translation Procedures, **D.**)

que ha representado a todos los españoles: Perhaps the English version needs to be slightly more emphatic here, and to keep closer to the ST: *who represents each and every Spaniard.* The choice of *man in the street* for *una persona del pueblo* recalls a familiar phrase, but *man of the people* might be nearer to the meaning and the sentiments of the ST.

Todos los mensajes...: The translator paraphrases this sentence, and in doing so, distorts the meaning slightly. Some sort of paraphrase is probably necessary, because it is difficult to find a single verb in English which is as suitable for *mensajes, gritos* and *reflexiones* as efectuados is in Spanish. *In these last few days of infamy and courage we have heard all sorts of messages, chanted slogans and reflections, but the most important things have been acts, acts which have...* would be an alternative way of tackling the problems in this sentence, although it is also something of a paraphrase. *Gritos* is not easy to put into English - the reference is presumably to the shouting of the crowds, so *chanted*

158

slogans would suggest the orchestrated, vociferous and repetitious cries from the crowds at football matches or political rallies, for example.

un soniquete intrascendente: The TT does not do full justice to the original, since **automatic** does not mean intrascendente and *accompaniment* does not convey the monotony and weariness which *soniquete* implies. A phrase such as *...which for so long have been trotted out each time there is a kidnapping or a murder, like some sort of inconsequential droning* would remain closer to the ST, yet at the same time convey the nuances of the words used.

Lo importante es que…: The most important thing is that… would be another way of rendering this, and would have the virtue of remaining close to the ST; it would also echo the words used in the previous sentence, thereby reinforcing the point that the author is making.

hacer efectivas… las palabras: A rather free translation would be *have turned the words of the politicians into actions*. This would offer two advantages: firstly, it would remind readers of the *acts* mentioned in the previous sentence; secondly, it would make them recall the saying *actions speak louder than words* - a very apt one in this context.

su dolor: Pain would be more appropriate here, since it can be used for both physical and emotional reactions to injury.

del mismo modo: In the same way that would fit more easily into this sentence than *in the same way as*.

dulces o amargos: There is no reason for avoiding the obvious translations here, although idiomatic usage reverses the order: *be they bitter or sweet ones*.

han quedado grabados en nuestra retina: The phrase used in the TT does not quite ring true. *Remain etched on the retina of our mind's eye* would be nearer in meaning, reflecting something of the expressiveness of the ST. This sentence is followed by three phrases, rather than another sentence, a device often favoured by Spanish journalists. However, it does not always work so well in English, so it might be as well to replace the full stop with a colon.

desde la transición: This refers to the transition from the dictatorship of General Franco, who died in 1975, to the democracy which replaced it in the late 1970s. It was, on the whole, a peaceful one, and is quite rightly regarded by most Spaniards with considerable pride. It was characterised not only by the replacement of an outmoded and repressive political system by a modern democratic one, but also by the Spanish people's willingness to reach a consensus in order to embark upon a rapid process of adaptation to political, social, economic and cultural change. The author is evoking readers' memories of this crucial period and - implicitly - inviting them to compare the perpetrators of this murder with those who used violence in an attempt to destroy the country's nascent democracy.

Los asesinatos de Atocha: A reference to an event which occurred during the transition: the murder by right wing terrorists of five lawyers who specialised in defending trade union activists. The murders took place on 24th January 1977.

Tejero: Antonio Tejero Molina, a Lieutenant Colonel in the Civil Guard, was the ringleader of an attempted military coup, which took place on 23rd February 1981. Together with a group of Civil Guard officers, he took the *Cortes* (Parliament) building by force, and held the politicians who were in it at the time at gunpoint. He subsequently gave himself up, and received a prison sentence. The reference is to the most dramatic TV image of the coup, when Tejero was seen by millions of viewers as he stood on the podium while his co-conspirators discharged volleys of bullets into the ceiling of the Chamber. The coup ended without bloodshed, and was the last attempt by right wingers to halt the country's march to democracy.

La presencia ayer... vuelve a hablar: *Ayer* has not been translated. *Babble* (cf. target text) is not an appropriate rendering of *balbuceos* in this context because it can mean *idle senseless talk* (Chambers English Dictionary). This is clearly not what the author intended. *Murmuring* would be better here, since it is free of this unfortunate secondary meaning.

TARGET TEXT 7.2.

A NEW LEAF

Antonio Soler

The last few days in Spain have been days of shame and ignominy, but also days of pride and dignity. Turning over a new page always brings a combination of hope, and fear of the unknown. A young Basque man, who until a few days ago was anonymous, has united a whole country, taken it plummeting to the depths, and radically changed its forms of expression.

Miguel Ángel has been like the unknown soldier, the one who represents us all. The man in the street with whom we can all identify. All the messages, all the shouting and reflection we have seen and heard in these days of infamy and courage stand alongside the even more important deeds, deeds which have replaced the weary rosary of condemnation, of indignant or outraged communiques which for so long have been the automatic accompaniment of each kidnapping or murder.

But now, from Málaga to Barcelona, from Valencia to Oviedo, and all over the Basque Country, the people have decided to make effective, through their presence in the streets, the words of the politicians. From now on, there will be a 'before' and an 'after' Miguel Ángel Blanco. The murder of this formerly anonymous young man will go down in the history of this country, and his face, and the demonstrations of grief for him and his family will become part of our collective memory in the same way as other crucial moments in our lives since the transition, either for good or for bad, remain engraved on us. The Atocha murders, the campaigning for the first democratic elections, Tejero shooting at the ceiling in Congress. The presence at the funeral in Ermua of all the prime ministers of the democratic era are proof of the historic transcendence of the moment, the babble of a people who after years of muteness return to speech.

(From: SOLER, A., 'A new leaf', *Sur in English,* 18th - 24th July 1997, p. 16.)

160

8. Textos académicos y educativos

Consideramos la educación como un área de contenido específico en el mundo de la traducción, en la que se incluyen tipos de texto como documentos oficiales de carácter académico (certificados, títulos, etc.) y otros como libros de texto y materiales educativos. Esta modalidad de traducción, que constituye un fenómeno relativamente reciente, va en aumento por razones diversas. Una es la concentración de grandes editoriales educativas en empresas multinacionales presentes en diversos países, que facilita la adaptación (y traducción) de materiales educativos a lenguas y situaciones diversas. Otra es la internacionalización del mundo académico, especialmente universitario, a partir de proyectos como Erasmus y Sócrates, que conlleva un intenso tráfico de documentos acreditativos (programas, títulos y certificados) cuya traducción, en muchos casos, es obligatoria para fines de equivalencia o convalidación. Con respecto a estos documentos, debe recordarse que en muchas ocasiones se exige su traducción jurada, y que, en cualquier caso, la aceptación y posterior cotejo de originales y traducciones exige del traductor una absoluta literalidad, que a veces se acompaña de equivalencias y adaptaciones léxicas a conceptos de la cultura meta con objeto de que la traducción surta el efecto deseado. La falta de información acerca de los criterios de convalidación de entidades oficiales como el Ministerio de Educación y Ciencia[73] propicia este tipo de situaciones.

La internacionalización del mundo educativo ha dado origen a otro fenómeno relativamente reciente, al menos en España, que pensamos que va a ir en aumento, como ha sucedido en el Reino Unido: la entrada de universidades y otras instituciones educativas en el mercado publicitario internacional, por medio sobre todo de folletos y carteles destinados a difundir su oferta y captar estudiantes.

Como en los casos anteriores, y al menos de momento, el flujo de traducciones a partir del inglés sobrepasa con mucho al que pueda existir a partir del español. La industria editorial y las universidades españolas aún no se han incorporado al mercado educativo internacional en la medida en que debieran, aunque hay indicios de que lo están haciendo ya.

Es importante, para terminar, deslindar este tipo de textos del científico y sus diversos tipos (ensayo, recensión, artículo, etcétera), cuyo carácter no es esencialmente educativo, y que tratamos en capítulo aparte.

---

[73] Véase R. MAYORAL, «Las fidelidades del traductor jurado: una batalla indecisa», en M. C. FERIA GARCÍA, ed., *Traducir para la justicia,* Granada, Comares.

TEXTO ORIGEN 8.1.

CERTIFICATE (UNIVERSITY OF POPPLETON).

UNIVERSITY OF POPPLETON.
Student Registry.
Senior Assistant Registrar.
N J Hale BA.

Assistant Registrar.
K Karlston BA.

Enquiries to: Paula Scofield.
Direct line: (01872) 384455.
Internal extension: 4455.

TO WHOM IT MAY CONCERN:
7 February 1995.

Patrick WILSON.
Date of Birth: 29.08.51.

This is to certify that the above named attended this University on the Undergraduate course in Modern Languages.

Below are details of Mr. Wilson's academic record (and I enclose a copy of the grading of student marks).

Year 1 25 September 1971 - 27 June 1972.

Translation into German B.
Translation into English C.
Oral A.
Translation into Dutch B.
Translation into English B.
Oral C.
Modern European Literature and Thought C.
Comparative European Studies C.
Science Technology and Society C.

Year 2 5 October 1972 - 20 February 1973.

Satisfactory.

Year 3 22 October 1973 - 1 July 1974.

General Linguistics B.

Year 4 4 October 1974 - 29 June 1975.

Translation into German B.

Translation from German A.
Oral C.
Interpreting B.

Literature B.
Social Institutions A.
Translation into Dutch A.
Translation from Dutch A.
Oral A.
Interpreting C.
Literature B.
Social Institutions A.
Role of The Netherlands in World Affairs C.
International Institutions C.

Mr. Wilson was awarded the degree of Bachelor of Arts in Modern Languages German/Dutch, Second Class Honours, First Division.

This was conferred at a degree congregation held at the University on 8 July 1975.

Kevin Karlston.
Assistant Registrar.
Student Registry.

UNIVERSITY OF POPPLETON.
STUDENT REGISTRY.
(STAMP).

GRADING OF STUDENTS' MARKS.
Written Papers(14), Practical or Laboratory Work.

70 % and above A	40 % and above D
60 % and above B	30 % and above E
50 % and above C	Up to 29 % F

(277 palabras)

Comentario general

Este texto, que se presenta completo, es una certificación académica de un licenciado británico, aunque como ya se ha advertido antes, las fechas y los nombres propios, incluido el de la universidad, son ficticios. El texto consta de tres páginas, a las que se alude en la traducción que se encuentra a continuación. Lo normal es que textos como éste se encarguen a un traductor jurado para su utilización con fines legales (convalidaciones, equivalencias, etcétera), por lo que el TM que se adjunta respeta el formato de una traducción jurada. Recuérdense los elementos de su formato: encabezamiento y diligencia de cierre del traductor (en negrita), reproducción de líneas y párrafos del TO en el TM, uso de la comilla de apertura al comienzo de cada línea y de la de cierre al final, cierre de cada segmento con punto y raya, y aclaraciones, adiciones y número de páginas entre corchetes.

163

Al ser el *escopo* del texto el reconocimiento de los estudios del interesado en un ámbito legal, en este caso se opta por una *domesticación* del TO, en el sentido de que términos no directamente equivalentes (como *Bachelor* o el sistema de calificaciones británico) son traducidos (o se asemejan, entre corchetes) a términos españoles aproximados (*licenciado, notable,* etcétera) con propósitos clarificadores, en vez de recurrir a calcos. En otros casos no se hace así, sino que se traduce literalmente, sin recurrir a aclaraciones, para que sea el Ministerio de Educación y Ciencia quien decida si existen equivalencias. Como ya se ha dicho antes, la ausencia de normas claras al respecto permite en realidad ambos tipos de traducción. En este caso, la traducción fue aceptada en la instancia correspondiente y surtió los efectos oportunos.

Notas

Student Registry: El lugar donde se archivan los expedientes de los alumnos, que corresponde a la *Secretaría* española.

Senior Assistant Registrar: Normalmente, el *Registrar* es un cargo de designación no ocupado por un profesor, sino por alguien con mucha experiencia en el mundo académico, que puede haber trabajado, o no, antes como profesor. Los empleados que atienden la secretaría (no exactamente *funcionarios* en el sentido español), se denominan *Assistant Registrars.* Obsérvese que junto a sus nombres se coloca su título académico (BA).

To Whom it May Concern: Fórmula tradicional de certificados y de cartas de recomendación *(testimonials),* cuando se desconoce el destinatario exacto. Los certificados españoles, sin embargo, no suelen incluir el nombre del destinatario, sea éste conocido o no. Puede traducirse de maneras distintas: *A quien corresponda, A quien pueda interesar,* etcétera.

29.08.51: El signo ortográfico que se emplea en español para las fechas no suele ser el punto, sino la barra: 29/08/51. Recuérdese, no obstante, que el método seguido por el Diario Oficial de las Comunidades europeas es el punto en todas las lenguas utilizadas (véase el texto 4.3).

Undergraduate course: Conjunto de asignaturas que conducen a la obtención del *Bachelor,* que es, en la mayoría de los casos, el primer título que se obtiene en la universidad anglosajona. Posteriormente se pueden cursar dos ciclos más, que conducen a la obtención de otros dos títulos, *Master* y *Doctor* (considerados ya *higher degrees, postgraduate courses* o *graduate awards*). El *Bachelor* equivale a una licenciatura española si la naturaleza de los estudios y su carga docente es equiparable, en líneas generales, a la que se escoge como convalidación, aunque el Ministerio español de Educación y Ciencia, para otorgarla, casi siempre exige la superación de todas aquellas asignaturas que no hayan sido cursadas previamente en el Reino Unido y que sí formen parte de la licenciatura española solicitada. Quizás por esta razón, el traductor opta directamente por traducir *licenciatura en Lenguas Modernas.*

Below are details...: Las asignaturas que se relacionan tienen, por lo general, carácter semestral y no anual, de manera que algunas se habrían cursado en la primera mitad del curso académico 1971-72 y las demás, en la segunda mitad.

Translation into German: Al tratarse de un estudiante británico, puede deducirse que se traduce del alemán al inglés. El traductor utiliza un procedimiento de explicitación *(Traducción inglés/alemán)* (ver *Procedimientos de traducción,* **F.**), aquí y en los siguientes casos, para referirse a la asignatura cursada.

Oral: Examen oral referido a la lengua extranjera ya mencionada (alemán). De nuevo, el traductor puede indicarlo expresamente o no. Lo mismo ocurre con otras asignaturas (Literatura, Instituciones Sociales) que se supone que se refieren a las dos lenguas extranjeras estudiadas, alemán y holandés.

Year 2: En este curso académico, el estudiante pasó un semestre en un país extranjero para practicar la lengua o lenguas estudiadas. Los estudiantes de lenguas modernas en las universidades británicas han de pasar cierto tiempo (normalmente durante su segundo año de estudios) en el país cuya lengua estudian.

Year 4: El estudiante acumuló numerosas asignaturas (14) en su último año de carrera, como puede verse en esta relación.

Second Class Honours, First Division: En el sistema universitario británico, se dan dos tipos de títulos. Uno es el *ordinary degree* (que culmina en un B.A., *Bachelor of Arts* o B.Sc., *Bachelor of Sciences*) en el que el alumno sigue un plan de estudios general, y otro es el *honours degree,* como éste, en el que el alumno estudia un plan más especializado, y que es el que sigue la gran mayoría de los universitarios británicos de hoy. En el *ordinary degree* (también B.A. o B.Sc.), el alumno recibe simplemente una calificación de 'apto' (*commendation, general* o *pass degree*), mientras que en el *honours degree* se obtiene una calificación de acuerdo con las categorías siguientes:

> I(first class): 70 % o más.
> IIi (second class honours, upper division [denominado popularmente 'two one']) : 60-69 %.
> IIii (second class honours, lower division [denominado popularmente 'two two']) : 50-59 %.
> III (third class): 40-49 %.
> Fail: 39 % o menos ('unclassified degree').
>
> Obsérvese la interpretación de la equivalencia aproximada de la calificación ('Notable alto').

congregation: En las universidades británicas los títulos se entregan en una ceremonia formal denominada *congregation.* La influencia de la Iglesia en la fundación y desarrollo de las universidades británicas más antiguas se nota todavía en el uso que se hace de éste y de otros términos y títulos en ciertas instituciones de enseñanza superior (como *Dean, Provost,* etcétera). La ceremonia de graduación en las universidades norteamericanas se denomina *commencement.* Al no existir equivalente español de esta ceremonia, el traductor omite la referencia concreta, y la reduce a *acto.*

165

Grading of Students' Marks: Cada universidad debe explicar su sistema de calificaciones, que puede variar en ciertos detalles de una a otra, aun cuando existan rasgos comunes en casi todas (como el uso de las letras del alfabeto, A, B, C, D y E).

Written papers: El traductor especifica que se trata de *trabajos y pruebas escritas,* es decir, exámenes de carácter *teórico,* frente a los *prácticos* o experimentales.

TEXTO META 8.1.

CERTIFICADO
TRADUCCIÓN JURADA

Gregorio Fernández López
Traductor jurado

'UNIVERSIDAD DE POPPLETON. –
'Secretaría. –
'Funcionario principal de Secretaría: N J Hale B[*achelor of*] A[*rts*]. – – – – – – – –
'Funcionario adjunto de Secretaría: K. Karlston B[*achelor of*] A[*rts*]. – – – – – – – –
'Para cualquier información dirigirse a Paula Scofield – – – – – – – – – – – – – –
'Teléfono directo:(01872) 384455. –
'Número de teléfono interno: 4455. –
'A QUIEN CORRESPONDA: –
'7 de febrero de 1995. –
'Patrick Wilson. –
'Fecha de nacimiento: 29/08/51. –
'Por la presente se certifica que D. Patrick Wilson ha cursado en esta universidad –
'las asignaturas correspondientes a[l equivalente a] la licenciatura en Lenguas – – –
'Modernas. –
'A continuación figuran los estudios realizados por el Sr. Wilson (y se adjunta un
'cuadro explicatorio del sistema de calificación). – – – – – – – – – – – – – – – –
'Primer curso: del 25 de septiembre de 1971 al 27 de junio de 1972. – – – – – – – –
'Traducción inglés/alemán.—B –
'Traducción alemán/inglés.—C –
'Examen oral.—A –
'Traducción inglés/holandés.—B –
'Traducción holandés/inglés.—B –
'Examen oral.—C –
'Literatura y pensamiento moderno europeos.—C – – – – – – – – – – – – – – – –
'Estudios comparados europeos.—C –
'Ciencia, Tecnología y Sociedad.—C –
'Segundo curso: del 5 de octubre de 1972 al 20 de febrero de 1973. – – – – – – – –
'Satisfactorio. –
'Tercer curso: del 22 de octubre de 1973 al 1 de julio de 1974. – – – – – – – – – –
'Lingüística general.—B –
'Cuarto curso: del 4 de octubre de 1974 al 29 de junio de 1975 – – – – – – – – – –
'Traducción inglés/alemán.—B –

'Traducción alemán/inglés.—A –
'Examen oral.—C –

[Página segunda] –

'Interpretación.—B –
'Literatura.—B –
'Instituciones sociales.—A –
'Traducción inglés/holandés.—A –
'Traducción holandés/inglés.—A –
'Examen oral.—A –
'Interpretación.—C –
'Literatura.—B –
'Instituciones sociales.—A –
'Papel de Holanda en el mundo moderno.—C – – – – – – – – – – – – – – – – – – –
'Instituciones internacionales.—C –
'El Sr. Wilson obtuvo el título de *Bachelor of Arts in Modern Languages* – – – – –
'*German/Dutch* [equivalente a Licenciado en Lenguas Modernas alemán/holandés]
'con la calificación de *Second Class Honours, First Division* [Notable Alto] – – – –
'que le fue conferido en un acto celebrado en la universidad el 8 de julio de 1975. –

[Firma ilegible] –
'Kevin Karlston. –
'Funcionario adjunto. –
'Secretaría. –
'[Debajo aparece un sello con la siguiente inscripción: UNIVERSITY OF
POPPLETON [Universidad de Poppleton] STUDENT REGISTRY. [Secretaría]. – –

'[Página tercera] –

'SISTEMA DE CALIFICACIONES DEL ALUMNADO. – – – – – – – – – – – –
'Pruebas y trabajos escritos, prácticas o trabajos de laboratorio – – – – – – – – – –
     '70 % o más.—A –
     '60 % o más.—B –
     '50 % o más.—C –
     '40 % o más.—D –
     '30 % o más.—E –
     'Hasta el 29 %.—F' –

CERTIFICO que la precedente traducción es fiel de su original fotocopia en lengua inglesa a la que me remito.
[firma del traductor]

Madrid, 19 de abril de 1992
Gregorio Fernández López
Traductor jurado

TEXTO ORIGEN 8.2.

NEW YORK UNIVERSITY'S M. A. CERTIFICATE.

The President, Professors and Trustees of
New York University.

To all persons to whom this writing may come. Greeting:

Be it known that we in recognition of the successful completion of the requisite
course of study in our
School of Education,Health, Nursing and Arts Professions
by virtue of authority granted us by charter of the State of New York
do confer upon
Enrique...............................
the degree of
Master of Arts

with all the rights, privileges and immunities thereunto appertaining.
In witness whereof we have caused this Diploma to be signed by the
duly authorized officers of the University and sealed with our corporate
seal, in the city of New York, October, Nineteen hundred ninety-four.

S...............................
Secretary

John...............................
President

Robert...............................
Dean

(119 palabras)

Comentario general

Los títulos universitarios estadounidenses y británicos se caracterizan, ante todo, por la solemnidad de su lenguaje, algo más pronunciada en el caso de los primeros. Esta solemnidad, que también se da, aunque en menor grado, en los españoles, se pone de manifiesto cuando se traducen. Puesto que en la gran mayoría de los casos su traducción responde a demandas concretas (pruebas, homologaciones, convalidaciones, etcétera), el traductor jurado opta por favorecer su funcionalidad en el sistema legal de llegada. En cualquier caso, salen a la luz numerosos problemas, derivados de las diferencias entre los respectivos sistemas educativos, que son los que, en principio, nos interesa exponer aquí.

Como en el ejemplo anterior, la traducción que se adjunta es jurada. El traductor ha buscado ante todo las equivalencias españolas más próximas (*rector, junta de gobierno, facultad*), con objeto de que el documento surta los efectos legales oportunos. Si el *escopo* de la traducción fuera otro (y, consiguientemente, el receptor o receptores), podría optarse por mantener términos como *President*, *Trustees* o *Dean*, sin las aclaraciones incluidas aquí. En el TO se han omitido los apellidos de las personas que se mencionan.

Notas

President: Mientras que en las universidades británicas la máxima autoridad es el *Vice-Chancellor* (el *Chancellor* lo desempeña simbólicamente algún alto personaje), en las norteamericanas es el *President*. En traducción se puede optar por el calco o por la equivalencia española más aproximada (*Rector*), tal como se hace en este caso.

Trustees: Las universidades estadounidenses, y cada vez más, también las británicas, se rigen por un sistema parecido al de una empresa privada. El órgano decisorio superior, o *Board of Trustees*, es, por tanto, un consejo de administración, que controla y dirige tanto la política académica como las finanzas de la institución.
Nuevamente, el traductor opta por la equivalencia española más aproximada (en este caso, *Junta de Gobierno*), aunque la composición y atribuciones de uno y otro organismo difieran sobremanera.

Be it known…: El uso del subjuntivo es muy frecuente en el lenguaje legal inglés. Las alternativas de traducción en español serían mantenerlo (como se hace en la traducción: *Sépase…*) o cambiarlo por una frase de relativo: *Que se sepa/sea conocido que…*

successful: Aunque en este título concreto no se especifica la nota o puntuación media del titulado en sus estudios, es frecuente que ésta aparezca en el mismo título, sobre todo en los británicos. En el Reino Unido no es lo mismo obtener un título de primera clase (*First class*), que uno de segunda (*Second class*), y el alumno/a orienta su labor y sus opciones a la obtención de uno o de otro desde que comienza sus estudios.

School of Education…: En realidad, en este centro de la Universidad de Nueva York se cursan estudios profesionales, es decir, orientados hacia la formación o especialización para un determinado puesto de trabajo relacionado con la Educación (profesores, gestores educativos, orientadores), la Salud (gestores sanitarios, enfermeros, fisioterapeutas), la Enfermería y las Artes (músicos, bailarines, diseñadores, etcétera), tanto de primer ciclo (*undergraduate*) como de segundo y tercero (*graduate*). Se trata de una especialización singular, alejada de la tradicional en España. El traductor opta por una equivalencia (*Facultad*), en este caso muy cercana, al impartirse en dichos centros españoles los mismos ciclos de estudios universitarios.

Master of Arts: El título de M.A. no se corresponde exactamente con ninguno de la enseñanza universitaria reglada en España (*licenciado, doctor*), por lo que en el TO se mantiene el término. Su significado, no obstante, se conoce en el ámbito universitario español, pues el título sí se otorga tras estudios universitarios de segundo ciclo de uno, dos o tres años de duración organizados por las propias universidades.

Tanto en el caso estadounidense como en el británico, el *Master* es el título superior (prescindiendo del doctorado) que se otorga, y normalmente requiere uno o dos años de estudio tras el B. o *Bachelor*, primer título que se obtiene. Los alumnos de los cursos de *Master* suelen ser ya profesionales que buscan ampliar sus estudios o promocionarse en su puesto de trabajo.

thereunto appertaining: La solemnidad del lenguaje legal de los títulos queda reflejada en el uso de arcaísmos como éste.

October, Nineteen hundred ninety four: Obsérvese que sólo se mencionan el mes y el año (expresado al completo), en que el título ha sido otorgado. Como ya se ha dicho antes, la entrega de títulos siempre se realiza de una manera ceremonial, en el transcurso de un acto, denominado por lo general *commencement* en los Estados Unidos, o *congregation* en el caso del Reino Unido.

Dean: La labor principal del *Dean* en el sistema universitario anglosajón es la de dirigir una determinada facultad o sección universitaria. En su labor, puede ayudarse de *Assistant Deans* encargados de áreas de trabajo específicas. En algunas universidades norteamericanas también se denomina *Dean* al secretario de una universidad o facultad, normalmente denominado *Secretary* o *Registrar*. Aunque el cargo y sus atribuciones no coincidan exactamente, nuevamente el traductor opta por la equivalencia española más próxima (*Decano*).

TEXTO META 8.2.

DIPLOMA DE M.A.
(TRADUCCIÓN JURADA)

Gregorio Fernández López
Traductor jurado

'El rector, los profesores y los miembros de la junta de gobierno de – – – – – – – –
'New York University [Universidad de Nueva York].   – – – – – – – – – – – – – –
'A todas las personas a las que llegue este documento. Leyenda: – – – – – – – – –
'Sépase que, en reconocimiento de la suficiencia en las materias requeridas por nuestra –
'Facultad de Educación, Salud, Enfermería y Bellas Artes – – – – – – – – – – – –
'por la autoridad que nos concede el estado de Nueva York – – – – – – – – – – –
'otorgamos a –
'D. –
'el título de –

'Master of Arts –
'con todos los derechos, privilegios e inmunidades que le corresponden. – – – – – –
'En testimonio de lo cual, estc diploma ha sido firmado por las – – – – – – – – – –
'autoridades debidamente autorizadas de la Universidad y sellado con nuestro – – –
'sello, en la ciudad de Nueva York, octubre, mil novecientos ochenta y cuatro. – –
'[Firma ilegible.] –
'Secretario. –
'[Firma ilegible.] –
'Rector. –
'[Firma ilegible.] –
'Decano. –
'[Al final figura un sello con la siguiente leyenda:] – – – – – – – – – – – – – – – – –
'New York University. Perstare et Praestare. MDCCCXXXI.' – – – – – – – – – – –

CERTIFICO que la precedente traducción es fiel de su original fotocopia en lengua inglesa a la que me remito.
[firma del traductor]

Madrid, 24 de abril de 1992
Gregorio Fernández López
Traductor jurado

TEXTO ORIGEN 8.3.

CROSS COUNTRY Teacher's Book

The CROSS COUNTRY sections have three main aims:

1. They provide 'comprehensible input' reading texts. This means that they expose the student to language which is more difficult than the language they have been asked to produce up to that point, and which contains new vocabulary. The general meaning is clear, however, because many of the new vocabulary items are 'international' words and/or because of the context or the accompanying visual information. It is also not intended that students should understand every word, but rather that they should be able to understand enough to do the tasks set. One purpose of this type of activity is to encourage students to read for gist and, therefore, to read faster than they might otherwise do — a useful skill in later life when they may have to confront academic texts in English. Another purpose is to give them confidence that they can encounter completely new words in a text and be successful in understanding them (from contextual, cognate or visual clues).

2. They provide information about Britain, the States and many other countries on subjects of interest to children of this age group.

3. They provide a starting point for students to think about their own country in relation to Britain and other countries — hence the name Cross Country. Each time they are asked to relate the theme back to their own country, i.e. This is what happens here. What happens in your country? This whole approach is based on the belief that learning about other people and places is not just an end in itself. It not only helps you see your own situation with fresh eyes, but also helps people become more open-minded and welcome and appreciate differences between cultures.

(Extraído de: J. REVELL, Cross Country, Teacher's book 2.
Hemel Hempstead: Phoenix ELT, 1994, p. xii).

(290 palabras)

Comentario general

Estos párrafos han sido extraídos de la introducción general al libro del profesor de una serie de libros de texto (*Cross Country*) para la enseñanza de inglés a alumnos de Educación Secundaria Obligatoria. Esta serie ha tenido distintas ediciones (francesa, italiana, española), traducidas y adaptadas a partir de la edición original en inglés. En ellos se explica el porqué de una sección (a su vez denominada *Cross Country*) que se incluye en cada unidad didáctica de la serie. La sección explicativa está, pues, dirigida a los profesores de inglés que hayan adoptado, o vayan a adoptar, este libro de texto, lo que explica el vocabulario especializado que en ella se contiene.

Notas

aims: En didáctica se habla de *objetivos* con preferencia a otros términos como *fines*, *propósitos*, etcétera, sobre todo cuando se trata de conceptos generales como los que aquí se relacionan, que se refieren a la sección en sí.

comprehensible input: Término acuñado por el investigador estadounidense Stephen Krashen y que, hasta la fecha, se ha traducido sólo en parte en la literatura sobre el tema en español. Se suele hablar, pues, de *input* comprensible, por ser un concepto familiar y conocido por todos los expertos en aprendizaje de lenguas extranjeras.

students: En los libros de texto, y en otro tipo de escritos relacionados con Didáctica y Pedagogía, no se suele usar el término *estudiante(s)*, sino *alumno(s)*, que es el que se utiliza aquí, siguiendo un procedimiento de modulación (ver Procedimientos de traducción, **B.**). Las normas tácitas de redacción de libros de texto en la actualidad aconsejan las formas *alumnos/as* y *profesores/as* para

172

evitar connotaciones sexistas. Recuérdese que en los libros sobre temas educativos escritos en el Reino Unido y los Estados Unidos se suele hablar del profesor en genérico usando el femenino en los pronombres, por la sencilla razón de que el número de profesoras en ejercicio en todos los ámbitos educativos es mayor que el de profesores.

tasks set: Conjunto de tareas, o simplemente, tareas. En la actual didáctica de lenguas, hay que poner especial cuidado en diferenciar términos como *tarea*, *actividad*, *ejercicio*, etcétera. *Task*, hoy en día, suele referirse a un conjunto de actividades que conduce a un objetivo final.

for gist: Expresión difícil, que en este campo especializado se suele traducir como *de forma global*, para diferenciarla de la lectura o audición que busca localizar informaciones específicas. El traductor opta por mantener entre paréntesis la expresión original inglesa, que resulta familiar a los destinatarios, profesores de inglés.

- a useful skill…: Obsérvese que en la traducción la raya ha sido suprimida, al tratarse de un signo que no se suele emplear en español en este sentido.

cognate: Literalmente, *palabras emparentadas, de la misma familia lingüística*. El traductor ha querido evitar el tecnicismo en español y ha preferido hablar de *datos verbales*.

the States: Manera habitual de referirse a Estados Unidos, imposible de traducir literalmente en español.

Britain and other countries: Obsérvese que el traductor introduce la palabra *cultura*, probablemente innecesaria. Otras palabras introducidas, que explicitan el contenido del texto, son *serie* o *tema tratado*, por *theme*.

to their own country: La mención a España resulta lógica al tratarse de una traducción destinada al mercado español.

belief: Otro concepto procedente de la Psicopedagogía actual, cuya traducción es siempre discutible. El traductor, en este caso, ha preferido *creencias*, que es la palabra más utilizada hoy en día en España en la literatura especializada. Otra posibilidad es *puntos de vista*.

It not only helps…: En la última frase, el traductor prefiere construir un período largo en vez de separar oraciones como hace el TO. Además, efectúa transposiciones al traducir, convirtiendo los verbos ingleses en sustantivos en español.

TEXTO META 8.3.

CROSS COUNTRY, Guía del Profesor

Las secciones CROSS COUNTRY tienen tres objetivos principales:

1. Proporcionan textos de lectura con *input* comprensible. Esto significa que se expone a los alumnos/as a un tipo de lengua que es más difícil que la que han producido hasta entonces, y que contiene nuevo vocabulario. El significado general es bas-

tante claro, sin embargo, porque gran parte de las nuevas palabras son *internaciona-les* y/o por el contexto o el apoyo visual que las acompaña. No se espera, por otro lado, que los alumnos/as entiendan todas las palabras, sino que comprendan lo suficiente para efectuar las tareas que se proponen.

Uno de los propósitos de este tipo de actividad es alentar a los alumnos/as a que comprendan textos de forma global (*for gist*) y, consiguientemente, a que su velocidad lectora sea más rápida que la habitual, una habilidad que puede resultar muy útil en el futuro, cuando tengan que enfrentarse a textos académicos en inglés. Otro propósito es darles la confianza de que, aunque se encuentren con palabras que desconocen, van a poder entender textos de manera global (a partir de datos contextuales, visuales o verbales).

2. Proporcionan información sobre Gran Bretaña, los Estados Unidos y muchos otros países acerca de temas de interés para alumnos/as de esta edad.

3. Proporcionan un punto de partida para la reflexión sobre el propio país en relación con la cultura de otros (Gran Bretaña y demás países), de aquí el título de la serie, *Cross Country*. En cada sección, se pide a los alumnos/as que relacionen el tema tratado con lo que sucede en España, por ejemplo: *This is what happens here. What happens in Spain?* Todo este enfoque se basa en la creencia de que el aprendizaje sobre otros países y otros pueblos no es un fin en sí mismo, sino que ayuda a contemplar el entorno propio con nuevos ojos y contribuye a desarrollar actitudes de tolerancia, respeto y aprecio por las diferencias entre las distintas culturas.

(Extraído de *Cross Country*, Teacher's book 2, edición española de Juan J. Zaro, S. Salaberri y J. Revell. Madrid: Phoenix ELT-SGEL, 1995, p. 24. Párrafo traducido por S. Salaberri.)

8.   Academic and Educational Texts

Education is, in our view, a specific content area in translation. It encompasses official documents of an educational or academic nature (certificates, educational awards etc.), as well as longer texts, such as textbooks and educational materials. The translation of these types of texts - a fairly new phenomenon - is increasing, for a number of reasons. One of them is the merger of many of the great educational publishing houses to form multinational companies, with operations in various countries. This has fostered the adaptation (and translation) of educational materials into various languages to suit a range of contexts. Another one is the internationalisation of the academic world as a result of programmes such as Erasmus and Socrates, which have engendered a whole range of accreditation documentation (e.g. programme outlines, awards and certification) that must, in many cases, be translated as part of the recognition or validation process for qualifications awarded by other EU member states. This internationalisation has spawned another new phenomenon, at least as far as Spain is concerned. This is the entry of universities and other academic institutions into the international advertising market. It is exemplified by the prospectuses and posters which they publish, and which are intended to advertise their courses and attract students.

As in other content areas, the flow of translations from English into other languages easily surpasses that of translations from Spanish into English. Many British and US publishers have secured footholds in the Spanish-speaking countries by setting up subsidiaries there. In this respect, the huge interest in learning English has stimulated the demand for ESOL (English for Speakers of Other Languages) textbooks, a demand which UK and USA-based publishers have not been slow to satisfy. Publishers in the Spanish-speaking world have been more reluctant to enter these international markets, although there are signs that their attitudes are changing. Spanish universities, too, are beginning to show much greater interest in the international *education market*.

A distinction must be drawn here between these texts and scientific ones in all their varieties (essays, reviews, specific textbooks etc.). We have opted to deal with these in a separate chapter.

SOURCE TEXT 8.4.

UNIVERSIDADES DE ANDALUCÍA

Andalucía es la más meridional de las regiones peninsulares españolas. Localizada entre el Atlántico y el Mediterráneo y entre Europa y África es la comunidad autónoma española de mayor población, con siete millones de habitantes y la segunda por su extensión —87.262 kilómetros cuadrados— casi una quinta parte de la total de España.

En ella existen nueve universidades que muy pronto se verán incrementadas en una más, lo que hace de Andalucía la primera región de España en oferta universitaria. Esta oferta, además, compagina universidades con casi cinco siglos de antigüedad y una personalidad polivalente, como Granada y Sevilla, con otras, más jóvenes y parcialmente especializadas, como Córdoba en Agroalimentación, Cádiz en Ciencias del Mar y Málaga en el ámbito tecnológico, más tres de reciente creación como Almería, Huelva y Jaén, que compaginan centros de experiencia y prestigio, ya existentes, con proyectos que buscan dar respuesta a las exigencias académicas y de investigación que el futuro reclama.

En la actualidad, con muy contadas excepciones, cualquier estudio universitario puede ser cursado en Andalucía. Todas las universidades participan en los diversos programas de la CE, tanto de investigación como de movilidad estudiantil, y sostienen amplias relaciones internacionales con especial proyección en América y en el área mediterránea fuera de las fronteras comunitarias. Especial importancia reviste la colaboración con empresas e instituciones de diversa índole a través de programas y convenios.

(Universidades de Andalucía: [Sevilla: Junta de Andalucía], p. 1)

(230 words)

General Comments

This text is part of the introduction to a brochure produced to promote universities in Andalusia. The full text of the brochure has been translated into French, as well as English. This extract is followed by information on summer courses and a table showing the subjects offered at each university. On most pages of the brochure there are colour photographs showing aspects of student life and views of the cities where the universities are located.

Although it is an *academic* text in the sense that it is a general description of the higher education institutions, their programmes and their facilities, it also has a persuasive function in that it is designed to make the wider world aware of what the region's universities have to offer. In this respect it shares many of the characteristics of the *textos orientados al consumo*, which have been written with a similar purpose in mind (see Chapters 9 and 10).

176

Notes

Andalucía: The translator needs to decide whether to leave the proper nouns in their Spanish forms, or whether to anglicise them. In this instance the translator has opted for the anglicised versions (*Andalusia, Seville*). It is important to ensure that spellings are consistent throughout the translated text, no matter which norm is adopted.

la más meridional: Southernmost is the superlative of southern. *Most southern* is incorrect.

regiones peninsulares: The rendering in the translated text (*peninsular region*) would not be very meaningful for English-speaking readers. *Of (all) the regions situated in mainland Spain* would be more readily understood.

la comunidad autónoma española: This is a reference to Spain's system of regional government. The country is divided into seventeen such communities, to which central government has devolved a substantial amount of power, hence the title *comunidad autónoma*. The problem for the translator is the amount of explanatory material which readers will need (if any), and the form in which it should be provided. The translator's decision to rely on the cognate term in English is probably a wise one, since elaborate explanations or long footnotes would be inappropriate in a text of this type, the function of which is not to provide highly detailed information, but to give an overview.

casi una quinta parte: The verb *to mean* is inappropriately used in the translated text. A better rendering would be *...and, with a surface area of 87,262 square kilometres, it is the second largest one, comprising almost one fifth of Spain's total surface area.*

se verán incrementadas en una más: Joined by one more does not ring true in this context: *...a number which will soon be increased by one, making Andalusia...* would be more appropriate, yet not stray too far from the ST.

...lo que hace: The translator has added ideas not present in the ST. The phrase clearly relates to the number of universities, rather than their characteristics, which are dealt with in the next sentence. *Making Andalusia the region with the largest number of universities in the country* would convey the idea effectively.

Esta oferta, además, compagina: Oferta is not easy to translate. The wording of the translated text does not make complete sense here. An alternative rendering would be: *The region's higher education institutions include ones which are almost five centuries old...*

una personalidad polivalente: Again, the translated text is not easy to follow here. *And are multifaceted in their character* would convey the meaning of the phrase with greater clarity.

parcialmente especializadas: Partially specialised does not exist in English: the correct term would be *semi-specialised*. However, this is not the right one for this context. A better solution would be to render the whole phrase as *...which*

177

are newer and, to some extent, specialised institutions, such as Córdoba, which specialises in...

de reciente creación: *Recently* would be a better choice here.

centros: A school can be part of a university or other higher education institution; however, when it is used in this sense it tends to be qualified in some way (e.g. *The London School of Economics, The School of Tropical Medicine,* etc.). In any case, a literal translation will not do here; a free translation, such as *...which incorporate existing higher education institutions, with all their experience and prestige, in projects that are designed to meet future academic and research needs* would make more sense.

CE: Note that the translator opts for *EU* (European Union) rather than *EC* (European Community). The former title is the one which the organisation itself now prefers to use.

tanto de investigación: *Within* is not really acceptable here: *to promote research and student mobility* would be more idiomatic.

sostienen amplias relaciones internacionales: Once again, the choice of words in the translated text is not ideal, nor does it convey the precise meaning of the ST: *...they have a wide range of international links* would be more suitable from both points of view.

con especial proyección: *With a significant presence* would be a better choice here; *specially* is, in any case, incorrect; *especially* would be required in this context.

América: English speakers automatically think of North America when they see this word; Spanish speakers immediately think of South and Central America. Interestingly, the translator of the French text has realised this and rendered it as *l'Amérique Latine.*

Especial importancia reviste la colaboración...: This is mistranslated slightly: *Collaboration with companies and organisations of all kinds is regarded as particularly important: this is achieved through (joint) programmes and agreements* would be an improvement in terms of both accuracy and style, even though it keeps closely to the wording of the ST.

TARGET TEXT 8.4.

ANDALUSIAN UNIVERSITIES

Andalusia is the most southern peninsular region in Spain. Located between the Atlantic and the Mediterranean, and between Europe and Africa, it is the Spanish autonomous community with the highest population (seven million inhabitants), and the second largest one (87,262 square kilometres) which means almost one fifth of the total area of Spain.

Within this region there are nine universities that very soon will be joined by one more. This will make Andalusia the top region in Spain in relation with university infrastructure and opportunities. These opportunities combine universities like Seville and Granada, with almost five centuries of experience and a very versatile personality, with younger and partially specialised ones, such as Córdoba in Food and Agricultural Studies, Cádiz in Sea Sciences and Málaga in the field of Technology, plus the three lately established universities: Almería, Huelva and Jaén that combine experienced and prestigious schools with new projects to cater for the schooling and research needs in the future.

Nowadays, and with very few exceptions, any university subject can be studied in Andalusia. All the universities take part in the many programmes run by the EU, whether within research or student mobility, and they hold very close international links, specially in America and the Mediterranean areas outside the Community. There also exists an important collaboration with enterprises and institutions of all kinds through various programmes and agreements.

(Universidades de Andalucía: [Sevilla: Junta de Andalucía], p. 2)

SOURCE TEXT 8.5.

ACUERDO DE COLABORACIÓN UNIVERSITARIO

ACUERDO MARCO DE COLABORACIÓN ENTRE LA UNIVERSIDAD DE UTTOXETER Y LA UNIVERSIDAD DE VETUSTA.

En Vetusta, a diecinueve de mayo de mil novecientos noventa y seis.

REUNIDOS

De una parte, la Universidad de Uttoxeter, representada por el Excmo. Sr. Rector, Dr. Bryan Fawcett,
y de otra, la Universidad de Vetusta, representada por el Excmo. Sr. Rector, D. Pedro Gálvez Moreno,

EXPONEN:

PRIMERO.—El convencimiento de que la actual situación de las relaciones internacionales demanda de las Universidades e Instituciones afines el desarrollo de todo tipo de contactos culturales entre profesores y estudiantes de diferentes países.

SEGUNDO.—Que la colaboración e intercambio de experiencias pedagógicas constituye un aspecto esencial de la vida universitaria y del trabajo de la comunidad docente.

TERCERO.—Que deben adoptarse acuerdos concretos que conviertan estos principios generales en medidas prácticas y efectivas que posibiliten y potencien dichos contactos.

CUARTO.—La responsabilidad de las instituciones para los estudiantes en intercambio se limitará estrictamente a las actividades docentes en el marco del presente acuerdo.

QUINTO.—El presente acuerdo tendrá vigencia anual, prorrogable automáticamente por períodos anuales, salvo que medie denuncia expresa por cualquiera de las partes, con un plazo de antelación de 3 meses, a la fecha de vencimiento de cualquiera de los períodos. En tal caso, las partes acordarán las condiciones para la conclusión del acuerdo y no procederá ninguna reclamación, obligación o indemnización adicional a lo acordado.

Conscientes de todo ello, las Universidades de Uttoxeter y Vetusta desean establecer un marco permanente y estable de relaciones en cuantas actividades puedan ser de interés recíproco y promover los necesarios mecanismos de intercambio en el campo docente.

En consecuencia, ambas partes resuelven establecer el presente acuerdo.

(277 words)

General Comments

This is part of an agreement on student exchanges and co-operation signed by two universities. The section reproduced here is the general framework which defines the relationship between them; the original document contains another section that details the way in which the exchange will operate, i.e. the responsibilities of each partner with regard to the exchange students, assessment arrangements etc.

The structure of this text resembles that of several of the legal documents reproduced in Chapters 4 and 6. It begins with a statement of the names of the parties to the agreement, then sets out the clauses of the agreement itself, and concludes with the signatures of the parties. It is, to all intents and purposes, a contract, even though the language in which it is expressed bears little resemblance to that of legal documents. The archaisms and specialised terminology which feature so prominently in such texts are absent; so, too, is the almost obsessive precision which characterises them. This is hardly surprising, since it is not simply intended to be a tightly worded agreement which will minimise the possibility of misinterpretation; its function is to define the common purpose which the two institutions have set themselves, and to link that common purpose to a set of policy statements. As far as the translator is concerned, this implies a problem-solving approach which differs somewhat from that which might be adopted when dealing

180

with legal texts. Due consideration must not only be given to accuracy, but also to style and expression, since the document is intended for a readership which will extend well beyond the legal advisors of the two institutions. It will be consulted both as a working paper outlining policies, and as a true record of the agreement which has been reached.

Although this is an authentic document, the names and other details have been changed in order to maintain confidentiality.

Notes

Acuerdo marco de colaboración: Note that the wording of the translated text does not fully reflect that of the ST.

Excmo. / Excelentísimo: Titles of honour are used more widely in Spain than they are in the English-speaking world, so the translator's decision to omit them is understandable and justifiable. *Excelentísimo* is used when addressing those permitted to use the title of *Su Excelencia* (e.g. ambassadors and kings). It is also used in the official titles of town and city councils (e.g. *Excelentísimo Ayuntamiento de Málaga*). Its use here is rather odd, because *Magnífico/a* is normally reserved for the *rectores* of universities. Other common forms of address include *Ilustrísima* (until recently, this was used for bishops, and was a shortened form of *Su Señoría Ilustrísima*), *Eminentísimo* (used for cardinals) and *Reverendísimo* (used for the heads of certain religious orders). *Ilustrísimo/a* (often abbreviated to *Ilmo. / Ilma.*) is also used when addressing the holders of certain senior posts in education (e.g. *Ilustrísimo Sr. Inspector*). Curiously, *El País* journalists are exhorted not to use such titles in their copy. [74]

Sr. Rector: See the detailed notes on *president* (Text 8.2) for observations on the functions of the *Rector* and the Vice Chancellor.

Exponen: The translator has opted for an equivalence to render this verb and the clause of the agreement which follows it. *They declare* would be another possibility. It would then make sense to introduce each clause with *that*, i.e. *Firstly, that the present climate in / state of international relations is such that they believe that it behoves universities and related institutions to foster all types of cultural contacts between teachers and students in different countries.* This form of words would have the advantage of being closer to the original.

colaboración: The translated text does not reflect the original here. *Collaboration* would be better, although in some contexts it can have negative connotations (e.g. *They accused him of collaboration with the enemy*). *Co-operation* would also be possible.

---

[74] *El País: Libro de estilo*, p. 65.

pedagógicas: The translator's choice of *teaching and learning* embraces two different (albeit closely related) concepts, whereas *pedagógicas* relates to teaching, rather than learning. Its cognate in English (*pedagogical*) would, strictly speaking, be nearer in terms of meaning; however, the translator's choice was presumably made on stylistic grounds, since the phrase *teaching and learning* has become common currency in texts of this type.

la comunidad docente: *Academic community* rather than *educational community*: the former is applied to higher education, whereas the latter refers to education in general. The author obviously has higher education in mind here.

acuerdos concretos: *Concretos* is mistranslated in the English version; *specific* would be closer in meaning because the author is clearly distinguishing between this framework agreement and those which it complements, i.e. the detailed, specific agreements that set out the *modus operandi* of the student exchanges.

efectivas: Although this anglicism is becoming increasingly common in administrative language, it is still not universally accepted as a synonym for *eficaces*. *Effective* is, of course, perfectly acceptable as an English translation.

potencien: This has not been translated. *Foster*, *encourage* or *develop* would do as translations.

actividades docentes: *Academic activities* (cf. *la comunidad docente*).

el marco: In the interests of consistency, it would probably be better to render this as *framework*, as in the title.

del presente acuerdo: *Of this agreement* rather than *of the current agreement*; *presente*, as it is used here, does not refer to time. This also applies in the following line.

denuncia: This may be a misprint; *renuncia* would appear to be more appropriate.

expreso: There is a slight mistranslation here. The idea could be expressed more clearly: *...unless either party gives a specific / clear indication that it wishes to terminate the agreement.*

En tal caso... lo acordado: This has not been rendered as a sentence in the English version. There is no reason for departing from the wording of the ST. *In these circumstances / In this case, both parties will agree on the terms for ending the agreement, and no claim, obligation / commitment or compensation will be considered beyond that (which is) stipulated therein.* Although *proceder* is an intransitive verb, it is used transitively here, another phenomenon which is becoming commonplace in administrative language. Nevertheless, it is still not completely acceptable; in standard Spanish it would be *no se procederá a ninguna...*

de interés recíproco: *Of mutual interest* would be more idiomatic than the rendering in the translated text.

promover: *Promote* does not ring true in this context; *develop* would be a more appropriate choice of word for use with *mechanisms*.

En consecuencia: The wording of the translated text could give the impression that the outcome was not necessarily foreseeable. *Both parties therefore resolve to implement this agreement* would be a more accurate rendition.

TARGET TEXT 8.5.

FRAMEWORK FOR AN EXCHANGE AGREEMENT BETWEEN THE UNIVERSITY OF UTTOXETER AND THE UNIVERSITY OF VETUSTA

IN ATTENDANCE

Representing the University of Uttoxeter, the Vice Chancellor, Dr. Bryan Fawcett, Representing the University of Vetusta, the Rector, D. Pedro Gálvez Moreno,

THE PROPOSAL:

1.   Within the current context of international relations, it is appropriate that partner Universities and Institutions should develop broad-based cultural contacts between teachers and students of different countries.

2.   The contribution and exchange of teaching and learning experiences constitutes an essential aspect of University life and the work of the educational community.

3.   Firm agreements should be made which translate these general principles into practical, effective measures that facilitate the aforementioned contacts.

4.   The responsibility of the institutions with respect to the exchange students will be strictly limited to the educational sphere, within the context of the current agreement.

5.   The current agreement will be valid for one year, after which it may be renewed automatically for periods of one year, except by means of a notice of termination, presented by either party and given three months in advance of the date of expiry of the agreement. In such circumstances, both parties will agree on the terms by which the agreement is to be terminated. Without any further claim, obligation or compensation being admissible, beyond that agreed.

Acknowledging the above points, the Universities of Uttoxeter and Vetusta wish to establish a permanent, stable framework for relations in whatever areas may be of reciprocal interest and to promote the necessary mechanisms for exchange in the educational field.

As a result, both parties resolve to establish the current agreement.

SOURCE TEXT 8.6.

TÍTULO UNIVERSITARIO
Y EXPEDIENTE ACADÉMICO

Su Majestad el Rey Don Juan Carlos I

y en su nombre

El Ministro de Educación y Ciencia

Considerando que, conforme a las disposiciones y circunstancias prevenidas por la actual legislación,

Doña María José Alvarez López

nacida el día 17 de mayo de 1954, en Oviedo

ha hecho constar su suficiencia en la Universidad de Vetusta, expide el presente
Título de Licenciado en Filosofía y Letras
(Sección de Filología Moderna - Subsección Inglesa)

que faculta a la interesada para ejercer la profesión y disfrutar los derechos que a este grado le otorgan las disposiciones vigentes

Dado en Madrid, a 6 de octubre de 1978.

La interesada,   Por el señor Ministro: El Jefe de la Sección,
                                  El subsecretario,

Registro especial de la Sección de Títulos, folio 183, número 6098

EXPEDIENTE ACADÉMICO

UNIVERSIDAD DE VETUSTA

FACULTAD DE FILOLOGÍA

Certificación Académica Personal
CURSO DE 1977 A 1978
Núm. 024802

CERTIFICACIÓN ACADÉMICA PERSONAL

Don Pablo Rodríguez Machado

Profesor Agregado y Secretario de esta Facultad

CERTIFICO: Que… D.ª *María José Alvarez López*… que nació en… *Oviedo*… provincia de… *Idem*… el día… *17*… de… *mayo*… de… *1954*, según consta en su expediente académico, tiene aprobados los estudios que siguen, correspondientes a la Licenciatura en Filosofía y Letras, Sección de Filología Moderna, Subsección Inglesa:

CALIFICACIÓN EN LOS EXÁMENES:

ESTUDIOS COMUNES	*Matriculado en el curso*	*En la Universidad de*	*Se examinó en la de*	*Ordinarios*	*Extra-ordinarios*	*Observa-ciones*
PRIMER CURSO						
Lengua y Literatura latinas, 1º	1971-72	Granada		Notable		
Lengua y Literatura griegas, 1º	Idem	Idem		Sobresaliente		
Lengua española	Idem	Idem		Notable		
Historia Universal Antg. Media	Idem	Idem		Notable		
Historia general del Arte Antg. Media	Idem	Idem		Sobresaliente M. Honor		
Fundamentos de Filosofía	Idem	Idem		Notable		
Hª General Arte Moderno y Contemporáneo	Idem	Idem		Notable		
SEGUNDO CURSO						
Lengua y Literatura latinas, 2º	1972-73	Granada		Notable		
Lengua y Literatura griegas, 2º	Idem	Idem		Notable		
Literatura española y sus relaciones con la Literatura Universal	Idem	Idem		Aprobado		

185

Historia de los sistemas filosóficos	Idem	Idem		Aprobado	
Historia Univ. España Mod. Cont.	Idem	Idem		Notable	
Geografía General de España	Idem	Idem		Notable	
Religión 1º	Idem	Idem		Aprobado	
Formación Política 1º	Idem	Idem		Aprobado	
Educación Física	Idem	Idem		Aprobado	
SECCIÓN DE FILOLOGÍA MODERNA					
SUBSECCIÓN INGLESA					
TERCER CURSO					
Lingüística general y estilística	1974-75	Vetusta	———	Aprobado	
Lengua inglesa 1º	Idem	Idem		Aprobado	
Lengua inglesa 1º (prácticas)	Idem	Idem		Aprobado	
Fonética inglesa	Idem	Idem		Sobresaliente	
Literatura Inglesa 1º	Idem	Idem		Notable	
Historia de Inglaterra	Idem	Idem		Sobresaliente	
Religión 2º	Idem	Idem		Convalidada	
Formación Política 2º	Idem	Idem		Convalidada	
Educación Física 2º	Idem	Idem		Convalidada	
CUARTO CURSO					
Lengua inglesa 2º	1975-76	Vetusta		Aprobado	

Lengua inglesa 2º (prácticas)	Idem	Idem		Aprobado	
Literatura inglesa 2º	Idem	Idem		Aprobado	
Lingüística germánica	Idem	Idem		Notable	
Arte inglés	Idem	Idem		Sobresaliente M. Honor	
Instituciones británicas	1974-75	Idem		——	Aprobado
Geografía de Inglaterra	Idem	Idem		——	Aprobado
Religión 3º	1975-76	Idem		Aprobado	
Formación Política 3º	Idem	Idem		Convalidada	
Educación Física 3º	Idem	Idem		Convalidada	
QUINTO CURSO					
Lengua inglesa 3º	1976-77	Vetusta		——	Notable
Literatura inglesa 3º	1977-78	Idem		Aprobado (Convocatoria febrero)	
Historia de la Lengua inglesa	Idem	Idem		Aprobado (Convocatoria febrero)	
Literatura norteamericana	1976-77	Idem		——	Aprobado
Historia de los EE.UU.	Idem	Idem		——	Aprobado
Geografía de los EE.UU.	Idem	Idem		——	Aprobado
Metodología de la enseñanza del inglés	1975-76	Idem		Aprobado	
Religión 4º	Idem	Idem		Aprobado	

GRADO DE LICENCIADO: Realizado el… de……. de 19… con la calificación de….

Con fecha... de... de... mil novecientos... le fué firmado por la Superioridad el correspondiente Título.

DOCTORADO						

GRADO DE DOCTOR: Realizado el... de....... de 19... con la calificación de....
Con fecha.... de.... de.... mil novecientos... le fué firmado por la Superioridad el correspondiente Título.

Y para que conste y a instancia del interesado, expido la presente, de orden y con el
V.º B.º del Ilustrísimo Señor Decano de esta Facultad y el sello de la misma, en Vetusta, a tres de julio de mil novecientos setenta y ocho.

> V.º B.º
> El Decano   El Secretario de la Facultad   El Jefe de la Secretaría

(664 words)

General Comments

In the Spanish-speaking world it is unusual for students to present their degree
certificates as the sole record of their academic achievement. The *expediente académico* (academic transcript) is an essential part of their certification, since normally no overall degree classification is awarded. Their performance is therefore
measured in terms of the results achieved in individual course units.

There are other differences as well. At the time when this certificate was issued, Spanish universities did not award their own degrees; degree certificates
were, accordingly, issued by the Ministry of Education and Science, under the aus-
pices of the Head of State. Another detail which may surprise those unfamiliar
with the Spanish system is that the person to whom the degree is awarded (*la interesada*) is also obliged to sign the certificate.

Spanish degree certificates are couched in a language which is marginally less
formal, legalistic and archaic than that of their equivalents in the English-speaking
world, although it has much in common with the administrative and bureaucratic
language discussed elsewhere in this book.

Another point worth mentioning is that there is no precise equivalent of the *traductor jurado*[75] in the English-speaking countries. Translators may, in certain circumstances, be asked to swear that their translations are true and accurate representations of the original, but the State exercises no formal control over the profession[76].

For purposes such as the recognition of educational qualifications, for example, government agencies in the U.K. seldom require officially certified translations[77].

The English translations of these texts have not been officially certified; in some cases the translator has chosen to explain the terminology to the reader rather than provide the very precisely worded rendition which is so typical of legal translations.

Notes

TÍTULO:

Considerando que... legislación: The translated text could be reworded to clarify the meaning: *...having taken into consideration that, in accordance with the provisions and scope of the current legislation...*

Doña: The translator has decided to leave this in the English version; however, there are also cases to be made for omitting it altogether, or for inserting an explanatory note.

---

[75] 'Sworn or official translator', i.e. one who is qualified to translate official documents etc. The *traductor jurado* is expected to produce a completely literal rendering of the text in the target language, since both the original and the translation have to be certified and compared. This literal rendering is achieved by means of equivalences and lexical adaptations.. Nevertheless, the skopos of the translation sometimes requires some intervention on the part of the translator.

[76] In the U.K., for instance, the Institute of Linguists performs some of the regulatory functions mentioned above. It is a charitable trust which runs an examination scheme encompassing both qualifications offered to the general public and a more specialised examination intended for professional translators (the Diploma in Translation), as well as publishing a code of professional conduct and providing advice on fees. Nevertheless, U.K.-based translators are not obliged to join the Institute or pass any of its examinations. Although several universities offer postgraduate courses in translation, there is no official requirement for legal or official translators to obtain a postgraduate or other specialised qualifications to gain entry to the profession.

[77] The Spanish authorities, on the other hand, take a different attitude:
TRADUCCIÓN OFICIAL DE DOCUMENTOS
Todos los documentos expedidos en idioma extranjero por las Autoridades competentes del país de procedencia deberán acompañarse de su traducción al español, que podrá hacerse:
  a) Por cualquier Representación diplomática o consular del Estado español en el extranjero.
  b) Por la Representación diplomática o consular en España del país de que es súbdito el solicitante o, en su caso, del de procedencia del documento.
  c) Por Traductor jurado, debidamente autorizado o inscrito en España.
(Orden de 9 de febrero de 1987 para la aplicación de lo dispuesto en el Real Decreto 86/1987, de 16 de enero, por el que se regulan las condiciones de homologación de títulos extranjeros de educación superior.)

ha hecho constar su suficiencia: A set phrase, such as *has satisfied the examiners of the University of Vetusta* would do here.

expide el presente: The insertion of *and* improves the flow of the English sentence. *Presente* should be rendered as *this*, i.e. *and awards this...*

Título de Licenciado: Degree of Licenciado. This is usually taken to be the equivalent of a first degree, i.e. a B.A. or B.Sc. (A note of caution should be sounded here, since some dispute this, arguing that the four or five years of study that the *licenciatura* involves make it the equivalent of a Master's degree. However, this is a minority view.) The best solution is to leave *Licenciado* in Spanish, adding, if necessary, a translator's footnote by way of explanation.

Filosofía y Letras: The *Facultad de Filosofía y Letras* (Arts Faculty) is one of the faculties into which Spanish universities are normally sub-divided. The degrees conferred upon graduates usually contain a reference to the awarding faculty, as in this case.

Sección de Filología Moderna: This is the equivalent of a university modern languages department in English-speaking countries. Note the literal translation in the TT (*Modern Philology Section*). (For further examples, see Translation Procedures, **2.2.**) Traditionally, Spanish universities have tended to devote greater attention to literature and theoretical aspects of modern language studies than to practical ones. The use of the word *filología*[78] in the title of both the faculty and the department provides clear indications of the types of courses offered and staff research interests. Nevertheless, in recent years several Spanish universities have created new schools and departments which offer students practically or vocationally orientated courses, notably in translation and interpreting.

que faculta a la interesada... disposiciones vigentes: This is a typical piece of officialese. *Facultar* means to give somebody the powers or the faculties to do something, i.e. to empower. *La profesión* does not mean a specific profession, but any profession for which the graduate is qualified. *Este grado* is, in fact, the *título de licenciado*. The whole phrase, then, might be translated thus: *...which entitles the person named above to pursue any profession and enjoy any rights which current regulations confer upon the holder of such a degree.*

La interesada: The person to whom the degree has been awarded. Note that the translator has omitted the names of the signatories, as well as the number under which the degree is registered. (*Registro especial...*, etcétera) Strictly speaking, all such details would need to be translated or accounted for if the translation is to be regarded as valid in law. These and other omissions indicate that the translator's main concern was not to produce a tightly worded legal document, but an English version which would help the reader to understand how the Spanish qualifications operated in practice.

---

[78] Philology is *the science, especially historical and comparative, of language {...}.* (SEATON, B: *A Handbook of English Language Teaching Terms and Practice*, p. 140.)

190

EXPEDIENTE ACADÉMICO:

Certificación Académica Personal... Núm. 024802: Note that this has been omitted from the translated text, presumably for the reasons stated above.

Profesor agregado: A lecturer appointed on a permanent contract. It has now been replaced by the term *profesor titular*.

Certifico: Que: In legal and administrative English the phrase *I hereby certify that...* is often found in this sort of statement. It would be appropriate here.

Idem: From the Latin *idem*, meaning the same. It is not found quite so frequently in lists in English: *ditto* or ' ' tend to be preferred.

los estudios que siguen: Estudios are subjects or course units. *Studies* is too general in this context.

Licenciatura: See comments above.

Estudios comunes: Bearing in mind that in British universities, at least, the demands made by honours degree programmes are such that students may well begin to specialise in the early years of their course, the translator has decided to insert a brief explanation to the effect that all Arts students in Spain follow the same curriculum for the first two years.

Primer curso: Note that *curso* can mean both *course* and *year*; the context indicates that the latter is more appropriate here.

En la Universidad de...: When this certificate was issued, all Spanish universities offered more or less the same curriculum to their students, although the full range of specialisms was only available in a few institutions. At that time, too, the number of universities was far smaller than at present, so it was fairly common for students to complete the first part of their course at a university near home, before moving to a larger university offering the final level specialisms in which they were interested. The 1983 *Ley de Reforma Universitaria* (LRU) made a number of far-reaching changes, granting much greater autonomy to universities, including the power to award their own degrees. So far as the curriculum is concerned, the LRU has had two significant effects: firstly, it has allowed universities to offer degrees in subject areas which were outside the scope of the 60 or so State-approved degree programmes which existed prior to 1983, and secondly, it established four categories of course unit: those included in the core curriculum (65% of the total in each degree programme), compulsory subjects specified by each university, optional units and free ones. The move away from the standard curriculum and the growth in the number of universities seem likely to make it less necessary for students to change universities in mid course, so the pattern of studies and course units portrayed in the example will become less typical in the future.

Hª: Historia.

Convocatoria: i.e. examination period.

Grado de Licenciado / Grado de Doctor: These statements have not been completed, so the translator has omitted them.

Notable, Sobresaliente, etc.: The marking system used in higher education in Spain is based on a scale from 0 to 10:

10	*matrícula de honor*	distinction with honour
9-9,9	*sobresaliente*	distinction
7-8,9	*notable*	very good
6-6,9	*aprobado*	good
5-5,9		satisfactory
Below 5	*suspenso*	fail

Three classifications are used for doctorates: a pass can be classified as *Apto* or *Cum Laude*, the former indicating that the student has successfully defended his / her thesis, and the latter indicating that the thesis itself was awarded an excellent mark; an unsatisfactory performance is designated as *No apto*[79].

Ilustrísimo: *His Grace* is a form of address reserved for dukes or archbishops. Since such forms are rarely used in English nowadays, the best solution would be to omit it altogether.

Vº Bº (Visto Bueno): i.e. *with the approval of* or *approved by.*

TARGET TEXT 8.6.

UNIVERSITY CERTIFICATE

His Majesty King Juan Carlos I

and in his name

the Minister of Education and Science

considering that, in accordance with the stipulations and circumstances taken account of by current legislation

Doña María José Alvarez López

born on 17th May 1954, in Oviedo

has given proof of her competence in the University of Vetusta, issues the present

Title of Degree in Philosophy and Arts
(Modern Philology Section - English Subsection)

which enables the person concerned to practise the profession and enjoy the rights which the stipulations in force relating to this level bestow upon her.

---

[79] This information was taken from the *International Guide to Qualifications in Education*, 3rd. edition, compiled by the British Council, p. 679.

Issued in Madrid, October 6th, 1978

ACADEMIC TRANSCRIPT

UNIVERSITY OF VETUSTA

FACULTY OF PHILOLOGY

<u>PERSONAL ACADEMIC CERTIFICATION</u>

Don Pablo Rodríguez Machado

Lecturer and Secretary of this Faculty

I certify that *D.ª María José Alvarez López* who was born in *Oviedo (same province)* on *17th May 1954*, as stated in her academic record, has passed the following studies belonging to the degree in Philosophy and Arts, Modern Philology section, English subsection:

GRADES IN THE EXAMS:

STUDIES COMMON (TO ALL DEGREES IN PHILOSOPHY AND ARTS)	Registered in course year	In the University of	Examined in the University of	Normal (i. e. in June)	Exceptional (i. e. in Sep. or February)	
FIRST YEAR Latin Language and Literature (I)	1971-72	Granada		Merit		
Greek Language and Literature (I)				Outstanding		
Spanish Language				Merit		
Universal and Spanish Ancient and Medieval History				Merit		
General History of Ancient and Medieval Art				Outstanding (special)		
Foundations of Philosophy				Merit		

193

General History of Modern and Contemporary Art			Merit			
SECOND YEAR						
Latin Language and Literature (II)	1972-73	Granada	Merit			
Greek Language and Literature			Merit			
Spanish Literature and its relationship to World Literature			Pass			
History of Philosophical Systems			Pass			
Modern and Contemporary History of Spain			Merit			
General Geography of Spain			Merit			
Religion (1)			Pass			
Political Education (I)			Pass			
Physical Education			Pass			
MODERN PHILOLOGY SECTION						
ENGLISH SUB-SECTION						
THIRD YEAR						
General and Stylistic Linguistics	1974-75	Vetusta	———	Pass		
English Language (1)			Pass			
English Language (1)			Pass			
(Practical performance)						

194

English Phonetics				Outstanding		
English Literature (1)				Merit		
History of England				Outstanding		
Religion (2)				Already passed		
Political Education (2)				Already passed		
Physical Education (2)				Already passed (N.B. see Education Section)		
FOURTH YEAR						
English Language (2)	1975-76	Vetusta		Pass		
English Language (2) (Practical Performance)				Pass		
English Literature (2)				Pass		
Germanic Linguistics				Merit		
English Art				Outstanding (special)		
British Institutions	1974-75			———	Pass	
Geography of Britain				———	Pass	
Religion (3)	1975-76			Pass		
Political Education (3)				Already passed		
Physical Education (3)				Already passed		
FIFTH YEAR						
English Language (3)	1976-77	Vetusta		———	Merit	
English Literature (3)	1977-78			Pass (in February		

History of English Language				Pass (in February)	
North American Literature	1976-77			———	Pass
History of United States				———	Pass
Geography of United States				———	Pass
English Teaching Methodology	1975-76			Pass	
Religion (4)				Pass	

And so that it is on record and at the request of the person concerned, I issue this certification by order of and with the authorisation of his Grace the Dean of this Faculty and with the stamp of the Faculty, in Vetusta, July 3rd 1978.

9. Textos orientados al consumo (1)

Utilizamos en este manual la denominación *textos orientados al consumo (consumer-oriented texts)* propuesta por Hervey, Higgins y Haywood[80]. Para estos autores, este tipo de textos es prescriptivo-persuasivo, pues su misión principal es recomendar objetos, actitudes o acciones concretas. Aunque, en principio, podemos encontrar muchos otros textos cuya función es principalmente persuasiva, los textos que entran dentro de esta categoría responden a la necesidad de ofrecer un producto en un mercado normalmente competitivo, por lo que tanto su orientación como su adaptación al destinatario, objetivo de dicha venta, son fundamentales. Se encuadran en esta categoría textos de tipo publicitario y turístico, así como textos instructivos destinados a explicar el uso adecuado de productos concretos.

La traducción de este tipo de textos es cada vez mayor, como también lo es su adaptación cultural a las características de públicos concretos. Los traductores trabajan o son contratados por las propias empresas para efectuar las traducciones correspondientes. De este modo, la empresa, en la mayoría de los casos, es el emisor tanto del TO como del TM, con lo que se asegura que el encargo de traducción responda al *escopo,* de carácter comercial, pretendido. El inglés, en este caso, además de ser la lengua nativa de potencias comerciales como los Estados Unidos o el Reino Unido, actúa además de *lingua franca* o intermediaria en aquellas situaciones en que la lengua de partida es minoritaria (por ejemplo, productos fabricados en Suecia, Holanda o Japón), creándose verdaderos idiolectos comerciales asociados a campos o productos concretos, como el de los electrodomésticos fabricados en Japón. Un fenómeno reciente, que da fe del prestigio creciente del inglés como lengua comercial, pero también del imperialismo cultural subyacente, es la ausencia de traducción en anuncios o espacios publicitarios televisivos. En estos casos, la política publicitaria opta por mantener el TO como estrategia porque, de esta manera, el producto anunciado se mantiene en una exoticidad que resulta comercialmente eficaz. Por su parte, la traducción a partir del español está ligada a la presencia en el mercado global de productos originados en España, como el turismo o productos agrícolas o industriales.

En ambos casos, la traducción hacia y desde el inglés y el español responde a necesidades comerciales y se efectúa, por lo general, en el propio país de origen, factor decisivo y pocas veces considerado, que provoca que muchas veces dichas traducciones no reúnan unos niveles mínimos de comprensibilidad y precisión.

---

[80] S. HERVEY, I. HIGGINS y L. M. HAYWOOD, *Thinking Spanish Translation,* p. 163.

La traducción de este tipo de textos, sobre todo de los publicitarios, supone cada vez más un desafío para el traductor por la extrema creatividad y dinamismo con que se producen. Son textos que buscan, ante todo, producir un efecto en el receptor mediante elementos, muchas veces subliminales, cuya transferencia a la cultura meta resulta problemática. Por la cantidad y variedad de textos ubicados en esta categoría, los situamos en dos capítulos consecutivos.

TEXTO ORIGEN 9.1.

> If you are in the Royal Mile, don't miss.
>
> ## THE SCOTTISH EXPERIENCE
>
> By Day...
>
> Watch Top Quality Tartan Weaving on the premises and buy Scottish Craftwork such as Arran knitwear, Tartan and Bagpipes direct. Experience the History of the Kilt, Look up your Clan & Tartan in our Information Bureau. See films on Edinburgh and Scotland, and try Delicious Traditional Foods in Flora's Parlour.
>
> By Night...
> Prince Charlie's Scottish Extravaganza.
> For a Truly Wonderful Scottish Experience, you must try our Top Class Evening Banquet and Traditional Scottish Show.
>
> 'Quality Entertainment' Edinburgh Tourist Board.
> Find us at 12 High Street, Royal Mile, Edinburgh. Tel: 0131-557 9350.
> Open 10-6 Mon-Sat, 10-5 Sun.
>
> > (Extraído de *Welcome to Edinburgh,* 1995/96. Edimburgo: Landmark Press, Outlook Tower, Castle Hill, Edinburgh).

(110 palabras)

Comentario general

El texto, en realidad un anuncio publicitario que se incluye en el folleto *Welcome to Edinburgh,* contiene dos fotos, una del exterior del local y otra del interior, de noche, en las que aparecen personas que trabajan en él y que, en el segundo caso, llevan trajes típicos de Escocia. En este caso, las ilustraciones nos confirman, por si la tipografía destacada no fuera suficiente, que *The Scottish Experience* es un centro comercial polivalente que de día funciona como tienda-restaurante especializada en productos escoceses y de noche como restaurante-espectáculo de folclore escocés.

Por su doble condición de texto turístico y publicitario, las referencias a objetos, personajes y lugares típicos van seguidas de constantes sugerencias al lector expresadas en modo imperativo: *Watch, Experience, Look Up, See...* y adjetivación típica del texto persuasivo: *Top Quality, Delicious, Wonderful, Top Class...*

El folleto está lleno de sugerencias sobre sitios que visitar, tanto monumentos o lugares históricos (el castillo, el Museo Real de Escocia, iglesias famosas, etcétera), como atracciones de carácter más comercial (la cámara oscura, tiendas especializadas famosas, etcétera). Podemos suponer que el receptor del texto es un turista de habla española que visita Edimburgo. Sin embargo, la versión española del nombre de la ciudad escocesa no se ha tenido en cuenta en el TM, que en español se ha titulado *Bienvenido a Edinburgh.*

En la traducción, que no incluye ningún tipo de glosa explicativa, se ponen de manifiesto las presuposiciones culturales implícitas en el TO —incluida la primera referencia a *Royal Mile,* cuya localización se da por supuesta—, que un lector del TM sería, con toda probabilidad, incapaz de percibir.

Notas

Royal Mile: Una de las calles más famosas de Edimburgo. A pesar de su aparente facilidad, no debe traducirse, aunque sí podría acompañarse de una traducción española entre paréntesis (*milla real*).

Tartan: Al tratarse de un concepto puramente escocés, podemos adoptar dos actitudes distintas a la hora de traducirlo: 1) convertir tartan en *tartán,* término desconocido para la mayoría de los hablantes de lengua española pero aceptado por el diccionario de la Real Academia, tal como se hace en la traducción, y 2) definir el término como *tejido de lana escocés* (o *tela de cuadros escoceses*), opción que resulta mucho más comprensible, y que, posiblemente, acrecentaría el interés del lector por el asunto, que es en definitiva el *escopo* de un texto como éste.

the premises: Falso amigo que suele traducirse mal. En singular, se puede traducir por *local.* En plural, *las instalaciones, las dependencias.*

direct: Con el sentido de *directamente,* es decir, sin intermediarios entre los fabricantes-artesanos y el comprador.

Experience: Verbo muy usado actualmente en el lenguaje publicitario y turístico para atraer la atención del turista o comprador. El sustantivo es utilizado del mismo modo: *The Chicken Experience* (nombre de un restaurante), o *The Scottish Experience,* nombre del establecimiento al que se refiere el presente texto. Posibles equivalentes en español: *Descubra, sienta, conozca...*

Look up your Clan and Tartan: Obviamente se trata de un mensaje dirigido a personas de origen escocés interesadas en buscar las raíces de su apellido, vinculado en Escocia a una concreta combinación de colores en los cuadros de la falda. Invitación de índole cultural poco relevante para hablantes de lengua española.

Flora's parlour: Referencia a Flora MacDonald (1722-90), personaje histórico escocés que ayudó al príncipe Carlos a huir de Escocia. En cuanto a *parlour,* el término español más cercano sería *salón* o *cuarto de estar.* Al tratarse del nombre de un restaurante, debe mantenerse tal cual. Obsérvese que, en español, algunos nombres en boga actualmente para designar restaurantes siguen la misma pauta: *El rincón de Manuel, El figón de Amparo...*

Prince Charlie's Scottish Extravaganza: Referencia al príncipe Carlos, el famoso *Bonnie Prince Charlie* (1720-88) del folclore popular escocés, que, con el apoyo de la mayoría de jefes de clanes de Escocia, encabezó en la primera mitad del siglo XVIII una rebelión contra la corona inglesa con objeto de restaurar la monarquía católica. Fue derrotado y tuvo que huir del país. *Extravaganza* es un término cada vez más usado en inglés para designar un gran espectáculo, más visual que textual, es decir, efectista y lleno de colorido. Estos rasgos se contienen en esta palabra mucho más que en la tradicional *show.* En español, *festival, gala, gran espectáculo...*

Evening Banquet: *Banquet* es un término utilizadísimo en inglés contemporáneo para designar una comida o cena especial, en la que se reúne a un gran número de personas, normalmente turistas, visitantes, asistentes a conferencias, etc. El español *banquete,* por contrapartida, se utiliza cada vez menos, siendo reemplazado simplemente por *comida* o *cena (de gala).*

TEXTO META 9.1.

Si está usted en el Royal Mile, no se lo pierda.

THE SCOTTISH EXPERIENCE

De día...
Observe el tejido de tartanes de gran calidad en las premisas y compre productos de artesanía escocesa, tales como artículos de géneros de punto Arran, tartanes y gaitas directamente. Experimente la historia de la falda escocesa, busque su clan y tartán en nuestra oficina de información. Vea documentales sobre Edimburgo y Escocia y deguste las deliciosas comidas típicas en el Salón de Flora.

De noche...
Prince Charlie's Scottish Extravaganza.
Para disfrutar de una maravillosa experiencia escocesa tiene usted que acudir al banquete nocturno de primera clase y muestra escocesa tradicional.

'Entretenimiento de primera clase' EDINBURGH TOURIST BOARD.
Nos hallará en. 12 High Street, Royal Mile, Edinburgh. Tel: 0131 557 9350.
Abierto de lunes a sábado de 10,00 a 18,00 y los domingos de 10,00 a 17,00.

(Extraído de *Welcome to Edinburgh,* 1995/96. Edimburgo: Landmark Press, Outlook Tower, Castlehill.)

TEXTO ORIGEN 9.2.

WELCOME TO THE METROPOLITAN MUSEUM OF ART.

The Metropolitan Museum of Art is one of the largest and finest art museums in the world. Its collections include more than two million works of art —several hundred thousands of which are on view at any given time— spanning more than 5,000 years of world culture, from prehistory to the present.

This brochure is designed to give visitors an overview of the collections on display in the Museum's galleries. Also available are a Floor Plan, which includes information on services for visitors, and the Calendar, which offers a detailed current listing of special exhibitions, concerts, lectures, films, and other Museum activities. *The Metropolitan Museum of Art Guide,* an illustrated handbook that is for sale in all of the Museum's shops, provides more information about the collections.

The Metropolitan Museum was founded in 1870 by a group of distinguished public figures, philanthropists, and artists. It moved to its site in Central Park in 1880. The Beaux-Arts facade and Great Hall were designed by the American architect Richard Morris Hunt at the turn of the century, and the Museum has grown considerably since then. It now extends along Fifth Avenue from 80th to 84th streets. Art is displayed on two main floors and in additional gallery areas. The collections are divided into eighteen curatorial departments, described below, which are responsible for the acquisition, preservation, and exhibition of the works of art.

(Extraído de The Metropolitan Museum of Art, folleto editado por el propio museo,
Nueva York, 1996.)

(232 palabras)

Comentario general

Este párrafo constituye la presentación del folleto que el *Metropolitan Museum of Art* de la ciudad de Nueva York distribuye gratuitamente entre sus visitantes en varias lenguas. En él, en trece páginas, se describen las distintas colecciones del museo, ilustradas con fotografías representativas.

El folleto está dirigido al visitante que llega al museo por primera vez con la intención de verlo en su totalidad. Su función predominante es la informativa, pues el visitante se encuentra ya en el interior del museo y sobra cualquier alusión de carácter publicitario. Destaca en él la mención explícita al carácter privado y no público del museo, es decir, a que tanto su fundación como su mantenimiento y expansión se deben a la iniciativa de particulares. De hecho, el propio folleto, como se señala en una nota a pie de página, ha sido publicado por dos fundaciones privadas, la Booth Ferris y la Horace W. Goldsmith, que han sufragado su coste.

Notas

Welcome to the Metropolitan Museum of Art: La decisión de mantener en el TM el nombre del museo en inglés (*Bienvenidos al Metropolitan Museum of Art*) constituye un préstamo (ver Procedimientos de traducción, **2.2**) discutible, aunque pueda defenderse con el argumento de que no se trata de una institución familiar para el hablante de lengua española. Quizás deba aclararse el sentido de la palabra *Metropolitan* (literalmente, algo propio o característico de una gran urbe), que en la ciudad de Nueva York se aplica también al famoso teatro de la Ópera, construido y financiado también por particulares. Obsérvese asimismo que la palabra española *museo* no sólo se refiere a un lugar donde se exponen obras de arte diversas (pintura, escultura, objetos, etc.), sino también a colecciones concretas de pintura o escultura, que sin embargo, sobre todo en inglés británico, se denominan *galleries* o *collections: Tate Gallery, Wallace Collection, Frick Collection...*

several... time: Como ya se ha dicho antes, el uso de la raya o guión largo para añadir o explicar la información de la oración principal es característico de la puntuación inglesa, pero no de la española, que prefiere la coma. La opción del TM es traducir la frase inglesa entre rayas como una oración independiente al final del párrafo.

on view at any given time: *En exposición permanente.*

spanning: Literalmente *cubriendo, abarcando...* Obsérvese también cómo, en el TM, el traductor opta por utilizar *5.000* en vez de *5,000,* forma inglesa de escribir la cantidad.

overview: *Una visión general, panorámica,* sin entrar en detalles.

Floor Plan: *Plano* de las plantas en que se divide el museo.

exhibitions: Suele ser el equivalente en inglés de la exposición española temporal de objetos de arte.

Central Park: Al tratarse de un topónimo conocido sin traducción arraigada en español, no debe traducirse.

Beaux-Arts: Movimiento artístico que surge en los Estados Unidos a finales del siglo XIX.

Art: Término genérico e incontable que en español habría que especificar: *los objetos, las obras de arte.*

curatorial: Departamentos de conservación de los museos.

TEXTO META 9.2

BIENVENIDO AL METROPOLITAN MUSEUM OF ART

El Metropolitan Museum of Art es uno de los museos de arte más grandes e importantes del mundo. Sus colecciones incluyen más de dos millones de obras de arte, que abarcan más de 5.000 años de cultura universal, desde los tiempos prehistóricos hasta el presente. Varios cientos de miles de estas obras se encuentran en exposición permanente.

Este folleto tiene el propósito de proporcionar a los visitantes del Museo una perspectiva general de las colecciones de arte que se exhiben en las galerías. El Museo ofrece también al público visitas guiadas y otros programas en español. Si desea información sobre estas actividades, diríjase al Servicio de información de visitantes extranjeros -the Foreign Visitors desk- en el vestíbulo principal.

El Metropolitan fue fundado en 1870 por un grupo de distinguidas personalidades artísticas, filantrópicas y públicas. El Museo se trasladó a su actual emplazamiento en el Central Park en el año 1880. La fachada y el vestíbulo principal, ambos en estilo Beaux-Arts, fueron diseñados a principios de siglo por el arquitecto norteamericano Richard Morris Hunt. Desde entonces, el museo ha crecido considerablemente, y actualmente se extiende a lo largo de la Quinta Avenida, desde la calle 80 hasta la 84. Las obras de arte están expuestas en los dos pisos principales y en galerías adicionales. Las colecciones de arte se distribuyen entre los 18 departamentos de conservación, que se describen a continuación, responsables de la adquisición, preservación y exhibición de las obras de arte.

(Extraído de *The Metropolitan Museum of Art*, edición en español, folleto editado por el propio Museo. Nueva York, 1996.)

TEXTO ORIGEN 9.3

WELCOME!

Before you land- Your flight crew will provide Immigration (I-94) and Customs forms for you to fill out before arrival. Possession of fruits, plants or meats may require additional inspection, resulting in delay. Articles manufactured from *endangered species* are subject to confiscation.

Federal Inspection Procedures- The process begins in the U.S. Immigration area. Passengers then proceed to the Customs area for baggage claim and Customs inspection.

Multi-lingual staff are available to aid passengers. For assistance, transferring passengers should speak to their airline representative.

Interline Transfer at Kennedy- Free yellow/white buses operate every 5 to 15 minutes between all passenger terminals. Refer to map for airline locations and bus stops.

Interline Transfers to La Guardia and Newark International Airports- Carey buses depart for La Guardia Airport every 20 to 30 minutes from 6:45 a.m. to 9:00 p.m.; thereafter about every 40 minutes until 10:40 p.m. Fare is $4.50. Salem limousines depart hourly for Newark Airport from 7:00 p.m. to 1:00 p.m.; thereafter every 30 minutes until 10:00 p.m. Fare is $12.00. New York Helicopter serves La Guardia (fare $39.00) and Newark (fare $54.00) operating about every 40 minutes from 6:25 a.m. to 9:30 p.m.

Transportation to Manhattan (New York City)- Carey buses depart about every 20 to 30 minutes from 5:20 a.m. to 1:00 p.m.; thereafter about every 15 to 20 minutes until 12:15 p.m. Fare is $6.00. JFK Express bus/subway service departs about every 20 minutes from 5:30 p.m. to 12:30 a.m. Fare is $5.00. Fugazy provides hourly share-a-ride service from 8:00 a.m. to 10:00 p.m., to all points in Manhattan below 96th street. Fare is $10.00. New York Helicopter operates about every 40 minutes from 6:25 a.m. to 9:30 p.m. Fare is $44.00.

New York/New Jersey/Connecticut Suburbs- Suburban points are served by scheduled and door-to-door transportation operators who have representatives or courtesy phones in the terminals. Please see the transportation map for a list of operators and those communities which have scheduled service.

Taxis- The fare within New York City, including Kennedy Airport, is the amount shown on the meter plus tolls. There is a surcharge of fifty cents per trip for fleet cabs between 8:00 p.m. and 6:00 a.m. and all day on Sunday. Fares between terminals at Kennedy range from about $2.00 to $4.00. The fare to La Guardia Airport is about $13.00 and to mid-Manhattan about $22.00, plus tolls. Newark International Airport is the amount indicated on the meter plus $10.00 and tolls. Westchester and Nassau County destinations are double the amount on the meter, plus tolls. The fare to non-metered destinations must be agreed to before departure. *One fare pays for all passengers.* Only use licensed 'yellow' taxicabs at authorized taxi stands. For assistance, see the dispatcher, or a Port Authority police officer. The dispatchers provide multi-lingual taxi information flyers to riders on which the cab identification number is written. *Passengers should keep this flyer and not surrender it to the driver, for it can be used to identify the cab if some problems should arise.* If you have any difficulty, note the identification number and call the New York City Taxi and Limousine Commission at (212) 382-9301. For taxi Lost and Found, call (212) 869-4513.

Passenger Services- Avis, Budget, Dollar, Hertz and National car rental counters are located in each terminal. Telephones, currency exchange, hotel reservation service, restaurants, cocktail lounges and duty-free shops are available at all terminals serving international flights.

(*Welcome!*, folleto editado por New York-New Jersey John F. Kennedy
International Airport, diciembre de 1983.)

(567 palabras)

Comentario general

Este texto procede del folleto en seis idiomas que se distribuye gratuitamente entre los pasajeros que desembarcan en el aeropuerto Kennedy de Nueva York. El folleto contiene además un plano de las terminales del aeropuerto, con indicación de la ubicación de cada línea aérea, y un mapa que muestra la situación del aeropuerto y las principales vías que lo unen con Long Island, Manhattan y los estados de Nueva Jersey, Nueva York y Connecticut.

Obsérvese que la función del texto es informar exhaustivamente al pasajero de llegada acerca de los trámites que ha de seguir dentro del aeropuerto, y después de las posibilidades de transporte hasta su lugar de destino; también que el emisor (la Autoridad Portuaria de Nueva York) es una compañía pública, por lo que no se encuentran en él datos de tipo publicitario. Una vez más, el texto refleja perfectamente la preocupación de la sociedad estadounidense por expresar clara y prolijamente la información que ha de llegar al usuario, al que se explican aspectos de sobra conocidos, y al que también se hacen llegar datos de interés, como el precio de los viajes en taxi o en autobús. El folleto se revisa dos veces cada año para que la información suministrada no pierda nunca actualidad.

Notas

provide... forms: *Proveerá* en español suele ir acompañado de preposición (*de* o *con*), por lo que optamos por otro verbo: *repartirá, distribuirá. Formularios* para *forms* es sin duda una buena opción. Debe tenerse en cuenta la variedad de español utilizada en la traducción, que se evidencia en la peculiar utilización de términos poco corrientes en el español peninsular. Aunque para un lector español el texto resulte perfectamente comprensible, el destinatario final del TM es, en principio, un hablante de español latinoamericano.

for you: Obsérvese el carácter impersonal de *you*. En español, *para ser rellenados....*

resulting in delay: *que causa retrasos, demoras a los pasajeros*. Mientras que el inglés prescinde del objeto, en español se prefiere mantenerlo, lo que confiere mayor naturalidad a la frase.

Federal Inspection Procedures: El término *procedures* se refiere al proceso de llegada al aeropuerto Kennedy, básicamente el control de pasaportes y la inspección aduanera. Un título en español que abarque todo el proceso podría ser *Trámites de llegada*.

transferring passengers: *Pasajero de transbordo* es, en español peninsular, *pasajero en tránsito*. Otras opciones léxicas que resultan extrañas son *proceden* (en vez de *continúan* o *siguen*), *reclaman su equipaje* (en vez de *recogen su equipaje*), *políglota* (en vez de *que habla español*) y *aerolínea* (en vez de *línea aérea* o *compañía*), así como los adjetivos *aduanal* y *suburbana*.

Refer to: *Refiérase* es un calco del inglés. En este caso, *consulte* habría sido más adecuado.

Interline: *Transbordo entre líneas aéreas* o *Transbordo entre terminales,* teniendo en cuenta que las líneas aéreas en el aeropuerto Kennedy se ubican en terminales distintas.

Carey: Nombre de una compañía de transportes, al igual que *Salem* y *Fugazy.*

every: En el TM se proponen, indistintamente, *cada* y *de cada.* Está ultima opción resulta extraña en español peninsular.

thereafter: *de ahí en adelante.*

Newark Airport: Explicitación del traductor, que repite *Newark International,* tal como se expresa en el título, en vez de simplemente *aeropuerto de Newark* (*Newark airport* en el TO) o *aeropuerto internacional de Newark.*

share-a-ride service: *Transporte compartido con otros pasajeros.*

Suburban: *Areas, zonas residenciales,* generalmente muy caras. La palabra *suburbio* y sus compuestos tienen todavía carácter peyorativo en español peninsular. Se trata, por tanto, de un *falso amigo* cuya traducción literal debería evitarse (ver 'Procedimientos de traducción', **2.2.**).

scheduled and door-to-door: *Servicios de transporte tanto directos* (de puerta a puerta) *como comunitarios.*

courtesy phone: *Teléfono gratuito,* que conecta directa y exclusivamente con los transportistas, y desde el que no se puede efectuar ningún otro tipo de llamadas.

plus tolls: *Más peajes,* que se pagan en túneles, puentes, etc. *Cargos de peajes* es innecesario, al menos en español peninsular.

fleet cabs: *Taxis urbanos, de la ciudad,* es decir, los taxis amarillos que pertenecen a empresas que operan en la ciudad de Nueva York, y no los que sólo ofrecen servicios específicos (limusinas, etcétera).

mid-Manhattan: *La zona central de Manhattan,* no el centro. Se refiere al área comprendida entre las calles 34 y 59.

before departure: *Antes de iniciar el viaje.*

One fare pays for all passengers: Obsérvese el énfasis producido por las cursivas: *La tarifa comprende a todos los pasajeros* (cualquiera que sea su número). Decir *La cantidad de la tarifa* es innecesario.

dispatcher: *personal encargado,* en este caso, de facilitar el acceso de los usuarios al taxi de forma ordenada. *Despachador* no es aceptable en español peninsular.

Port Authority: *Jefatura del puerto,* aunque últimamente los organismos españoles paralelos se vengan denominando *autoridad portuaria.* En el caso de Nueva York, esta oficina gestiona todo el sistema de transporte de la ciudad.

flyers: Hojas sueltas.

riders: Término del inglés americano equivalente al británico *passengers.*

note: *Anote* (en otros contextos, *observe, fíjese*).

Lost and Found: *Servicio de objetos perdidos.*

counters: *Mostradores.* En inglés británico, *desks.*

cocktail lounges: *Bares* es una buena opción para un establecimiento en el que los pasajeros pueden sentarse y relajarse (de ahí *lounges*), y consumir alcohol. Obsérvese la necesidad de especificarlo en inglés mediante la palabra *cocktail*, innecesaria en español.

TEXTO META 9.3.

¡BIENVENIDOS!

Antes de aterrizar - El personal del avión proveerá a los pasajeros los formularios de inmigración (I-94) y los de Declaración de Aduanas para ser completados antes de la llegada. La posesión de frutas, plantas o carnes puede dar motivo a inspecciones adicionales produciendo a su vez demoras para los pasajeros. Téngase en cuenta que los artículos elaborados con materiales procedentes de animales calificados de *especies en peligro de desaparecer* están sujetos a confiscación.

Procedimientos de inspección federal - El procedimiento comienza en la zona del Departamento de Inmigración de los EE.UU. Los pasajeros, luego, proceden a la Aduana americana para reclamar su equipaje y la inspección aduanal. Hay personal policía políglota disponible para ayudar a los pasajeros. A los pasajeros de transbordo se les ruega que, para obtener asistencia, hablen con los responsables de su aerolínea.

Transbordo entre Aerolíneas en Kennedy - Autobuses de color amarillo/blanco operarán gratis de cada 5-15 minutos entre todas las terminales de pasajeros. Refiérase al mapa para localizar las aerolíneas y las paradas de los autobuses.

Transbordo entre Aerolíneas a los Aeropuertos de La Guardia y Newark International - Los autobuses de la empresa Carey parten para el Aeropuerto de La Guardia más o menos de cada 20 - 30 minutos desde las 6:45 a.m. hasta las 9:00 p.m.; de ahí en adelante, más o menos de cada 40 minutos hasta las 10:40 p.m. La tarifa es de $ 4,50. Las limusinas de la empresa Salem van al Aeropuerto de Newark International cada hora desde las 7:00 a.m. hasta las 1:00 p.m.; de ahí en adelante cada 30 minutos hasta las 10:00 p.m. La tarifa es de $ 12,00. Los helicópteros de la empresa New York Helicopter sirven el Aeropuerto de La Guardia (tarifa $ 39,00), Newark (tarifa $ 54,00) y parten más o menos cada 40 minutos desde las 6:25 a.m. hasta las 9:30 p.m.

Transporte a Manhattan (la ciudad de Nueva York) - Los autobuses de la empresa Carey parten más o menos de cada 20-30 minutos desde las 5:20 a.m. hasta las 1:00 p.m.; de ahí en adelante más o menos de cada 15-20 minutos hasta las 12:15 a.m. La tarifa es de $ 6,00. El 'JFK Express', servicio de tránsito rápido autobús/metro parte cada 20 minutos desde las 5:00 a.m. hasta las 12.30 a.m. La tarifa es de $ 5,00. Fugazy provee el servicio de transportación de viaje-compartido cada hora desde las 8:00 a.m. hasta las 10.00 p.m. a todas partes en Manhattan más abajo de la calle 96. La tarifa es de $ 10,00. New York Helicopters parten más o menos cada 40 minutos desde las 6:25 a.m. hasta las 9:30 p.m. La tarifa es de $ 44,00.

Transporte a los suburbios de Nueva York, Nueva Jersey y Connecticut - A las localidades suburbanas se les proporciona servicio directo (de puerta a puerta) y de hora

---

fija mediante empresas de transporte, las cuales tienen representantes o teléfonos de cortesía en las terminales. Sírvase consultar el mapa de transporte para enterarse de tales empresas y de las localidades servidas por ellas.

Taxis - La tarifa dentro de la ciudad de Nueva York, inclusive el Aeropuerto Kennedy, es la cantidad indicada en el taxímetro, más los cargos de peaje. Hay una tarifa suplementaria de cincuenta centavos (50 c.) por viaje entre las 8:00 a.m. y las 6:00 a.m. y el domingo durante todo el día. Las tarifas entre las terminales en Kennedy van de unos $2,00 a $4,00. La tarifa al Aeropuerto La Guardia es de unos $13,00 y al centro de Manhattan de unos $22,00 más los cargos de peaje. Al Aeropuerto de Newark International es la cantidad indicada en el taxímetro más $10,00 y los cargos de peaje. A Westchester y a Nassau la tarifa es el doble de la cantidad marcada en el taxímetro, más los cargos de peaje. El costo del transporte a cualquier lugar no medido por taxímetro deberá ser convenido antes de iniciar el viaje. *La cantidad de la tarifa comprende a todos los pasajeros.* Use únicamente los taxis 'amarillos' (Yellow) con licencia, estacionados en lugares autorizados para taxis. Para obtener asistencia, vea al despachador de taxis o a un agente de policía de la Port Authority. Los despachadores ofrecen hojas sueltas en diferentes lenguajes a los pasajeros, en los cuales aparece el número de identificación del taxi. *Los pasajeros deben retener esta hoja suelta y no entregársela a los chóferes, porque puede ser utilizada para identificar el taxi si tiene cualquier problema.* Si usted tiene alguna dificultad anote el número de identificación y llame a la New York City Taxi and Limousine Commission al (212) 382-9301. Para localizar objetos perdidos en los taxis, llame al (212) 869-4513.

Servicios para pasajeros - En el vestíbulo de cada terminal hay mostradores para el alquiler de automóviles de Avis, Budget, Dollar, Hertz y National. En todas las terminales de vuelos internacionales hay también servicios de teléfonos, cambio de moneda, reservaciones de hotel, restaurantes, bares y tiendas donde se venden artículos exentos de derechos de aduanas.

(*Welcome!,* folleto editado por New York-New Jersey
John F. Kennedy International Airport, diciembre de 1983.)

TEXTO ORIGEN 9.4.

A WALK AROUND NORWICH CATHEDRAL

1. Begin your tour at the WEST DOORS. From here the vast length and soaring height of the cathedral may be seen.

2. Above you, in the NAVE VAULT, are the carved and painted roof bosses showing events from the Old and New Testaments.

3. The NAVE is the setting for great services and the normal Sunday Eucharist. There are eight altars in the cathedral, each of them used in turn for Holy Communion throughout the week.

4. The PULPITUM SCREEN divides the building into two parts: the Nave, open to everyone, and the Choir, reserved in earlier days for the Benedictine monks who were responsible for the life and worship of the cathedral.

5. The CHOIR, where the monks gathered seven times a day for worship, is now used twice a day by the clergy, choir and laypeople for Morning and Evening prayer. Everyone is welcome.

6. The building's ground plan is a cross shape. Above are the tower and spire (the second highest in England); and beneath, at the centre, is the LECTERN (in the form of a pelican feeding her young with her own blood - a symbol of Christ) where the Bible is read.

7. Before the High Altar is the TOMB OF THE FOUNDER, Bishop Herbert de Losinga, who began the building in 1096.

8. At the top of steps behind the High Altar is the BISHOP'S THRONE. Two sections of carved stone beneath the wooden seat formed the sides of a throne brought here from earlier sites and are at least 1200 years old.
Now walk back to the Crossing and turn right into the North Transept to begin your visit to the chapels which surround the East End.

9. ST. ANDREW'S CHAPEL has a fine 15th century painted panel behind the altar. Here, where the white lamp burns, the sacramental bread and wine are kept for the Communion of those unable to come to church.

10. Return to the centre stalls and go round the ambulatory to THE RELIQUARY ARCH. Until the Reformation, here were kept the relics of the saints. Nowadays it houses an exhibition of silver from churches around the Diocese, and all entry donations are given to charitable causes.

11. The JESUS CHAPEL is decorated with the kind of wall painting which may once have covered most of the building. The Norman altar is an original.

12. ST. SAVIOUR'S CHAPEL - dedicated to Our Saviour Jesus Christ. A Saxon Church of the same dedication stood here before the cathedral; and then, from the 14th century, until it fell down in the 17th century, the Lady Chapel. The present twentieth century chapel is a memorial to men of the Royal Norfolk Regiment who were killed on active service.

13. On your left is a STONE EFFIGY, older than the Cathedral. It is thought to be that of St. Felix who brought Christianity to East Anglia.

14. ST. LUKE'S CHAPEL. This also serves as the parish church for the people of the Close. The splendid font, carved with the seven Sacraments, came from their church of St. Mary in the Marsh, where it was destroyed in the 16th century. Here also is the greatest artistic treasure of the Cathedral —the altarpiece known as the Despenser Reredos after the Bishop who commissioned it in the 14th century.

15. The next chapel, OUR LADY OF PITY, and named after its donor the monk Bauchon, has a modern statue of St. Mary by John Skelton, a painting by John Opie of Christ's presentation in the Temple and a modern stained glass window showing Benedictine saints. There is a beautiful 15th century reredos by Martin Schwartz of the Adoration of the Wise Men.

16. ST. CATHERINE'S CHAPEL in the South Transept is reserved for quiet prayer. The glass door (1989) is by Peace and Scott.

17. Go out through the Prior's door to the CLOISTERS, the largest in England. The refectory, dormitory, infirmary and guest area lead from the Cloisters, which were the hub of monastic life. Today the library, restaurant, exhibition area and choir rooms are housed above. The central grass garth is sometimes used for celebrations and parties.

18. Outside the south door, to the left, is the GRAVE OF NURSE EDITH CAVELL who was executed by the Germans for helping prisoners of war to escape in the First World War.

(Extraído del folleto *A Walk Around Norwich Cathedral,*
publicado por la catedral de Norwich, Gran Bretaña.
No figuran datos editoriales ni el nombre del autor.)

(729 palabras)

Comentario general

Este texto, de carácter estrictamente informativo, se encuentra en un folleto plegable de cinco páginas distribuido gratuitamente por la catedral de Norwich. Está traducido a diversas lenguas: español, francés, alemán e italiano. Va acompañado de un plano del recinto, de modo que cada apartado del texto corresponde a un lugar concreto en el plano. Al final del folleto figuran otros datos útiles para la visita a la catedral: restaurante (normales hoy en las catedrales británicas pero no en las españolas), tienda de recuerdos, servicios, visitas guiadas, biblioteca catedralicia, exposiciones y horario de oficios religiosos. Como podrá comprobarse, en el TM hay algunas omisiones atribuibles a errores de imprenta, así como detalles de incoherencia tipográfica, por ejemplo la escritura alternada de los puntos cardinales en mayúsculas y minúsculas.

Notas

Begin your tour…: Mientras que la traducción española propone *Empiece su visita…,* la francesa (retraducción: *Tras pasar la puerta oeste, punto de partida de su visita…*) evita sonar demasiado coercitiva y se decanta por la narración, quizás porque resulta más aceptable culturalmente.

soaring height: La traducción propone *la encumbrada altura,* que resulta un tanto redundante. Podría ser simplemente *la altura* o *la envergadura* de la catedral.

bosses: El término técnico es *claves,* mejor que *casetones.*

events: En vez de *eventos,* podría utilizarse *episodios* o *acontecimientos.*

210

Everyone is welcome: Fórmula que se repite a lo largo del folleto y que se traduce por el calco *todo el mundo es bienvenido.* La fórmula es un *falso amigo* desde un punto de vista pragmático en español, aunque se escuche cada vez más (ver 'Procedimientos de traducción', **2.2.**). Una frase más alejada del TO, pero más aceptable pragmáticamente, podría ser *puede asistir todo el que lo desee.*

from earlier sites: Aunque la traducción propone *de yacimientos anteriores,* sería más exacto hablar de *construcciones anteriores.*

fine: *Bellísima* nos parece un término más apropiado que *finísima,* aplicado a una pintura.

the sacramental bread and wine are kept…: Proponemos *aquí se guardan el pan y el vino sacramentales…*

Until the reformation…: La *reforma* se refiere a la instauración de la Iglesia Anglicana en el siglo XVI. Las referencias a dicha transición en la iglesia del Reino Unido pasan la mayoría de las veces inadvertidas para los turistas de otras nacionalidades y, como veremos, a veces provocan interferencias culturales.

all entry donations are given to charitable causes: Significa que el dinero que se obtiene de la venta de entradas a la exposición de objetos de plata se destina a obras de caridad.

The Jesus Chapel: La última frase de este apartado del TO ha desaparecido en el TM, y se ha sustituido por otra que en realidad aparece en el apartado 15 de dicho TO.

St. Saviour's Chapel: Aunque pueda parecerlo, no hay contradicción entre *Lady Chapel* y *dedicada a la Virgen,* pues en la tendencia del Anglicanismo que se denomina *High Church* se puede hablar de *the Virgin Mary* o de *Our Lady.* Véase, no obstante, la nota dedicada a *a modern statue of St. Mary.*

a memorial to…: En vez de *la capilla recuerda la memoria,* podría ser *la capilla conmemora* o simplemente *en la capilla se recuerda.*

It is thought to be that of St. Felix…: Proponemos: *Posiblemente, se trata de San Félix, que trajo el cristianismo a East Anglia.*

for the people of the Close: En realidad, *the Close* se refiere al recinto compuesto por casas habitadas que rodea la catedral de Norwich. Proponemos seguir la línea de traducción del texto italiano: *sirve de parroquia a los feligreses de las casas próximas a la catedral.*

a modern statue of St. Mary…: En este caso sí podría hablarse de cierta interferencia cultural de carácter religioso. Según el TO, la estatua, por cierto una imagen moderna, es de Santa María y no de *la Virgen María.* Aunque, como se ha dicho antes, una rama del Anglicanismo habla claramente de *la Virgen,* la tendencia evangélica o *Low Church* prefiere hablar de Santa María o de *Mary* a secas. Obsérvese también que la palabra *cloisters* es siempre plural.

exhibition area: Explicitación del traductor, que opta por *cine* en el TM.

211

TEXTO META 9.4.

UN PASEO POR LA CATEDRAL DE NORWICH

1. Empiece su visita en las PUERTAS OESTE. Desde allí podrá admirarse la vasta longitud y la encumbrada altura de la catedral.

2. Mirando hacia arriba, en la BÓVEDA DE LA NAVE, están los casetones tallados y pintados mostrando eventos del Viejo y Nuevo Testamento.

3. La NAVE es el lugar para los grandes actos religiosos y para la Eucaristía dominical.
   Hay ocho altares en la catedral, cada uno de ellos usado por turno para la Sagrada Comunión a lo largo de la semana.

4. El PÚLPITO divide la construcción en dos partes: en los primeros tiempos, la nave estaba abierta a todo el público, mientras que el coro estaba reservado a los monjes benedictinos, que fueron los responsables de la vida y el culto de esta catedral.

5. El CORO, donde los monjes se reunían siete veces al día para rezar, es actualmente utilizado dos veces al día por el clero, la coral y los feligreses para el culto de la mañana y la tarde. Todo el mundo es bienvenido.

6. La planta de la catedral tiene forma de cruz. En el centro se eleva la torre rematada en una aguja (la segunda más alta de Inglaterra). Bajo ésta, se encuentra el ATRIL, donde se coloca la Biblia para ser leída (el atril tiene forma de pelícano que alimenta a su cría con su propia sangre —un símbolo de Cristo—).

7. Delante del Altar Mayor está la TUMBA DEL FUNDADOR, el obispo Herbert de Losinga, el cual comenzó la construcción en 1096.

8. Subiendo los escalones y detrás del Altar Mayor está el TRONO DEL OBISPO. Las dos secciones de piedra labrada en las que se apoya el asiento de madera proceden de yacimientos anteriores y tienen al menos 1.200 años. Ahora retroceda hasta el crucero y gire a la derecha hacia el Ala Norte para empezar su visita a las capillas que rodean el lado este.

9. La CAPILLA DE SAN ANDRÉS tiene una finísima pintura del siglo XV detrás del altar. Aquí, donde luce la lámpara blanca, guardan el pan y el vino sacramentales para la comunión de aquellos que no pueden asistir a la iglesia.

10. Vuelva a los sitiales centrales del coro y vaya por el corredor hacia el ARCO DEL RELICARIO, donde se guardaron las reliquias de los santos hasta la Reforma. Hoy en día, alberga una exposición de objetos de plata de iglesias de esta Diócesis, y todas las donaciones de la entrada son destinadas a obras de caridad.

11. La CAPILLA DE JESÚS está decorada con una serie de murales que probablemente un día cubrieron toda la catedral. Hay un hermoso retablo del siglo XV representando la Adoración de los Reyes Magos, realizado por Martin Schwartz.

12. La CAPILLA DE SAN SALVADOR está dedicada a Jesuscristo Nuestro Salvador, al igual que una antigua iglesia sajona situada en el mismo sitio y anterior a

la catedral. Después, desde el siglo XIV al XVII, cuando se derrumbó, estuvo dedicada a la Virgen. Actualmente, en el siglo XX, la capilla recuerda la memoria de los hombres del Royal Norfolk Regiment que murieron en acto de servicio.

13. A su izquierda encontrará una IMAGEN DE PIEDRA, más antigua que la catedral. Es posiblemente San Félix, quien trajo el cristianismo a East Anglia.

14. La CAPILLA DE SAN LUCAS. Además se utiliza como iglesia parroquial para la gente de la parroquia. La espléndida pila bautismal, en la que están esculpidos los siete sacramentos, proviene de la iglesia de St. Mary in the Marsh cuando ésta fue destruida en el siglo XVI. Aquí se encuentra también el mejor tesoro de la catedral, —el retablo conocido como Retablo Despenser— que tomó como nombre el del obispo que encargó la obra en el siglo XIV.

15. La siguiente capilla, de NUESTRA SEÑORA DE LA PIEDAD, que fue donada a la catedral por el monje Bauchon, tiene una moderna estatua de la Virgen María, esculpida por John Skelton, una pintura de John Opie de la Presentación de Cristo en el Templo y una moderna vidriera mostrando santos Benedictinos.

16. La CAPILLA DE SANTA CATALINA en el ala Sur, está reservada para la oración en silencio. La Puerta de cristal (1989) es de Peace y Scott.

17. Salga por la puerta del Prior al CLAUSTRO, el más grande de Inglaterra. El refectorio, dormitorio, enfermería y hospedería rodean el claustro, el cual era el centro de la vida monástica. Hoy en día, la biblioteca, la cafetería, el cine y las habitaciones de la coral están en la parte de arriba. El césped central del claustro es utilizado a veces para celebraciones y fiestas.

18. Saliendo de la puerta sur, a la izquierda, está la TUMBA DE LA ENFERMERA EDITH CAVELL, que fue ejecutada por los alemanes por ayudar a escapar a los prisioneros en la Primera Guerra Mundial.

(Extraído del folleto *Un paseo por la catedral de Norwich*, publicado por la catedral de Norwich, Gran Bretaña. No figuran datos editoriales ni el nombre del traductor.)

9. Consumer-Orientated Texts (1)

The term *consumer-orientated texts* is taken from Hervey, Higgins and Haywood[81], who consider that they belong to the prescriptive-persuasive genre, since their main purpose is to suggest specific items, attitudes or courses of action. Although there are many types of texts that could be categorised as such, the texts included in these chapters are designed to promote a product in a competitive market. They must, therefore, be orientated towards and designed for the recipient, who is the potential consumer of the product. The category includes advertising and tourist information, as well as instructional material intended to explain how specific products should be used.

Ever-increasing numbers of these texts are being translated and adapted to the cultural environments of specific readerships. Translators are employed by the companies manufacturing the product or providing the service, or work for them under contract, so in most cases the company is the sender both of the source and the target texts. This ensures that the process by which the translation is commissioned becomes part and parcel of the intended *skopos*. Apart from its rôle as the language of commercial powers, such as the United States or the United Kingdom, English also acts as a *lingua franca* in situations where the source language is not widely used (e.g. Swedish, Dutch or Japanese). Commercial idiolects have thus been created for specific fields or products, such as Japanese-manufactured electrical appliances, for instance. Another recent phenomenon which demonstrates the growing importance of English as a commercial language - as well as underlying cultural imperialism - is the decision not to translate some press or television advertisements. In these cases the source language confers a sense of the exotic on the product, this being a very effective way of promoting it.

The texts translated from Spanish into English tend to reflect the products and services which Spain sells in world markets - tourism, agricultural or industrial products, for example. Translations of source texts are generally done in the country where the latter originated: this often overlooked factor is, nevertheless, a decisive one, and accounts for the fact that these translations frequently fail to reach even the least demanding standards in terms of comprehensibility and accuracy.

The translation of these texts is a challenge for the translator, given the creativity and dynamism inherent in them. They are, above all, texts which use elements

---

[81] S. Hervey, I. Higgins and L. M. Haywood, *Thinking Spanish Translation,* p. 163

that are often subliminal in nature to influence the behaviour of recipients. These subliminal elements are difficult to transfer into the target culture. The texts have been placed in two consecutive chapters because of their length and variety.

SOURCE TEXT 9.5.

LA CASA DE JUNTAS DE GERNIKA

NORMAS DE VISITA

Está usted visitando un lugar público que, al mismo tiempo, es sede de una institución política. Rogamos, por lo tanto, el máximo respeto tanto al itinerario fijado como a los objetos expuestos.

Para cualquier aclaración o información suplementaria, la Casa de Juntas dispone de un servicio gratuito de asistencia al visitante.

LA CASA DE JUNTAS DE GERNIKA: ¿QUE SIGNIFICA?

Gernika fue el lugar de reunión de los pueblos de Bizkaia. Antiguamente, cada ante-iglesia enviaba a su representante a debatir los problemas comunes del Señorío. Estas asambleas se celebraban inicialmente junto al Árbol de Gernika y se llamaban Juntas Generales de Bizkaia. Perduraron hasta 1876, momento en que son abolidas las leyes que regían la vida de Bizkaia, es decir, los FUEROS.

Tras 102 años de suspensión, las Juntas son recuperadas en 1979. Comienza así la segunda etapa en la vida de esta institución foral.

(From: Juntas Generales de Bizkaia, *La Casa de Juntas de Gernika*.)

(146 words)

General Comments

This extract is taken from a guide for visitors to the *Casa de Juntas* in Gernika. The guide, which is available in several languages including Spanish and English (each of which contains a translation of the text in Basque) describes not only the principal features of the building itself, but also seeks to make the visitor aware of the site's historical, political, cultural and religious significance. (The buildings only date back to the nineteenth century, and even the oak tree of Gernika was only planted on this site in 1860. The trunk of its illustrious 300 year old predecessor is on display nearby.)

One feature of the text is the use of Basque spellings for toponyms (*Gernika, Bizkaia*), rather than the Castilian versions (*Guernica, Vizcaya*). This illustrates the increasing significance of the rôle played by Spain's regions in national life, especially since the transition to democracy in the late 1970s and early 1980s. There is a growing trend amongst Spanish authors and editors to adopt the spelling norms of regional languages where appropriate[82], although this text goes much further in this respect reflecting, perhaps, the fact that it originated in the Basque Country.

One of the problems faced by the author must, no doubt, have been that of visitors' levels of cultural awareness. A Spanish visitor might be expected to be more knowledgeable about Basque history and institutions than one from overseas, so the translator had to judge the extent to which non-Spanish speakers would need additional explanatory material on words such as *fueros*.

The lexis is, on the whole, non-specialised, although a few words have specific meanings in the context in which they are used. Sentences are short, and simple in structure.

Notes

La Casa de Juntas: This is not an easy term to translate, given that *Juntas* is a very specific reference to the *Juntas Generales de Bizkaia* (provincial assembly), which used to meet in this building. *Parliament Building* would be inappropriate, since this term is now used for the regional assembly which sits in Vitoria-Gasteiz. The best solution is to leave it in Spanish, as in the TT.

Normas de visita: Another translation problem. A literal translation of *normas* (rules, regulations) would sound rather overbearing. To avoid irritating readers, the translator has adopted a more neutral form of words (*Visiting the Casa de Juntas*). Another possibility would be *Points to remember when visiting the Casa de Juntas*.

sede: *Seat* can be used for political institutions, although it tends to be reserved for universities (*seat of learning*), stately homes and central or regional government (*the seat of government*). The translator's choice (*headquarters*) is used in a more general sense, so it is the best option here.

Rogamos... el máximo respeto...: The problem here is the pair of nouns which follow respeto (*itinerario* and *objetos*). *We request... the greatest respect...* would not be a very convincing translation. *Please show... the greatest respect...* is more idiomatic, but the nouns which follow respeto are a problem, since *show respect for the itinerary* sounds almost nonsensical in English. The translator has solved the problem by adding a verb suitable for each noun, e.g. *keep strictly to the itinerary* and *treat the objects on display with respect*.

---

[82] *El País* has published the guidelines which it has issued to its journalists on this matter. (*See El País: Libro de estilo*, pp. 79-81.)

pueblos: *Towns and villages,* or, more specifically, *villages.* The Spanish noun can encompass both concepts; in this context, it refers to the general rather than the specific one.

Bizkaia: The translator has wisely added *the province of...* Bizkaia (usually seen in its Castilian guise, *Vizcaya,* in English) also has an English equivalent, viz. *Biscay,* although its use tends to be confined to *The Bay of Biscay.*

anteiglesia: Note the definition given in the *Diccionario de la Lengua Española* of the Real Academia Española: *En el País Vasco, iglesia parroquial, pueblo o distrito municipal. Parish* is adequate enough here, given the non-specialised nature of the text.

enviaba: *Sent* would be acceptable, but the translator's choice of *would send* conveys the force of the imperfect tense rather more effectively.

Juntas Generales: This is best dealt with as in the TT, i.e. with the English translation given as an alternative. Another possibility would be to give an explanation in brackets.

momento en que...: *When,* as in the TT, or *the year in which. The moment at which* would be incorrect.

son abolidas: The *historic present* is used less frequently in English, and tends to be found mainly in popular speech, so the translator has used a suitable past tense.

las leyes que regían la vida de Bizkaia...: This is the subject of *son abolidas,* but the verb must be placed at the end of the sentence in English.

Fueros: *Laws* by itself does not give enough background information to an English reader. Although the solution adopted in the TT involves adding explanations which were not present in the original, it is more informative. The problem could also be overcome by adding a translator's footnote.

Tras 102 años de suspensión...: The sentence needs to be a little more emphatic in English. *After having been in a state of suspension for 102 years the Juntas* would be another way of translating the sentence.

Comienza así...: *So began...* would be a suitably idiomatic translation. The TT offers another solution to the problem.

foral: This has been omitted in the TT. *Regional* is probably the nearest single word translation, but it has the disadvantage of failing to convey the strong link between the *Fueros* and Basque national identity. Although it entails adaptation rather than translation, the insertion of the word *Basque* might help readers to grasp the significance of the phrase.

TARGET TEXT 9.5.

THE CASA DE JUNTAS AT GERNIKA

VISITING THE CASA DE JUNTAS

This is both a public building and the headquarters of a political institution. We would ask you, therefore, to keep to the itinerary prepared for you and to respect the objects on display.

The Casa de Juntas provides a free information and assistance service which will supply the visitor with any further details or help he or she might require.

WHY IS THE CASA DE JUNTAS AT GERNIKA SO IMPORTANT?

Gernika was the meeting-place of the towns and villages of the province of Bizkaia (Biscay). Formerly, every parish in the province would send a representative to try to find solutions, through orderly debate, to the problems affecting the region as a whole. These sessions were originally held around the Tree of Gernika and were known as the Juntas Generales, or General Assembly, of Bizkaia. The Juntas lasted until 1876, when the FUEROS, the popular name given to the laws which governed life in Bizkaia, were abolished.

In 1979, after 102 years in limbo, the Juntas were restored and a new, and as yet unfinished, phase in the story of the institution began.

(From: Juntas Generales de Bizkaia, *The Casa de Juntas at Gernika*.)

SOURCE TEXT 9.6.

HOTEL PLAZA DE ARMAS

El nuevo Hotel Plaza de Armas ✶✶✶ se encuentra ubicado en el centro de la ciudad y forma, junto a la antigua Estación de Córdoba y la nueva Terminal de Autobuses, un conjunto arquitectónico que aporta a Sevilla un urbanismo de vanguardia.

El confort y la funcionalidad caracterizan sus 262 habitaciones, equipadas con teléfono directo, T.V. en color y mando a distancia, antena parabólica, mini-bar, aire acondicionado, etcétera.

> Nuestro restaurante, especializado en cocina internacional, le ofrece el mejor servicio y calidad para sus almuerzos de trabajo, convenciones y banquetes.
>
> Los salones de reuniones, en diferentes dimensiones y capacidades, completan unas instalaciones en primera línea de la hostelería internacional.
>
> (NH Hoteles, Hotel Plaza de Armas, Sevilla.)

(106 words)

General Comments

This text is from a leaflet advertising a new hotel in Seville. The leaflet is profusely illustrated with photographs of the hotel, and each section of the ST is accompanied by a translation into English. The services and facilities mentioned (*almuerzos de trabajo, instalaciones en primera línea de la hostelería internacional, salones de reuniones*) indicate that the hotel is clearly targeting the international business market. The translator therefore has relatively few cultural problems to be concerned with, since readers are likely to come from a similar background, regardless of their nationality. The text is descriptive, and the sentence structure straightforward. Nevertheless, it does pose a number of problems for the translator.

Notes

en el centro de la ciudad…: City centre is neater than the wording in the TT. Note that Americans prefer a different spelling (*center*).

y forma, junto a la antigua Estación de Córdoba y la nueva Terminal de Autobuses, un conjunto arquitectónico…: A change in word order is helpful here: *…and, together with…it forms…. Estación de Córdoba* is probably best left as it is. *Un conjunto arquitectónico* can sound a trifle pretentious when translated literally into English: *group of buildings* may be more prosaic, but is more meaningful.

que aporta a Sevilla un urbanismo de vanguardia: The rendering in the TT does not present a clear picture to the reader. The addition of some explanatory material would be helpful, e.g. *…has provided Seville with an example of modern / avant garde urban redevelopment.*

funcionalidad: Functionality is a neologism; the adjective *functional* exists, but can have negative connotations (*It's functional rather than beautiful*). *Convenience* is probably the best choice here.

equipadas con…: Fitted with, provided with or *equipped with* are all possible, as is *262 well-appointed rooms, each with….*

cocina internacional: *Cooking* would not be appropriate, since it does not imply sophistication or subtlety. The translator's choice (*cuisine*) is appropriate here.

convenciones: US: *conventions,* UK: *conferences.*

capacidades: This needs to be expanded slightly in English: *and with various seating capacities.*

en primera línea: *First rate/first class hotel facilities to an international standard.*

TARGET TEXT 9.6.

HOTEL PLAZA DE ARMAS

The new Hotel Plaza de Armas ✸✸✸ is located in the center of the city, and its combination with the old Córdoba Station and the new Bus Terminal makes for an architectural ensemble that lends Seville an avant garde touch.

Comfort and functionality are the key words to describe its 262 rooms, which come equipped with direct outside telephone lines, color TV with remote control, a satellite dish, mini-bar, air conditioning, etcétera.

Our restaurant, specializing in international cuisine, offers you the best service and quality for business lunches, conventions and banquets.

Meeting rooms, in different sizes and capacities, give the finishing touch to these first-rate international facilities.

(From: NH Hoteles, *Hotel Plaza de Armas, Sevilla.*)

SOURCE TEXT 9.7.

RURAL-ANDALUS

RURAL-ANDALUS cuenta con casi un centenar de casas rurales, seleccionadas en toda Andalucía, y que en su estructura y decoración guardan la tradición y autenticidad de la zona donde se encuentran ubicadas.

Rural-Andalus, agencia de Turismo Rural, tiene en su objetivo principal dar a conocer Andalucía en toda su riqueza y variedad, como provincia que cuenta con costa y con un interior lleno de valores: pueblos, aldeas, parques naturales, etcétera.

El viajero que llega a una de nuestras casas puede estar seguro de que da un paso hacia la tranquilidad, la buena gastronomía, la cordialidad de la gente, sus costumbres, y en definitiva, hacia los valores que han hecho desde siempre característicos nuestros pueblos andaluces.

Si gustas de la tranquilidad y hospitalidad de los pueblos o de la aventura de paisajes emblemáticos, sé uno de nuestros viajeros. Contacta con Rural-Andalus.

(From: Rural-Andalus, Alojamientos Rurales '95-'96)

(136 words)

General Comments

This text is taken from an advertising leaflet promoting a travel agency specialising in *rural tourism,* a concept which is relatively new to Spain. The leaflet therefore has two purposes: to introduce visitors to the concept of *rural tourism,* and to *sell* the Andalusian countryside as a holiday destination. It also contains practical information in the form of a list of *casas rurales,* together with details of their facilities and charges. The ST has been translated into two languages: English and French.

Part of the purpose of the text is, then, to stress key features of rural tourism (*tranquilidad, hospitalidad*) and introduce potential costumers to the concept of the tourist taking an active, rather than a passive rôle by meeting people in the villages and sharing experiences with them. To this end, certain words (*valores, pueblos, tranquilidad,* etcétera) are repeated, and the final two paragraphs encourage the reader to imagine him/herself as one of the agency's clients exploring the Andalusian countryside.

The straightforward lexis and sentence structure reinforce the idea that the text is making a direct appeal to readers, rather than resorting to the plays on words and catch phrases that are associated with advertising campaigns promoting consumer durables or luxury products. It is interesting to note that in the final sentence there is a shift to the tú form (*sé, contacta*): the final appeal to the reader is couched very much in terms of a personal invitation, creating an image of warm hospitality rather than the impression of a *hard sell.*

Notes

casas rurales: *Rural houses* would be unhelpful as a translation. The translator's choice (*farmhouses*) is acceptable, but it does not embrace the full range of accommodation that *casas rurales* denotes. *Farmhouses and cottages* or *country cottages* would be better, since they place the term in the equivalent cultural context, and cover a wider range of meanings, even though they are not exact translations. Note the typographical error in the TT, i.e. the omission of the word *chosen.*

que en su estructura y decoración…: The word order in English needs to be altered, i.e. as if the ST would read thus: *que guardan la tradición y autenticidad de la zona donde se encuentran ubicadas en su estructura y decoración. Autenticidad* is a problem. The rendering in the TT (*authenticity*) is not an appropriate choice. A translation such as *…which respect the traditions and authentic style* would convey the meaning of the original far more effectively.

la zona donde se encuentran ubicadas…: This can be simplified to *their* [surrounding] *area.*

agencia de Turismo Rural: Travel agency is adequate enough as a translation, since the rest of the sentence explains what it does. However, if it is felt necessary to keep closely to the original, the phrase will have to be expanded slightly, e.g. *a travel agency specialising in rural tourism.*

dar a conocer Andalucía en toda su riqueza y variedad, como provincia que…: Some paraphrasing would be helpful here. Dar a conocer can be rendered as *to present,* but this sounds rather impersonal, and is not really in keeping with the style of the text. *Help visitors to get to know* or *Introduce visitors to* would be better choices. The whole phrase could be rendered as *introduce visitors to all the richness and variety of Andalusia, a region…*

provincia: Province in English, but some care is needed. The modern meaning of province (*Andalucía consta de ocho provincias*) may create some confusion. *Region* might be more advisable here.

un interior…: Interior is too technical in this context. *Inland areas* would be a better choice.

lleno de valores: A literal translation would be meaningless. *Values* has moral, scientific and financial overtones, whereas *valores* is a clear reference to less quantifiable attributes, i.e. Andalusia's vernacular architecture and countryside. A free translation along the lines of *…a region which has a priceless heritage in its coast and inland areas…* is called for here.

parques naturales: These are not *national parks,* as stated in the TT: *Nature reserves* would be closer in meaning.

viajero: Traveller, visitor or even *guest.* The latter two would, perhaps, be more suitable since they imply an element of choice or invitation. *Traveller* can suggest the idea of an explorer, but it can also be used for somebody making a journey through necessity rather than for pleasure. It is worth making the noun plural in English, thereby avoiding the problem of choosing an appropriate singular pronoun (he or she?), or giving both alternatives (he/she; (s)he) in order to avoid accusations of sexism. *They* is much neater, and sufficiently sexless to give offence to no one.

da un paso hacia…: Taking a step towards would remain close to the ST, but this idiom does not sit easily with the ideas that follow. *Can be certain of finding tranquillity/can be sure they will find tranquillity* would be one way of dealing with the problem, but the sentence still sounds rather clumsy if every word is translated. Simplification pays dividends: *Our guests are certain to find...* conveys all the meaning in a mere six words in English.

la cordialidad de la gente: The difficulty here is to find a suitable translation for gente. *Cordiality of the people/villagers* is far too stiff and formal for this text. The best solution might be to dispense with gente and put the idea across with a phrase such as *a warm welcome.*

sus costumbres: Another awkward problem. *Habits* will not do, since it implies an idiosyncrasy; in other words, it is an individual rather than a general trait. There is an implied reference here to costumbrismo, so the idea can be expanded a little to make its meaning clear in English: *local / village customs / traditions* would give the reader the necessary clues.

característicos: Some paraphrasing is necessary to make the English version sound plausible, e.g. *...which have always made our Andalusian villages so special.*

Si gustas de...: *If you have a taste for...* is just one possibility; others are *If you like..., If you have a liking for..., If you enjoy...* or *If you wish to experience....*

de los pueblos: Remember that the noun *village* can be used adjectivally in English.

emblemáticos: *Emblematic.* However, this sounds a little pretentious in this context. *Distinctive* would, perhaps, be a better choice. The wording does not need to adhere closely to that of the ST, e.g. *...the adventures that our distinctive landscapes can offer.*

sé uno de nuestros viajeros...: *Be my guest* is a colloquial expression used when inviting someone to do something. (e.g. *Can I use your 'phone? Of course you can. Be my guest.*) *Be our guest* or *come and see for yourself* would strike the right note here, suggesting that a personal invitation is being extended.

TARGET TEXT 9.7.

RURAL-ANDALUS

RURAL-ANDALUS has nearly a hundred different farmhouses in Andalucía, which has been with great care so as to preserve the original structure and decoration authenticity typical of each region.

Rural-Andalus is a travel agency whose main aim is to present Andalucía in all its wealth and variety, its coast and interior with its villages, hamlets, national parks and landscape.

The traveller who visits one of our houses will be sure to find tranquillity, excellent cuisine, friendly locals with their customs so typical of our andalucian villages and hamlets.

If you have a taste for tranquillity and the hospitality of our villages or if you have a taste for adventure in our emblematic landscapes, be one of our travellers.

Get in touch with Rural-Andalus.

(From: Rural-Andalus, *Alojamientos Rurales '95-'96.*)

SOURCE TEXT 9.8.

HISTORIA, OCIO Y NATURALEZA

Distribuidos por toda la geografía española, los ochenta y seis establecimientos de Paradores son una alternativa distinta y de calidad para descubrir el patrimonio cultural y natural de España. Situados en edificios históricos, en parques naturales, junto a campos de golf o cercanos al mar, alojarse en ellos nos permite conocer rincones de ensueño, disfrutar de la naturaleza, saborear la gastronomía local o practicar diversos deportes. Todo ello, en unas instalaciones acogedoras y atractivas que invitan al descanso, con habitaciones amplias y confortables. Además, se puede aprovechar el tiempo libre visitando lugares de gran interés cultural y paisajístico en los alrededores de cada parador, con actividades organizadas, como excursiones a caballo, senderismo, rutas en bicicleta, viajes en globo aerostático, descenso de ríos... o practicando la pesca, el golf, el tenis, la vela, etc. La variedad de establecimientos y su distribución geográfica permiten propuestas atractivas en cualquier época del año. Así, durante este invierno, las personas mayores de sesenta años tienen un descuento del 35 % en el precio de la habitación y el desayuno en setenta de los ochenta y seis paradores.

(From: *Ronda Iberia*, febrero de 1995, p. 55.)

(176 words)

General Comments

This is an extract from an advertisement which appeared in an in-flight magazine. The emphasis throughout is on the individuality of each *parador,* the quality of the accommodation, and the variety of cultural and sporting activities available. The advertisement is aimed at travellers with a sense of curiosity, who are eager to explore an area and experience all that it has to offer. Lists of features and activities associated with *paradores* abound; nouns are often coupled with several adjectives, so creating an impression of richness and variety. There are repeated references to concepts such as discovery, heritage, nature and variety (*distribuidos por toda la geografía española / descubrir el patrimonio cultural y natural…/ edificios históricos / parques naturales / disfrutar de la naturaleza / lugares de gran interés cultural y paisajístico / la variedad de establecimientos y su distribución geográfica*): they help to reinforce the key themes that the advertiser wishes the reader to associate with a stay in a parador. The translator's main task is, then, to ensure that these key themes and ideas come through with the same degree of force in the TT, even though this may make some paraphrasing necessary.

The *parador* is such a well-known concept in the Spanish-speaking world that the author of the ST has not judged it necessary to give any further explanation. The English version, on the other hand, is more explicit, rendering *establecimientos* as *hotels*, and adding a reference to *quality hotels* which is not present in the ST.

Notes

Distribuidos por toda la geografía española…: The first two sentences in the text begin with past participles used adjectivally, a syntactical feature which occurs frequently in written Spanish. It can also be found in English, but if it is used too liberally it can make a piece of prose sound laboured and over-embellished. The first sentence certainly becomes far crisper in English if it is arranged in an order similar to that adopted in the TT. The expression *geografía española,* although lexically incorrect, is becoming increasingly fashionable, tending to displace some of the terms which were once popular in this type of text, e.g. *península Ibérica, territorio nacional, todo el país,* etcétera. It reflects, perhaps, an increasing awareness of Spain's regional diversity, as well as the political reality of *la España de las autonomías.* A literal translation would be cumbersome and, in any case, some paraphrasing is necessary for English speakers.

son una alternativa distinta y de calidad para descubrir el patrimonio…: The verb *son* certainly needs to be translated by something rather stronger than *to be. Descubrir* cannot be left as an isolated infinitive in English: it needs to be linked to a noun. The translator has inserted *discerning tourists* for this purpose. *Unconventional*, which is proposed as a translation for *distinta,* is inappropriate here. Another way of solving the problem would be *…accommodation which is of a high standard, yet distinctive.*

Situados… alojarse en ellos…: Care is needed here. A change of subject is tolerated in Spanish, but not always in English. (For instance, the sentence *Running round the corner, the church came into view* would be regarded as ridiculous, since it could be assumed that *church* was the subject of both *came into view* and *running.* Nevertheless, utterances such as *Thinking about the Christmas holidays, some very cheap flights are available this year* seldom cause objec-

225

tions to be raised, even though they are just as incorrect as the previous example.) The difficulty can be overcome by linking *situados* to a noun, e.g. *Located in historic buildings, {…} Spain's Paradors enable…*.

parques naturales: Spain's system for classifying and designating areas of outstanding natural beauty is more complex than those adopted in the UK or the USA. At the time of writing there are ten *Parques Nacionales* which are representative of the various ecosystems in the Iberian Peninsula; in addition there are around 500 other *espacios protegidos,* which have been given a variety of designations, such as *parque natural* or *enclave natural.* These come within the ambit of the *Comunidades Autónomas,* whereas the *Parques Nacionales* are largely the responsibility of central government. Given that this text is not intended for specialists, *nature reserves* is perfectly adequate as a translation.

nos permite conocer…: A literal translation would be unsuitable, since the use of the first person plural in a text like this one grates a little in English. As an alternative to the wording adopted in the TT, *you* could be used, as it makes a personal appeal to the reader: *…will give you the chance to discover…*

rincones de ensueño: *Tucked-away* has presumably been included in the TT because it adds emphasis, but it is not entirely necessary. *Corner* is not used so frequently in English as a synonym for *place* as *rincón* might be used instead of *lugar* in Spanish. Something along the lines of *(the sorts of) places you might only have dreamt about* would convey the idea here.

saborear: *Taste* would not do full justice to the concept; the translator has chosen *savour* because it implies sustained enjoyment, and is a better choice here.

practicar diversos deportes…: The obvious choice as a translation for the verb (*practise*) has been rejected here since it would mean *training with a view to improving one's performance.* The use of *diversos* in the phrase adds the notion of variety, so visitors would presumably have the opportunity to attempt new sports. *Play* would not be a good choice because it is used mainly for sports governed by rules (e.g. to play soccer, to play tennis). The later references here include a much wider range of activities such as hillwalking, horse-riding and fishing. The verb to try (i.e. *try [out]* / *try your hand at different sports*) would be a good choice, since it can encompass all the activities mentioned.

Todo ello…: There needs to be a main clause here. The translator has found one solution; another one would be *You can do all of this…*

instalaciones: This can often be translated by *facilities* (e.g. sports facilities / *instalaciones deportivas*). Chambers English Dictionary defines facilities as '*anything specially arranged or constructed to provide recreation, a service, etcétera.* It is therefore too specific for this context, given that the author is now stressing the quality of the accommodation rather than the range of activities on offer. *Surroundings* is less specific, so would be a better choice here.

que invitan al descanso…: A paraphrase is needed to express the idea effectively. Possible alternatives to the one in the TT are *…where you cannot help but relax* or *…where everything is designed to help you relax.*

excursiones: Excursion is not used quite so frequently as its Spanish counterpart, so *outings, trips* or even *days out* would be acceptable choices here. The use of *outings* can sometimes pose problems, given its recent adoption as the term to denote *the practice of forcing lesbian and gay celebrities out of the closet*[83], but in this context any such misinterpretation would seem unlikely. Another possibility would be to use the appropriate nouns, e.g. *horse-riding*, etcétera.

senderismo: The generic terms *hiking* or *walking* would do here, although it is worth noting that this word can be translated by a range of nouns in English, each of which makes subtle distinctions between the strenuousness of the activity, and the area in which it takes place. *Rambling* (UK) implies walking along paths in lowland areas or areas away from high mountains. *Hillwalking* (or *fellwalking* in the Lake District and northern England) means strenuous walking in mountain areas. *Mountain walking* is sometimes used to describe this activity, but the use of this term tends to be confined to specialised publications. *Backpacking* (UK and USA) denotes long-distance walking trips and longer expeditions, usually involving overnight camping.

el precio de la habitación y el desayuno: Bed and breakfast is commonly used in the UK.

TARGET TEXT 9.8.

HISTORY, LEISURE AND NATURE

The eighty-six hotels of the Parador Network, which covers the whole of Spain, offer an unconventional alternative for discerning tourists wishing to discover our country's cultural and natural heritage. Located as they are in historic buildings, inside nature reserves, next to golf courses or on the sea shore, their guests are able to enjoy lovely natural surroundings, savour local cuisine, indulge in various sporting activities and explore the kind of tucked-away corners that dreams are made of. All the Paradors are quality hotels with large, comfortable rooms, and their welcoming installations are designed for visitors in search of a well-earned rest. Guests can spend their free time visiting historic sites and points of natural beauty in the vicinity, or taking part in organised outings on foot or on horseback, bicycle or hot air balloon, or even by boat down a nearby river. Fishing, golf, tennis and sailing are just some of the other available sporting activities. Thanks to the Network's wide variety of establishments and geographical settings, attractive deals are on offer all year round. This winter, for instance, senior citizens over 60 are entitled to a 35% discount on the price of accommodation and breakfast at seventy of the eighty-six Paradors.

(From: *Ronda Iberia*, febrero de 1995, p. 55.)

---

[83] DALY, S., and WICE, N: *Alt.culture: an a-z of the 90s.*

10. Textos orientados al consumo (2)

TEXTO ORIGEN 10.1.

IRISH PORTER CAKE

Our porter cake is a special blend of Guinness Extra Stout, fruits and spices, matured carefully, giving a unique taste.

INGREDIENTS:

SULTANAS (33%), WHEATFLOUR, FRESH EGGS, BROWN SUGAR, CAKE MARGARINE (PALM OIL, CANOLA OIL, HYDROGENATED PALM OIL), BUTTER, FRENCH GLANCE CHERRIES (6%), COLOURANT (3%), ORANGE AND LEMON PEEL (3%), NATURAL LEMON FLAVOUR, GLYCERINE, MIXED SPICE, SALT, GUINNESS EXTRA STOUT, (4.7%) (0.018% ALC. VOL.)

PRODUCT OF IRELAND

NET WEIGHT 400g e 14oz
STORE IN A COOL PLACE

(Extraído del envoltorio en cartón de *Irish Porter Cake,*
producto de repostería fabricado en Irlanda por McCann's, 1996.)

(76 palabras)

Comentario general

El texto aparece en una de las caras del envoltorio del producto, primero en inglés y luego en alemán, italiano, francés, holandés y español, con los ingredientes en mayúsculas. En lugar destacado, se incluye una ilustración en la que figura la tarta y un vaso rebosante de cerveza negra a su lado.

Notas

Irish Porter: La primera dificultad es la traducción del nombre del producto. Aunque se propone *Tarta del mesonero irlandés*, debe tenerse en cuenta que *porter,* en este caso, se refiere a un tipo de cerveza *Guinness* oscura y amarga. Curiosamente, las traducciones en tres de las demás lenguas mantienen la palabra *porter,* y son el italiano (que traduce mucho más exactamente *torta alla birra scura irlandese*) y el español las únicas que intentan buscar equivalentes. En cualquier caso, *mesonero* es una opción inadecuada, derivada del carácter de *falso amigo* de *porter* (ver 'Procedimientos de traducción', **2.2.**), que provoca pérdida de información y que no se justifica por ninguna razón.

cake: Sus equivalencias más cercanas en español son *pastel, masa* o *bizcocho. Tarta* no es el término más cercano y, culturalmente, se aleja mucho más de *cake* que los anteriores.

Extra stout: Todas las traducciones mantienen el término tal cual, lo que no parece extraño si pensamos que es culturalmente específico, referido a la cerveza negra y fuerte.

matured: Maceradas es el término más aproximado.

unique: Recuérdese el uso especial de esta palabra, totalmente distinto del de *only,* y que significa *único* en el sentido de *singular, distinto.*

Sultanas: Ingrediente muy frecuente en la repostería británica. Pasas de Esmirna.

Brown sugar: En el TM se traduce por *azúcar terciado,* término que, según el diccionario de la R.A.E. [84], equivale a *azúcar amarilla o morena*, es decir, *de segunda producción, cuyo color varía de amarillo a pardo según la cantidad de mezcla que quede adherida a los cristales.*

Hydrogenated: Se calca en el TM español, a diferencia de los de las otras lenguas, en los que se traduce. *Hidrogenado* se suele utilizar, aunque no sea un término incluido en el diccionario de la R.A.E.

French glace cherries: El TO especifica el tipo de cereza glaseada (*French*). Con la excepción de la traducción holandesa, ninguna de las otras considera necesario mencionar este detalle.

Natural lemon flavour: La terminología española prefiere *aroma* a *sabor* en este caso.

ALC. VOL.: Estas siglas, situadas al final del TO y referidas al contenido de alcohol del producto, se mantienen así en todos los TM, aunque el francés añade una explicitación: *0,018% ALC. VOL. DU PRODUIT FINI.* En español es necesario, al menos, alterar el orden: *VOL. ALC.*

---

[84] 21.ª ed., 1992, vol. 1, p. 244.

TEXTO META 10.1.

TARTA DEL MESONERO IRLANDÉS

Nuestra tarta del mesonero irlandés es una combinación especial de Guinness Extra Stout, frutas y especias maceradas con amor hasta conseguir un sabor singular.

INGREDIENTES:

PASAS DE ESMIRNA (33%), HARINA DE TRIGO, HUEVOS FRESCOS, AZÚCAR TERCIADO, MARGARINA PARA TARTAS (ACEITE DE CANOLA, ACEITE HYDROGENADO DE PALMA, ACEITE DE PALMA), MANTEQUILLA, CEREZAS GLASEADAS A LA FRANCESA (6%), COLORANTE (E127), CÁSCARA DE NARANJA Y DE LIMÓN (3%), SABOR DE LIMÓN NATURAL, GLICERINA, ESPECIAS VARIAS, SAL, GUINNESS EXTRA STOUT (4,7% VOL.) (0,018%, ALC.VOL.)

PRODUCTO DE IRLANDA

PESO NETO 400 g e
GUÁRDESE EN SITIO FRESCO

(Extraído del envoltorio en cartón de *Irish Porter Cake*, producto de repostería fabricado en Irlanda por McCann's, 1996.)

TEXTO ORIGEN 10.2.

BODYWORK SHAMPOO CONDITIONER

Shampoo conditioner contains a carefully balanced neutral blend of surface active ingredients to lift traffic film without harm to polished paintwork and trim.

Additional complex ingredients are carried by water and 'plate' onto the bodywork surfaces by electro-molecular attraction —forming a glossy water repellent barrier which protects and beautifies.

Shampoo Conditioner is suitable for regular maintenance of all vehicle bodywork —especially highly polished surfaces treated with Autoglym polishes.

INSTRUCTIONS: SHAKE WELL. Add 1 measure to 2 galls/10 litres of clean water.

If possible use a gently running hose —firstly as a jet to rinse away excessive road film —secondly to quickly remove abrasive dust loosened by sponging.

Then sponge one side of the car with Shampoo Conditioner solution, working downwards from roof. Rinse. Complete other half.

Always use a light parallel sponging movement.

Try not to allow shampoo solution to dry before rinsing. Keep sponge clean.

Avoid washing if panels are very hot —in strong sunlight, or in freezing conditions.

A light wipe with a clean chamois leather is all that is needed for a superb final finish.

Always remember to polish your windscreen and clean the wiper blades after shampooing.

Autoglym Glass Polish is ideal for this.

OTHER USES. Shampoo Conditioner is also ideal for caravans, motorcycles, vans, boats.

HEALTH AND SAFETY. Keep out of reach of children. Rinse hands after use. Use polythene gloves if skin is sensitive.

EYE CONTAMINATION. Flush with clean water. If irritation persists, seek medical attention.

ACCIDENTAL SWALLOWING. Seek medical attention.

(Extraído de *Bodywork Shampoo Conditioner,*
folleto de instrucciones publicado por Autoglym, Motorshow Conditioners)

(247 palabras)

Comentario general

El folleto de instrucciones, publicado en Gran Bretaña, incluye traducciones del inglés al español, alemán, italiano, neerlandés y francés, en este orden. El producto está a la venta en toda Europa, y requiere unas instrucciones claras, pues, como hemos visto, se aplica de una manera especial. La traducción al español emplea un procedimiento muy común en este tipo de textos, la explicitación del original provocada por el *escopo,* que en este caso es la comercialización del producto. El traductor ha de alcanzar la mayor claridad posible, aclarando todo lo que en el TO es, a su juicio, demasiado conciso o confuso.

Notas

Bodywork Shampoo Conditioner: La traducción de la denominación comercial del producto constituye tanto un problema semántico como pragmático. Por un lado, *champú* en español suele aplicarse sólo a productos limpiadores del cabello, a diferencia de *shampoo,* que se aplica a sustancias limpiadoras que se frotan y que se utilizan, por ejemplo, en alfombras o, como en este caso, en carrocerías de automóviles. Por otro, la combinación *shampoo conditioner* es un reclamo comercial en inglés, al aplicar a carrocerías de automóviles una denominación propia de productos para el cabello. En español, *limpiador* o *abrillantador de automóviles* serían términos mucho más exactos. De todas formas, la denominación no parece un obstáculo muy importante desde el punto de vista comercial, puesto que los nombres de productos en inglés son hoy en día un reclamo publicitario bastante rentable. Así, la estrategia aplicada consiste en situar en letras grandes el título en inglés, BODYWORK SHAMPOO CONDITIONER, en el envoltorio comercializado en toda Europa, junto al dibujo de un automóvil, e incluyendo *champú acondicionador* en letras pequeñas junto a las demás traducciones del producto.

traffic film: Caso de sobreexplicitación, que da lugar a una frase compuesta de siete palabras (*la película de suciedad dejada por el tráfico callejero*). Una solución alternativa podría ser *suciedad adherida,* sin especificar su origen.

polished paintwork: Queda reducido a *pintura.* Opción también discutible, pero legítima.

beautifies: Se explicita en la traducción española (*atractivo cosmético*). Otra posible opción: *que protege y embellece.*

highly polished: Resulta discutible la elección de la palabra *sumamente* en el TM en vez de otras como *muy.* Tampoco es necesario repetir literalmente *superficies* si se introduce una frase como *especialmente las muy brillantes tratadas con…*

2 galls/10 litres: El TO considera necesario ofrecer la cantidad tanto en litros como en galones, lo que no es pertinente en la traducción española.

If possible, use…: A partir de aquí, el traductor prefiere eliminar el imperativo del TO (*Use… sponge… try not…*) y utilizar el infinitivo que, junto con la pasiva refleja, es la forma más utilizada en español para dar instrucciones. Sin embargo, una de las estrategias publicitarias más conocidas es precisamente la apelación directa al posible usuario del producto. Hervey, Higgins y Haywood[85] indican que en español este tipo de órdenes ha de ser más neutro y más impersonal que en inglés por razones culturales.

as a jet…: *como chorro* podría haberse omitido: *primeramente para quitar…*

to quickly remove: El denominado *split infinitive* inglés es cada vez más utilizado, a pesar de que los puristas de la lengua ponen siempre objeciones a su empleo.

---

[85] *Op. citada,* p. 168.

road film: De nuevo se explicita esta frase inglesa (*la película de suciedad adherida en carretera*).

Rinse: *Aclarar* es otra opción posible.

if panels are…: Es discutible el uso de la palabra *paneles* en vez de *superficies* en este caso, aunque no parece que haya ninguna razón semántica que lo impida. Otro ejemplo de explicitación es la traducción de *strong sunlight,* que tal vez podría haberse traducido simplemente por *sol (o frío) excesivo.*

Always remember…: La frase inglesa altera el orden normal para atraer la atención del lector hacia la palabra *always,* que además aparece en negrita. En el texto español, podría haberse mantenido este orden comenzando la frase *Recuerde siempre…* No es necesaria, a nuestro juicio, la introducción de *de* antes de *abrillantar* y *limpiar.*

Other uses…: Los matices de la palabra *alternativos* no parecen ser los más idóneos en este caso. Proponemos *Otras aplicaciones* u *Otros usos.*

TEXTO META 10.2.

CHAMPÚ ACONDICIONADOR

El champú acondicionador contiene una mezcla neutra cuidadosamente equilibrada de ingredientes activos superficiales para desprender la película de suciedad dejada por el tráfico callejero, sin producir desperfectos en la pintura y tapizados.

Contiene complejos ingredientes adicionales que a través del agua quedan adheridos a la superficie de la carrocería mediante atracción electromolecular, formando una barrera brillante repelente al agua, que brinda protección y atractivo cosmético.

El champú acondicionador resulta apropiado para el mantenimiento regular de todo tipo de carrocerías, especialmente las superficies sumamente abrillantadas tratadas por pulimentos Autoglym.

INSTRUCCIONES: AGITAR BIEN el producto. Añadir una medida a 10 litros de agua limpia.

Si es posible, usar una manguera con flujo de agua suave, primeramente como chorro para quitar la película de suciedad adherida en carretera, y después para eliminar rápidamente el polvo abrasivo desprendido durante el frotado con la esponja. Frotar con la esponja la mitad del coche, comenzando desde el techo hacia abajo. Enjuagar y terminar la otra mitad del coche.

Seguir siempre un frotado paralelo y ligero con la esponja.

Procurar que no se seque la solución de champú antes de su enjuague. Mantener limpia la esponja.

Evitar el lavado si los paneles están muy calientes, si brilla excesivamente la luz del sol o en condiciones de helada. Solamente será necesaria una limpieza ligera con una gamuza limpia para obtener un espléndido acabado final.

Después de lavar el coche con el champú, recordar **siempre** de abrillantar el parabrisas y de limpiar concienzudamente los limpiaparabrisas.

El abrillantador de cristales Autoglym resulta ideal para esta operación.

USOS ALTERNATIVOS. El champú acondicionador resulta también perfecto para remolques, motocicletas, camiones y barcas.

PRECAUCIONES SANITARIAS Y DE SEGURIDAD: Manténgase fuera del alcance de los niños. Lavar las manos después de su uso. Si la piel es sensible, llevar guantes de politeno.

En caso de CONTAMINACIÓN en ojos, enjuagarlos con agua limpia; si persiste la irritación, llamar al médico inmediatamente.

Si se INGIERE ACCIDENTALMENTE, llamar al médico.

(Extraído de *Bodywork Shampoo Conditioner*,
folleto de instrucciones publicado por Autoglym, Motorshow Conditioners.)

TEXTO ORIGEN 10.3.

OBSERVING SUBWAY RULES
MAKES EVERYONE'S RIDE BETTER

Please do not:

* destroy subway property
* litter
* smoke anywhere on transit property
* drink alcoholic beverages
* panhandle or beg
* use amplification devices on platforms
* use more than one seat per person
* block free movement
* lie down
* engage in unauthorized commercial activities
* enter tracks, tunnels and non-public areas
* transport bulky items likely to inconvenience others

* play a radio audible to others
* graffiti
* create an unsanitary condition (spit, urinate)
* engage in an activity that creates a hazard (roller blading, skate boarding)
* carry open beverages onto a subway or bus

Violating these rules can result in arrest and/or a fine up to $100.

(Folleto publicado por MTA New York City Transit , julio de1994.)

(130 palabras)

Comentario general

Este texto está impreso en una hoja alargada que se lee por las dos caras. En el reverso se ha incluido el mismo texto traducido al español, dirigido a la población hispanoparlante de Nueva York. Se encuentra a disposición de los viajeros en las estaciones del metro neoyorquino, y como puede verse, su principal objetivo es definir exactamente las actividades expresamente prohibidas por la autoridad correspondiente en el tren y las estaciones de su recorrido. Aunque algunas pueden parecer demasiado obvias según criterios básicos de cortesía y buena educación, la sociedad estadounidense, como ya hemos visto, se esfuerza continuamente, en su ordenamiento jurídico y en sus normas de comportamiento, por definir, enumerar y explicitar claramente aquellos casos objeto de sanción o delito, como manera de prevenir lagunas jurídicas o normativas que favorezcan al infractor.

Notas

Subway: Recuérdese que esta es la palabra que, por lo general, designa al tren subterráneo en inglés estadounidense, aunque algunas redes recientes (por ejemplo, las de Washington o Atlanta) se han denominado *metro*. En la traducción española se habla de *tren subterráneo*, probablemente porque, entre otras razones, al público receptor del texto no le resultaría familiar un término como *metro*, muy conocido, sin embargo, por los españoles. Recuérdense otros términos utilizados en el mundo hispanohablante, como *subte* en Buenos Aires.

Ride: Es, normalmente, el término utilizado en Estados Unidos para designar un viaje en un medio de transporte terrestre (tren, automóvil, autobús, moto). El término correspondiente en inglés británico es *trip*. Obsérvese la transposición efectuada por el traductor en el título, donde el sustantivo *ride* pasa a ser un verbo, *viajemos*.

Please do not: Mientras que en el texto de partida se enumeran las posibles infracciones o delitos a partir del encabezado general *Please do not:*, en la traduc-

236

ción al español se ha optado por el encabezamiento *Por favor* seguido de la enumeración de actos punibles, precedidos cada vez por *No* + verbo en subjuntivo. Esta opción, que no es la única posible, alarga mucho más el texto en español, que además repite incesantemente la palabra introductoria *No*. En ambos casos, se trata de prohibiciones explícitas, que en estrategias publicitarias recientes se suelen evitar en favor de las implícitas, como por ejemplo *Siéntese sin recostarse en el asiento, Tire la basura en la papelera* o *Mantenga limpio el tren.*

property: Palabra genérica que se refiere al continente y contenido de trenes y estaciones. La opción escogida por el traductor, *instalaciones*, mantiene el mismo carácter genérico, pero carece del valor de posesión denotado por *property.*

transit property: En lugar de mantener la traducción comentada en la nota anterior, *instalaciones*, se opta por introducir una frase larga: *en ningún lugar de la propiedad de la Autoridad de Tránsito.*

panhandle or beg: El primer verbo, sólo utilizado en este sentido en los Estados Unidos, significa *pordiosear* o *pedir dinero*, mientras que el segundo es el más genérico *mendigar.*

use amplification devices…: Prohibición expresa de poner música en las estaciones, sobre todo con aparatos de gran potencia. La única música permitida (como vuelve a señalarse en el texto) es aquella que se escucha por medio de auriculares individuales. La traducción de *platforms* por *plataformas* y no por *andenes* es propia de la variedad de español utilizada en el folleto.

graffiti: Palabra utilizada como verbo, no como sustantivo. Se trata de un uso recientísimo y exclusivamente estadounidense.

create an unsanitary condition…: La traducción del TM, *condiciones antihigiénicas* resulta un eufemismo extraño en español peninsular, aunque sea perfectamente comprensible. Una posible opción sería decir directamente *no orine ni escupa.*

engage in an activity that creates a hazard…: Literalmente, *actividades de riesgo potencial.* Obsérvese el sentido del sustantivo hazard (*risk of loss or harm*)[86]. Curiosamente, las dos que se mencionan las practican tanto los jóvenes neoyorquinos como también, ahora, los españoles. *Skate boarding,* en España, es *patinar en monopatín.*

open beverages: Se refiere a bebidas (café, té, cola), no alcohólicas, que los estadounidenses pueden adquirir y beber en cualquier lugar, y que toman mientras caminan o trabajan (de ahí el adjetivo *open,* que resulta extraño en español). Esta prohibición no se entiende sin tener en cuenta este dato cultural.

MTA New York City Transit: La entidad responsable y firmante del escrito no se traduce en la versión en español. Es una opción aceptable que, sin embargo, no

---

[86] *The New Shorter Oxford Dictionary,* Oxford: Clarendon Press, 1993, vo. 1, p. 1200.

se emplea de forma sistemática, puesto que en el texto se hace antes mención a la *Autoridad de Tránsito*, que es la traducción utilizada por la comunidad hispanohablante de Nueva York.

TEXTO META 10.3.

CUMPLIR CON LAS NORMAS DEL TREN SUBTERRÁNEO HACE QUE TODOS VIAJEMOS MEJOR

POR FAVOR:

* No destruya las instalaciones del tren subterráneo
* No arroje desperdicios
* No fume en ningún lugar de la propiedad de la Autoridad de Tránsito
* No beba alcohol
* No mendigue ni solicite dinero
* No utilice aparatos de amplificación de sonido en las plataformas
* No utilice más de un asiento por persona
* No bloquee la libertad de movimiento de otros
* No se acueste en los asientos
* No realice actividades comerciales no autorizadas
* No baje a las vías, los túneles o las zonas que no son de acceso público
* No transporte artículos de gran tamaño que puedan causar trastornos a otras personas
* No utilice radios a niveles audibles para otros
* No dibuje grafitti
* No cree condiciones antihigiénicas (como orinar o escupir)
* No realice actividades que puedan crear peligro (tales como patinar o utilizar tablas de patinaje o patinetas)
* No traiga bebidas abiertas al tren subterráneo o al autobús.

El incumplimiento de estas normas puede conducir al arresto o a una multa de hasta $100.

(Folleto publicado por MTA New York City Transit, julio 1994.)

10. Consumer-Orientated Texts (2)

SOURCE TEXT 10.4.

DESPLAZARSE POR MADRID
(PLANO DE MADRID)

Autobús.—El horario de autobuses es de 6 de la mañana a 12 de la noche. Durante la noche hay un servicio mínimo que tiene su salida desde Plaza de Cibeles. Desde las 12 de la noche hasta las 2 h., cada 30 minutos. Desde las 2 hasta las 6, cada hora. Teléfono de información: 401 99 00.

Taxi.—Para información del usuario, los taxis llevan en lugar visible la tarifa de precios y los suplementos.
Radio Teléfono Taxi: Teléfono 247 82 00 + Radiotaxi: Teléfono 404 90 00 + Teletaxi: Teléfono 445 90 08.

Automóvil.—Si decide conducir su propio coche, o alquilar uno, debe tener en cuenta la O.R.A.: Es un control de aparcamiento en las zonas céntricas de la ciudad, por el cual hay que abonar una tasa de aparcamiento por cada media hora, con un máximo autorizado de hora y media. Las tarjetas se pueden adquirir en cualquier estanco de la ciudad. Teléfono de información: 447 07 13.

Metro.—El horario, de 6 de la mañana a 1,30 de la noche. Teléfono de información: 435 22 66. Para el turista hay unos billetes valederos para tres o cinco días.

(From: Inprotur, Secretaría General de Turismo,
MTTC, Madrid - *Plano Monumental,* 1986)

(179 words)

General Comments

This extract is taken from the text accompanying a city plan of Madrid which is available through Tourist Information Offices. The text has been translated into French and German as well as English, and provides practical information on what to see and how to get there. The language is therefore straightforward: the vocabulary is clear and accessible, and the sentences are short and simple, with few subordinate clauses. Sub-headings ensure that readers will be able to scan the text quickly and easily in order to find any specific information they require. The task of the translator is to achieve the same degree of clarity, simplicity and economy as the author managed to achieve in the ST.

There are also some cultural issues, but they are not of any great importance *per se*. The translator's main concerns in this regard are to ensure that readers of the TT can extract the relevant information quickly and easily to minimise any possible risk of misinterpretation or confusion.

Notes

El horario de autobuses es...: To achieve a suitably idiomatic form of words, the translator needs to break free from the constraints imposed by a literal rendering: *Services operate between... and...*

de la mañana / de la noche: *A.m.* and *p.m.* can be used, although the 24 hour clock is commonly used in rail, bus and airline timetables in the U.K., at least.

un servicio mínimo que tiene su salida: This can be simplified and made more idiomatic: *a reduced service is provided from...*

Para información del usuario: This has been omitted from the TT. *For passengers' information...* is what would be found in a similar context in English, although it can be argued that it is, in any case, redundant in the ST.

la tarifa de precios: Precios can be rendered by *fares* when reference is being made to the cost of travel.

Radio Teléfono Taxi: A few words of explanation could be added here, since non-Spanish speakers might not realise that this is a list of taxi companies. *Radio controlled taxi services...* followed by the numbers should suffice.

debe tener en cuenta la O.R.A.: This section calls for some adaptation and explicitation on the part of the translator. Even if *O.R.A.* were explained (*Operación de Regulación del Aparcamiento*), a literal translation would perplex readers. Something along the lines of *...you should bear in mind/remember that there are parking restrictions in central Madrid. A 'Pay and Display' system (O.R.A.) is in operation...* would be more informative. It should then be possible to revert to a form of words which is closer to that of the ST.

hay que abonar: The TT is quite accurate here, but slightly unwieldy. *A charge is made for every 30 minutes' parking...* is more concise.

con un máximo de...: There are several possibilities here, e.g. *the maximum being..., up to a (permitted) maximum of...* etcétera.

Las tarjetas se pueden adquirir...: Cards can / may be purchased / bought. *Tarjetas* is translated as *parking tickets* in the English text. The latter is normally a notice of a fine, or a summons to appear in court, which is affixed to the windscreen of an illegally parked vehicle by the police or a traffic warden, so it would not be appropriate here.

Metro: Underground is still the standard term in the U.K.; *subway* is preferred in the U.S.A. Nevertheless, *Metro* is often used with specific reference to the underground systems in cities such as Madrid or Paris, although there is one British city - Newcastle upon Tyne - where the underground service is known as the *Metro.*

1,30 de la noche: A.m. and *p.m.* do not vary in accordance with individual perceptions of *day* and *night.* This has been correctly translated as *1.30 a.m.*

Para el turista: This sentence can be simplified in English: *Three or five day tourist tickets are available.*

TARGET TEXT 10.4.

TRAVELLING AROUND MADRID

Buses.—This service is available from 6 a.m. until 12 o'clock at night.
During the night a minimum service is maintained. The corresponding lines start from Cibeles Square.
From 12 o'clock at night until 2, every 30 minutes. From 2 a.m. until 6 a.m., every hour. For further information call: 401 99 00.

Taxi service.—A price list including supplementary charges is displayed in every taxi-cab.
Hiring a cab by phone: Radio Teléfono Taxi: Tel. 247 82 00 • Radiotaxi: Tel. 404 90 00 • Teletaxi: Tel. 445 90 08.

Hiring a car or using your own.—If you want to use your own car or a hired one, remember the parking restrictions in Madrid. Parking is controlled in the centre area of the city by a system called 'O.R.A.', which requires the user to pay a parking fee for every half hour of parking time, the maximum allowed being an hour and a half. The corresponding parking tickets are sold at the tobacconists'.
For further information, call 447 07 13.

Using the Underground or Metro.—It runs from 6 a.m. until 1.30 a.m. For further information, call 435 22 66.
There are special tickets valid for either three or five days.

(From: Inprotur, Secretaría General de Turismo,
MTTC, *Madrid - Plano Monumental,* 1986)

SOURCE TEXT 10.5.

COMPRAS TAX-FREE EN ESPAÑA

Según la legislación española: Usted tiene derecho a la devolución del IVA al residir fuera de la Unión Europea.

Sus compras en una tienda deben superar 15.000 pesetas (aprox. USD 100) por artículo.

Debe exportar los artículos comprados en un plazo de tres meses a partir de la fecha de compra.

El Impuesto sobre el Valor Añadido (IVA) en España representa el 16% y está incluido en el precio de venta. La cantidad real del Impuesto al Valor Añadido es el 13,8% que le será reembolsado después de deducir nuestra comisión sobre servicio.

(From: Europe Tax-free Shopping Spain, S.A, *Go Shopping in Spain!*)

(93 words)

General Comments

This text was taken from a brochure available from Tourist Information Offices, and explains the procedure for obtaining a Value Added Tax (V.A.T.) refund. It is aimed, therefore, at residents of non-E.U. countries, who may not be familiar with European taxation law. The text has been translated into English and Japanese. It seeks to explain as simply and briefly as possible the rules and the method of calculating the amount due. Technical and legal language have been avoided, and the sentence structure has been kept simple to avoid any misunderstandings. In translations of texts like this one, it would probably be advisable to avoid the use of acronyms such as E.U. and V.A.T., and to give the term in full, since the document is aimed at non-European speakers of English who might not be *au fait* with such terminology.

Notes

Según: *Under* is used when referring to legislation, rules etc., so this could be rendered as *Under Spanish legislation, ...* This would also be closer to the original.

Usted... al residir fuera...: In formal registers, English traditionally prefers indirect statements, e.g. *...visitors / those who are resident outside the European Union are...* However, there is a growing tendency to make official documents more accessible by simplifying the language used in them. One obvious way to do so is to replace impersonal, indirect constructions with personal, direct ones.

If such a style is preferred, the sentence could be rewritten: ...*if you are resident outside the European Union, you...* In both cases, al residir is problematic, and will have to be rendered by a paraphrase.

tiene derecho a...: *Are entitled to:* the wording of the TT is excessively complex. In this case a more literal rendering would be both simpler and more idiomatic.

Sus compras en una tienda deben superar...: Note that *en una tienda* has not been translated. Its omission could misinform users of the TT.

en un plazo de tres meses a partir de la fecha de compra...: The wording of the TT is confusing here, given the juxtaposition of *within* and *after*. A more satisfactory translation would be: ...*Within a period of three months following the date of purchase*, if a more formal, legalistic style is preferred. A more informal rendering would be ...*within three months of the date of purchase.*

El Impuesto sobre el Valor Añadido (IVA): The acronym IVA is not immediately obvious to non-Spanish speakers, so it is helpful to retain it in the TT. *Value Added Tax (V.A.T.; IVA in Spanish).*

representa el 16% y está incluido en el precio de venta...: The best way of dealing with this is to follow the wording of the ST: ...*is 16%, and is included in the purchase / retail price.*

La cantidad real del Impuesto al Valor Añadido es el 13,8%...: This is not an easy concept to explain, especially to those whose ability in arithmetic leaves something to be desired. A translation such as 'the actual amount of Value Added Tax represents 13.8% of the retail price paid by the customer / paid by you / that you pay' would be helpful.

que le será reembolsado después de deducir nuestra comisión sobre servicio: There are several possibilities here, e.g. ...*which will be reimbursed after deduction of our commission / service charge / administrative fee.*

TARGET TEXT 10.5.

TAX-FREE SHOPPING IN SPAIN

The Spanish rules for allowing refund of VAT (IVA) to foreign visitors, who are residents outside the EU are the following:

Your purchases must exceed 15.000 pesetas (approx. USD 100) per item.

You must export the goods and have customs stamp the Tax-free Shopping Cheque within three months after the purchase date.

Goods sold in Spain include 16% VAT (IVA) in the selling price. Deducting VAT from the sales amount gives you a saving of 13.8% which will be refunded less an administrative charge.

(From: Europe Tax-free Shopping Spain, S.A., *Go Shopping in Spain!*)

SOURCE TEXT 10.6.

EN CASO DE ACCIDENTE

El Servicio de Pistas está preparado y entrenado para solventar la eventualidad de un accidente. Usted puede cooperar de la siguiente forma:

1. No mueva al accidentado; permita que por sus propios medios y con su ayuda, logre una postura cómoda; asimismo no intente quitarle el calzado.

2. Coloque los esquís del accidentado unos metros por encima del individuo en forma de aspa (X).

3. Informe a algún socorrista, encargado de remonte o profesor de esquí. Puede también avisar a través de los postes de socorro de pistas señalizados en amarillo y negro. Finalmente, puede dirigirse a la Torre de Control, situada en Borreguiles junto al Burguer Alpino, o las oficinas centrales de Cetursa en la Plaza de Andalucía. RECUERDE que la mejor ayuda que puede prestar a un accidentado es la rápida y exacta información de lo sucedido.

(From *Sierra Nevada. Estación de Esquí y Montaña,*
brochure published by CETURSA, Granada.)

(136 words)

General Comments

This is taken from a course map of the winter sports resorts in Sierra Nevada. On the back of the map is a guide to the resorts, along with information on safety in both Spanish and English. This extract comes from this section.

The ST has obviously been written by winter sports experts, and is aimed specifically at skiers. Its purpose is to provide the reader with clear, unambiguous instructions about what to do in an emergency, so the choices made by the author with regard to style, content, lexis, etcétera, were all subordinated to this purpose. As might be expected, there is some specific terminology (*el Servicio de Pistas, el encargado de remonte*), but none of it could be described as specialised. Sentence structure is simple, enabling the text to be easily read and understood, the abundant use of the imperative ensuring that the instructions are crisp, concise and crystal clear.

Notes

En caso de accidente: *In an emergency* or - possibly - *In the event of an accident.* *What to do in an emergency* is often used as a heading in this type of publication. *In case of accident* does not ring true because it is simply not idiomatic.

preparado: The distinction between *preparado* and *entrenado* is a fine one. *Ready and trained* would be a possible translation, but the translator obviously took the view that one of the adjectives was redundant and omitted it - this was probably a wise decision.

solventar la eventualidad de un accidente: As can be seen from the TT, this over-elaborate phrase can be simplified: *assist in an emergency* or *deal with accidents* would both be acceptable here.

Usted puede cooperar de la siguiente forma: There is no need for a wordy translation here; indeed, there is a virtue in simplifying the TT. *This is what you should do, This is how you can help* or even *To help* would all do.

No mueva: Again, the English translation can be simplified to make it easier to read: *Do not move* is close to the ST, and also considerably simpler than the wording in the TT.

accidentado: In books on first aid *casualty* is often used, and would fit in quite well here.

permita que...: Another possibility would be *help him / her to...* Note that it is becoming the norm to avoid sexist language by giving both masculine and feminine pronouns. Another way of doing this is to use the plural, although problems can arise when the references in the text are clearly to be applied to one person, rather than several. The ST seems to be contradictory here; presumably the intention is to warn against moving the casualty unless it is absolutely necessary. The TT contains an instruction not present in the ST, viz. *...or be carefully assisted by another person until help arrives.* This is not idiomatic English.

el calzado: Literally *footwear*, but *boots* is more appropriate here, given that it is a specific reference to ski boots.

por encima del individuo: *Above the accident victim / casualty* or simply *uphill*, as in the TT. (Note that uphill / downhill can indicate motion [*They were walking uphill*] or, as in this case, position [cf. upstream / downstream].)

Coloque los esquís... en forma de aspa...: *Place the skis... so that they form an X... / a cross... Figure* is superfluous in the TT.

Informe: *Alert* would be a better translation in this context, since it conveys a greater sense of urgency.

socorrista: Here, *Ski Patrol member*, but note that the appropriateness of the translation is determined by the context: *first aider, mountain rescue team member* or *lifeguard* could all be appropriate translations in different circumstances.

postes de socorro: *SOS posts / Emergency posts* instead of *...points.*

Burguer Alpino: Note that the spelling differs in the two texts. The English text also states the obvious by adding *Restaurant*. The discrepancy in the two addresses given is even more puzzling.

la mejor ayuda que puede prestar: As an alternative to the translation in the English version: *The best help you can give...* could be used.

...la rápida y exacta información de lo sucedido: Once again, the English translationin the leaflet is rather more specific; information on the casualty's location would be of crucial importance, so the translator presumably felt justified in drafting a wordier and more explicit version in English. A slightly more idiomatic rendering would be *to give full details of what has happened and the casualty's location.*

TARGET TEXT 10.6.

IN CASE OF ACCIDENT

The Ski Patrol has been trained to assist in case of emergency. You may help our personnel by following these rules:

1. The injured person should not be moved. However, he may be allowed to make himself comfortable, or be carefully assisted by another person until help arrives. Do not attempt to remove the skier's boots.

2. Place the injured person's skis a few meters uphill in a cross figure (X) to warn other skiers.

3. Inform the Ski Patrol, a ski lift operator, or ski instructor of the accident. Help may also be obtained using the S.O.S. yellow and black points on slopes and at the Control Tower, located in the Borreguiles area next to the 'Burger Alpino' Restaurant, or at the main office of Cetursa in the Plaza de Pradollano.

REMEMBER, the best way to help an injured person is to act quickly and to give an exact account of the accident and its whereabouts.

(From *Sierra Nevada. Estación de Esquí y Montaña*,
brochure published by CETURSA, Granada.)

---

11. Textos científicos y tecnológicos

El lenguaje científico y tecnológico se caracteriza por su elevada especialización en campos concretos de la ciencia o la tecnología, lo que se evidencia en el manejo de conceptos y léxicos especiales procedentes de dichas áreas. La constante renovación de estos léxicos, y la aparición de los característicos neologismos y tecnicismos (muchas veces simples calcos o préstamos introducidos a través de traducciones) se explican por la evolución de la ciencia o la tecnología, que provoca la aparición o modificación de conceptos y, por ende, de los términos necesarios para definirlos [87].

El lector de este tipo de textos suele estar familiarizado con los campos concretos que en ellos se reflejan. A excepción de aquéllos expresamente destinados a la divulgación científica o tecnológica, en cuyo caso el emisor se cuidará de facilitar la comprensión textual por diversos medios, el lector de este tipo de textos es casi siempre un lector especialista. Este aspecto es especialmente importante en el caso de la traducción, pues el traductor, como agente mediador, debe estar familiarizado con el área en cuestión, lo que a veces no resulta tan fácil. La documentación es absolutamente esencial, y a menudo se requiere la intervención del propio autor del texto, o de especialistas de su misma área, para poder garantizar la plena comprensión tanto del TO como del TM resultante.

En el caso español, la traducción de este tipo de textos al inglés responde ante todo a la necesidad de participar en el debate científico o tecnológico internacional, que se efectúa, prácticamente en su totalidad, en dicha lengua. Como en ocasiones anteriores, el proceso de traducción suele tener lugar en un entorno cercano al del autor del texto, que una vez traducido es remitido al organismo encargado de su difusión. Los problemas principales derivados de la traducción suelen estar relacionados con las supuestas diferencias estilísticas [88] entre el lenguaje tecnológico y científico español y el inglés, cada vez más desdibujadas por la influencia constante de esta última lengua sobre el español.

---

[87] Nos parecen especialmente útiles los diccionarios siguientes:

Bilingües: BEIGBEDER ATIENZA, F., *Nuevo diccionario politécnico de las lenguas española e inglesa;* COLLOCOTT, M. A. (ed.), *Diccionario científico y tecnológico;* RUIZ TORRES, F., *Diccionario de términos médicos inglés-español, español-inglés;* THOMANN, A. E., ed.: *Elsevier's Dictionary of Technology (Spanish-English, English-Spanish)* (4 volúmenes).

Monolingües: LAPEDES, D. (ed.): *McGraw-Hill Dictionary of Scientific and Technical Terms* (2nd. ed.) ; AGUADO DE CEA, G., *Diccionario comentado de terminología informática.*

[88] Véase U. CONNOR, *Contrastive Rhetoric,* pp. 52-53.

De entre los distintos tipos de traducción de textos tecnológicos, probablemente el más realizado hoy en día es el informático. Se calcula que casi un 90 % del volumen de traducción del inglés al español corresponde a este tipo de textos, en los que se encuentran, a su vez, numerosas variantes y situaciones de traducción. Se produce, además, otro problema adicional, el gran número de empresas dedicadas a la informática radicadas en países donde no se habla inglés, que sin embargo utilizan esta lengua como vehículo de expresión y de descripción de sus productos. Esto acarrea a veces problemas de comprensión que sólo pueden solucionarse por medios indirectos (consulta a profesionales, examen de textos paralelos, estrategias de inferencia o deducción, etcétera), como sucede en el texto 11.3.

Por último, se debe destacar que la *objetividad científica* que se espera de los autores de este tipo de textos se ve a veces alterada por manipulaciones interesadas. El texto científico o tecnológico no se crea en el vacío, sino que se sitúa en una posición ideológica, política o comercial determinada, que obedece a fines concretos y que puede dar origen a intervenciones del traductor similares a las que se producen en otros tipos de texto.

TEXTO ORIGEN 11.1.

ARE THERE ANY SIDE EFFECTS TO THE TRIPLE VACCINE?

From between one week and ten days after receiving the triple viral vaccine, some children have a fever, develop a rash which looks like measles and lose their appetite for two or three days. Very rarely a child will contract a slightly severe form of the mumps roughly three weeks after the injection. The children are not, in this case, contagious and may mix with other people in the normal way.

Occasionally children do react adversely to the triple viral vaccine. Approximately one child in a thousand will suffer from a convulsion (a fever attack) as a reaction to the vaccine. A child who is in fact suffering from measles is **ten times** more likely to suffer from a fever attack caused by the disease.

The risk of developing encephalitis after the inoculation is approximately one child per million, which is lower than the risk of developing encephalitis (inflammation of the brain) in the general population without vaccine. The risk of a child developing encephalitis having had measles is approximately one in every 5,000 and a third of those children will be left permanently brain-damaged. A rash of blotches like bruises can occur very rarely after the triple viral and this is in connection with the part of the vaccine which is for German measles. If you see blotches like these, show them to your doctor.

(Texto extraído de una guía publicada
por *The Health Education Authority,* Reino Unido.)

(236 palabras)

Comentario general

Este texto es parte de una guía o pequeño manual de divulgación sobre la *vacuna triple vírica,* publicada por las autoridades sanitarias británicas. Está dirigida a padres de niños pequeños, por lo que se ha escrito en un lenguaje claro y accesible, y su finalidad es hacerlos conscientes de las ventajas de la vacunación para evitar enfermedades como el sarampión, las paperas y la rubéola (*measles, mumps* y *rubella* en inglés, razón por la cual se denomina *the MMR vaccine*). Se trata, por tanto, de un texto ante todo expositivo y descriptivo, sin demasiados términos científicos. Se presenta, además, completo, tal como aparece en la guía.

La traducción al español y a otras lenguas como el urdu, el chino, el griego, etcétera, es normal en casos como el de esta guía. Su propósito es informar a las minorías extranjeras residentes en Gran Bretaña en sus propias lenguas.

Notas

Are there any side effects?: El título es importante, al tratarse de una pregunta. Pensamos que una traducción como *¿Tiene efectos secundarios la vacuna triple?* hubiera resultado más apropiada.

From between one week and ten days...: Otras posibilidades de traducción: *Entre una semana y diez días después de recibir la vacuna triple...* o *Una semana o diez días después de recibir...*

some children have a fever: La traducción nos parece excesivamente cercana al inglés. Quizás una frase como *a algunos niños les da fiebre* sea más apropiada.

Very rarely: Obsérvese la abundancia de adverbios de probabilidad seguidos de una frase verbal con *will* denotando gran posibilidad. El uso español estándar desaconseja la profusión de adverbios terminados en *-mente,* por lo que se puede recurrir a otro tipo de frases adverbiales (por ejemplo, *Aunque es poco frecuente* o *Muy pocas veces*). Con respecto a la traducción de la frase con *will,* nos parece más idiomático utilizar el presente de indicativo español: *Aunque es poco frecuente, algunos niños contraen...*

a child: Al ser genérico en inglés, la traducción puede recurrir a genéricos en español en plural, como *algunos niños.*

severe: Falso amigo que se mantiene en la traducción. En español, *grave, seria.*

Occasionally: Igual que antes, *De manera ocasional.*

do react: Nos parece acertadísima la decisión del traductor: *los niños sí reaccionan.*

will suffer: De nuevo un *will* de probabilidad que, como antes, puede traducirse por presente: *sufren.*

to suffer from a fever attack: El traductor ha preferido variar la palabra, dada la cercanía del otro *suffering,* y traducir *tener un ataque febril,* frase demasiado dependiente del inglés. Podría ser *desarrollar un ataque febril.*

which is lower…: En vez de reproducir la oración relativa en español, podría recurrirse a una frase como *(un) porcentaje más bajo que…*

without vaccine: Otra posibilidad es *no vacunada*.

one in every 5,000: *Uno de entre 5.000* o *Uno de cada 5.000*, mejor que la opción elegida por el traductor.

will be left: De nuevo, *will* de probabilidad: *(un tercio de estos niños) queda, desarrolla…*

A rash of blotches like bruises…: Esta frase nominal no tiene por qué ir situada al comienzo de la oración traducida. El orden del español, más flexible, admitiría *Aunque ocurra muy raramente, tras la triple vírica puede darse un sarpullido de manchas parecidas a magulladuras…*

in connection with: En vez de ofrecer una traducción tan literal, podría traducirse también *relacionado con*.

TEXTO META 11.1.

¿SE DAN EFECTOS SECUNDARIOS DE LA VACUNA TRIPLE VÍRICA?

De una semana a diez días después de recibir la vacuna triple vírica, algunos niños tienen fiebre, desarrollan un sarpullido que se parece al del sarampión y pierden el apetito durante dos o tres días. Muy raramente, un niño contraerá una forma poco severa de paperas aproximadamente tres semanas después de la inyección. Los niños no son, en este caso, contagiosos, y pueden mezclarse con otras personas de manera habitual.

Ocasionalmente, los niños sí reaccionan de forma adversa a la vacuna triple vírica. Aproximadamente un niño de cada mil sufrirá una convulsión (un ataque de fiebre) como reacción a la vacuna. Un niño que de hecho esté pasando el sarampión tiene **diez veces** más posibilidades de tener un ataque febril causado por la enfermedad.

El riesgo de desarrollar encefalitis tras la inmunización es de aproximadamente un niño por millón, lo cual es más bajo que el riesgo de desarrollar encefalitis (inflamación del cerebro) en la población general sin la vacuna. El riesgo de que un niño desarrolle encefalitis tras pasar el sarampión es de aproximadamente uno por 5.000 y a un tercio de estos niños les dejará con lesiones cerebrales permanentes. Un sarpullido de manchas parecidas a magulladuras ocurre muy raramente tras la triple vírica y está en conexión con la parte de la vacuna contra la rubéola. Si ve manchas como estas, muéstreselas a su médico.

(Texto extraído de folleto publicado por *The Health Education Authority*, Reino Unido.)

TEXTO ORIGEN 11.2.

ALLERGY AND THE IMMUNE SYSTEM

In allergic individuals, parts of the immune system misdirect their power at inocuous substances, producing sometimes deadly symptoms.

By Lawrence M. Liechtenstein

The allergic response —in which certain components of the immune system react strongly to a normally, inoffensive, foreign substance— accounts for a good deal of the illness and medical expense in developed countries. Indeed, an estimated 20 percent or more of the U.S. population is allergic to something. The largest group suffers from allergic rhinitis (including hay fever) or asthma, sneezing or fighting for air after inhaling particular pollens or other ordinarily benign chemicals. Many children and some adults are allergic to foods. Others fall ill after receiving such medicins as penicillin. Still others endure untoward local or systemic reactions to bee stings. Occasionally, allergic attacks are fatal. Asthma alone accounted for an estimated $3.6 billion in direct medical expenditures in 1990 and for nearly 1 percent of all health care costs.

To ease the financial, physiological and psychological burdens imposed by the wayward immune response, many researchers, including my colleagues and me at Johns Hopkins University, have long sought to expand existing therapeutic options. As part of this effort, we are attempting to uncover each step in the process by which exposure to an allergic trigger, or allergen, leads to symptoms. It is now clear that a number of the cellular and molecular interactions constituting the allergic response are often similar from person to person, regardless of differences in the substances to which the individuals react and the symptoms they exhibit. Many details of these exchanges remain to be deciphered, but recent discoveries are already generating exciting new ideas for prevention and control of allergic disorders.

(Extraído de 'Allergy and the Immune System', *Scientific American*, septiembre 1993, pp. 85-93.)

(283 palabras)

Comentario general

Este texto, que se compone de título, subtítulo y dos párrafos, es el comienzo de un artículo de nueve páginas publicado en la revista estadounidense *Scientific American*. Normalmente, en esta revista todos los artículos incluyen un subtítulo breve, que explica el contenido, así como bibliografía, diagramas, gráficos y pequeños párrafos en negrita rodeados de recuadro donde se destacan especialmente informaciones relevantes del artículo. No se trata de una revista exclusivamente dirigida a la comunidad científica, sino a todos aquellos lectores interesados por los avances de la ciencia. De ahí la ausencia de elementos (como el resumen o *abstract*) propios de revistas científicas académicas no divulgativas.

El texto español procede de la revista *Investigación y Ciencia,* que publica los artículos de *Scientific American* en español, en este caso dos meses después. Las secciones del artículo incluidas aquí tienen dos columnas de 45 líneas en total (el TO inglés) y 54 líneas (el TM español), mientras que la primera contiene 283 palabras y la segunda 309. Como se verá en las notas, estos datos son relevantes a efectos de la maquetación de la revista española, que ha de jugar más o menos con el mismo espacio por artículo que la estadounidense, pues al final ninguno pasa de ocho páginas en las dos revistas.

Notas

—*in which certain…:* Obsérvese como en la traducción española se mantiene el guión largo inglés o raya que señala la oración explicativa, y que sin embargo, se producen diferencias en cuanto a los espacios, observados en español (uno antes y después de la raya) pero no en inglés, donde su uso no es obligado. La utilización de la raya en un texto español es, en principio, discutible, pues, como ya se ha dicho, se trata de un signo de puntuación extraño a la ortografía tradicional española, aunque su uso es cada vez más frecuente, sobre todo en escritos científicos. Hay varias opciones de traducción de la frase entre rayas, pero vamos a mencionar sólo dos. Una es más literal (*en la que ciertos componentes del sistema inmunitario reaccionan…*) y la otra es la transposición utilizada por el traductor: *la intensa reacción de ciertos componentes…*

normally, inoffensive…: La enumeración de adjetivos precedidos de adverbio *normally, inoffensive, foreign substance* ha de traducirse teniendo en cuenta que el adverbio se refiere al primer adjetivo y no a los dos. Creemos, por tanto, muy acertada la decisión del traductor al incluir un verbo copulativo y construir una oración perfectamente clara y ordenada: *una sustancia extraña que por lo general es inofensiva.*

The largest group…: El traductor introduce una frase que explicita dónde se encuadra *the largest group.* Así, incluye *De esta fracción* al comienzo de la oración.

sneezing or fighting for air: Ejemplo de síntesis que no funciona en español. Podría introducirse una oración relativa (*que provoca estornudos o falta de aire*) o una fórmula como la utilizada por el traductor: *caracterizadas por estornudos…* Obsérvese que el traductor cree necesario incluir una palabra más en el texto español: *sensación de falta de aire.*

Asthma alone accounted for…: En esta oración final del párrafo hay que tener en cuenta que las cifras se refieren (no hay razón para pensar que es de otra manera) a los Estados Unidos. En cualquier caso, y al tratarse de un texto estadounidense, *billion* sería en español *mil millones,* o un *millardo.* Obsérvese además que el traductor reduce información al hablar sólo de *billones de pesetas.*

wayward: *Oscilantes* o *caprichosos.* El traductor prefiere, una vez más, utilizar una transposición: *devaneos del sistema inmunológico.*

Johns Hopkins University: Se escribe siempre en plural. Por alguna razón, probablemente para ahorrar espacio, el traductor ha preferido omitir esta información en el texto español.

leads to symptoms: De nuevo una construcción sintética en inglés imposible de traducir al español sin añadir algún término. El traductor opta por *aparición de estos síntomas.*

from person to person: Literalmente, *de una a otra persona,* o, en la traducción, *en personas distintas.*

substances to which...: El autor del texto construye toda una definición, *substances to which the individuals react,* para denominar al alérgeno, que es la palabra utilizada por el traductor español. De nuevo se gana espacio, lo que constituye una prioridad al traducir este tipo de textos del inglés.

exchanges: Sinónimo de una palabra anterior, *interactions,* y posiblemente utilizada para no repetirla. Ha sido suprimida en la traducción española, que opta por mantener en ambos casos el término *interacciones.*

recent discoveries are already generating: Este tipo de construcción en inglés en presente continuo puede traducirse utilizando una perífrasis española. El traductor opta por *vienen produciéndose.*

exciting: Es un falso amigo en la mayoría de las ocasiones. Para incluirla en el texto español, el traductor opta por utilizar *muy prometedoras,* entre comas y después del sustantivo.

TEXTO META 11.2.

LA ALERGIA Y EL SISTEMA INMUNITARIO

En los individuos alérgicos, algunos elementos del sistema inmunitario actúan erróneamente contra sustancias inocuas y llegan incluso a producir síntomas mortales.

Lawrence M. Liechtenstein

La respuesta alérgica —la intensa reacción de ciertos componentes del sistema inmunitario contra una sustancia extraña que por lo general es inofensiva— causa en los países industrializados una parte considerable de los gastos sanitarios y pérdidas por enfermedad. Se cree que un 20 por ciento o más de la población estadounidense es alérgica a algo. De esta fracción, un grupo notable padece rinitis alérgica (incluida la fiebre del heno) o asma, caracterizadas por estornudos o sensación de falta de aire tras la inhalación de determinados pólenes u otras sustancias químicas que de suyo son benignas. Muchos niños y algunos adultos son alérgicos a ciertos alimentos. Hay personas que enferman por haber recibido determinados medicamentos, penicilina, por ejemplo. Otras padecen penosas reacciones locales y sistémicas a las picaduras de abeja. En ocasiones, los ataques de alergia son mortales. Por no hablar del gasto económico, que, en Occidente y referido sólo al asma, se cifra en billones de pesetas.

Para aliviar las cargas financieras, fisiológicas y psicológicas que imponen estos devaneos del sistema inmunitario, muchos hemos buscado durante largo tiempo la manera de ampliar las opciones terapéuticas existentes. En ese empeño, nos hemos aprestado a dilucidar cada paso del proceso por el cual la exposición a un desencadenante de alergia, o alérgeno, promueve la aparición de esos síntomas. Se sabe ya que algunas de las interacciones celulares y moleculares que constituyen la respuesta alérgica suelen coincidir en personas distintas, aunque diverjan los alérgenos causantes y los síntomas manifestados. Queda mucho por avanzar en el conocimiento de dichas interacciones, pero los descubrimientos que últimamente vienen produciéndose van alumbrando nuevas ideas, muy prometedoras, para la prevención y el control de los trastornos alérgicos.

(Extraído de 'La alergia y el sistema inmunitario',
Investigación y Ciencia, noviembre de 1993, pp. 79-87.)

TEXTO ORIGEN 11.3.

MOUSE USER'S MANUAL

INSTALLATION

Getting Started:

To install the mouse, you need the following items ready for use:

Computer: IBM, PC, XT or AT, IBM PS/2 model (mouse port or serial port), or other IBM compatible PCs.

Disk: A floppy disk or including a fixed disk.

DOS: The DOS Version 2.0 or Later.

Memory: 256K RAM or above.

Serial port: COM1 or COM2 (mouse port: PS/2 mouse only).

Monitor card: IBM Monochrome Adapter, IBM Color Graphics Adapter, IBM Enhanced Graphics Adapter with Enhanced Color Monitor or other compatibles.

Explanation of Mouse Drive Files:

MOUSE.COM The file serves to activate the mouse. By typing the MOUSE command, the driver program will be loaded into computer memory.

TEST. EXE A mouse test program, including 17 mouse testing functions.

INSTALL.BAT A batch file provided by us to assist you for easy, and automatic installation purposes.

READ.ME A file with its contents relate to additional parameter setting for the mouse. To see it, insert the driver diskette into disk A, and at 'A:\>' prompt, simply type: 'TYPE READ.ME <return>'. Then you will see the contents.

Mode Selection:

Microsoft Mode Simply power on the computer

Mouse System Mode Before turning on the computer, press any one of buttons on the mouse, keep pressing the button until the computer has completed all power up procedures.

Note: If you found a slide switch, marked 'MS'(2) & 'PC'(3) on your mouse, please operate it in reference to the instruction as below:

'MS'(2): the mouse works under Microsoft mode.

'PC'(3): the mouse works under Mouse System mode.

PS/2 Mode (for PS/2 models).—Simply power on the computer.

Floppy Disk Users:

There is no specific installation process for floppy disk users, to use the mouse simply insert driver diskette into disk A, then at 'A:\>' prompt, type: 'MOUSE<return>', then mouse driver is loaded.

Hard Disk Users:

Start DOS until C:\> appears. Insert the driver diskette into disk A. Following are two methods that both help you to install the mouse driver.

at 'A:\>' prompt, type 'INSTALL A:C: <return>'

at 'C:\>' prompt, type: 'MD MOUSE <return>' then followed by 'COPY A:'.'C:\MOUSE <return>'

(Extraído de *Mouse User's Manual,* señas comerciales
y autor no incluidos. Fabricado en China.)

(354 palabras)

Comentario general

El texto ha sido extraído de un pequeño folleto en el que las instrucciones se presentan en siete lenguas distintas, comenzando por el inglés. Sin embargo, como veremos, los errores e incoherencias gramaticales (sobre todo referidas al uso del artículo indeterminado), y sintácticas, así como el recargamiento estilístico, pragmáticamente extraño al inglés, nos hacen pensar que el TO haya sido escrito en otra lengua (¿chino?) y traducido con posterioridad a las otras siete, aunque probablemente no de forma simultánea. A pesar de todo, y puesto que este tipo de situaciones es más frecuente de lo que se piensa en el mercado de la traducción, pensamos que es interesante su inclusión, ya que, en el mercado informático actual, podría constituir perfectamente un encargo que el traductor habría de resolver de la mejor manera posible.

Notas

To install the mouse, you need the following items ready for use: Aunque la frase es perfectamente inteligible, no es la que, en esta situación pragmática, utilizaría la lengua inglesa. Proponemos: *System Requirements: To install this mouse, you will need...*

including: Palabra que parece sobrar en esta frase. Ha sido (muy bien) ignorada por el traductor.

Mouse Drive Files: De los muchos términos transferidos tal cual del inglés al español tenemos como ejemplo *drive,* transpuesto aquí extrañamente en *drivers,* en un intento de explicitar la tremenda compresión de información de la frase inglesa.

command: Igual ocurre con esta palabra (*comando*). Obsérvese que *Mouse* en esta línea está en mayúsculas por ser la orden que hay que teclear y no puede, por tanto, traducirse. Por otra parte, la frase *This file serves to activate the mouse* resulta innecesaria en inglés, que aceptaría perfectamente *This file activates the mouse.*

17 mouse testing functions: Se convierte en español en *diecisiete diferentes pruebas.* Este extraño orden de palabras (sonaría más normal *diecisiete pruebas diferentes*) nos lleva a pensar que el traductor puede no ser un hablante nativo de español. Lo mismo ocurre con la frase *para una fácil y automática instalación.*

A batch file provided by us...: Literalmente, un *archivo de lotes.* Obsérvese lo innecesario de la inclusión de *provided by us to assist you,* pragmáticamente extraña en inglés. Una frase más simple y breve, como *intended to facilitate the installation of the mouse* hubiera sido más que suficiente.

Read.me: Obsérvese la incongruencia sintáctica de *with its* y *relate (related ?)* que, sin embargo, no ha impedido una traducción eficaz: *parámetros adicionales del ratón.* Nuevamente, una frase más breve como *This file and its contents provide additional parameter settings* hubiera sido suficiente.

power on: Reciente, aunque extraña, construcción verbal, pues normalmente las que se encuentran en este tipo de textos son *Power up* y *Power down* en lugar del más habitual *Switch on/off.* Sin embargo, es perfectamente inteligible y no impide una traducción adecuada, *encendiendo.* Igual ocurre con *power on procedures* (*proceso de encendido*).

If you found: Aquí la imprecisión sintáctica radica en el tiempo verbal escogido en este primer término de la oración condicional. Sería mucho más natural decir *If you find...*

in reference to the instruction as below: Otra frase excesivamente alambicada y, además, mal redactada. Normalmente se utilizaría *Please set it as follows.*

Floppy: Ejemplo de préstamo del inglés que hoy en día se suele traducir simplemente como *diskette.*

then mouse driver is loaded: Frase extraña en inglés (el orden correcto sería *the mouse driver is then loaded*), pero perfectamente entendible.

two methods that both help: Redundancia en el uso simultáneo de *two* y *both.*

then followed by. Frase incorrecta y, hasta cierto punto, innecesaria, pudiendo decir simplemente *and then...*

TEXTO META 11.3.

MANUAL DE USO DEL RATÓN

PREPARACIÓN

Para la instalación del ratón se requiere:

Ordenador: IBM, PC, XT o AT, IBM modelo PS/2 (puerto de ratón o puerto serie), o compatible.

Disco: Un diskette o disco fijo.

DOS: Versión DOS 2.0 o posterior.

Memoria: 256K RAM o superior.

Puerto serie: COM1 o COM2 (puerto de ratón: sólo el modelo PS/2).

Tarjeta del monitor: Adaptador monocromo IBM, Adaptador gráfico a color IBM (CGA), Adaptador Gráfico Extendido (EGA) IBM con Monitor Extendido a color u otros compatibles.

FICHEROS CONTENIDOS EN EL DISKETTE DE DRIVERS.

MOUSE.COM Sirve para activar el ratón. Al teclear el comando MOUSE, el driver de arranque se cargará en la memoria del ordenador.

TEST. EXE Comprueba el funcionamiento del ratón y consta de 17 diferentes pruebas.

INSTALL.BAT Archivo de proceso por lotes que le proporcionamos para una fácil y automática instalación.

READ.ME Muestra los parámetros adicionales del ratón. Para leerlo, inserte el diskette de drivers en la unidad A y cuando aparezca el texto indicador 'A:\>' teclee: 'TYPE READ.ME <return>'. Entonces podrá leer el contenido.

SELECCIÓN DEL MODO:

Modo Microsoft Directamente, encendiendo el ordenador.

Modo Mouse System Antes de encender el ordenador, pulse cualquiera de los botones del ratón y continúe presionando hasta que el ordenador haya completado el proceso de encendido.

Nota: Si encuentra un interruptor con la indicación 'MS'(2) y 'PC'(3) en el ratón, por favor actúe según las siguientes instrucciones:

'MS'(2): el ratón funciona en modo Microsoft.

'PC'(3): el ratón funciona en modo Mouse System.

Modo PS/2 (para los modelos PS/2).—Directamente, al encender el ordenador.

USUARIOS DE DISKETTES:

No hay un proceso de instalación específico para los usuarios de discos floppy. Para usar el ratón inserte el diskette de drivers en la unidad A y cuando aparezca el texto indicador 'A:\>' teclee: 'MOUSE<return>', el driver quedará cargado.

USUARIOS DE DISCO DURO:

Arranque el DOS hasta que aparezca C:\>. Inserte el diskette de drivers en la unidad A. A continuación hay dos métodos que le ayudarán a instalar el driver del ratón.

1. A partir del texto indicador 'A:\>' teclee 'INSTALL A:C: <return>'

2. A partir del texto indicador 'C:\>' teclee: 'MD MOUSE <return>' y a continuación 'COPY A:'.'C:\MOUSE <return>'

(Extraído de *Mouse User's Manual*, señas comerciales y autor no incluidos. Fabricado en China.)

11. Science and Technology.

The language used in scientific and technological texts is highly specialised, and specific to particular fields in these disciplines. Its lexis - and the concepts described by it - reflect its highly specialised nature. This lexis is constantly being renewed and augmented by the neologisms and technical terms associated with it. These are frequently calques or borrowings, which have entered the language through translations of scientific texts. This is a by-product of the evolution of science and technology, which are constantly creating new concepts, or modifying existing ones, and, ultimately, the terms needed to define them[89].

Readers are usually familiar with the specialised fields which provide subject matter for these texts, and are nearly always specialists themselves. There is one exception to this, namely texts which are intended to popularise science or technology. In such cases, the sender will use various means to make it easier for the reader to understand the text. The main problem for translators working in these areas is that they need to be thoroughly familiar with the subject matter, yet this degree of familiarity is not always easy to achieve. Access to relevant documentation is of crucial importance; furthermore, it is often necessary to consult the author, or other specialists in the field, in order to ensure that both the ST and the TT which it engenders are fully understood.

English has become the *lingua franca* of science and technology. However, this does not necessarily imply that there will be substantial amounts of material to be translated from English into Spanish, or vice versa. Most researchers and specialists in Spanish-speaking countries have acquired the ability to read specialised texts in English, and many are able to prepare drafts of conference papers and journal articles in that language. Furthermore, university departments and other institutions sometimes employ native speakers of English to correct drafts produced by researchers. Nevertheless, there are many occasions when texts are transla-

---

[89] The following dictionaries were found particulary useful:

Bilingual: BEIGBEDER ATIENZA, F., *Nuevo diccionario politécnico de las lenguas española e inglesa*; COLLOCOTT, M. A. (ed.): *Diccionario científico y tecnológico*; RUIZ TORRES, F., *Diccionario de términos médicos inglés-español, español-inglés;* THOMANN, A. E. (compiler): *Elsevier's Dictionary of Technology (Spanish-English, English-Spanish)* (4 volumes).

Monolingual: LAPEDES, D. (ed.): *McGraw-Hill Dictionary of Scientific and Technical Terms* (2nd. ed.); AGUADO DE CEA, G., *Diccionario comentado de terminología informática*.

ted. This is usually done by staff within the institution, who can easily consult the author about any problems with regard to the text itself, or its translation. These usually stem from the supposed stylistic differences [90] between technological and scientific language in Spanish and English, the main feature of which is the constant influence of the latter on the former.

As far as translation from English into Spanish is concerned, information technology-related texts account for almost 90 % of the market. The amount of material in this field which is translated from Spanish into English is negligible.

Whatever the topic of the text might be, there are inevitably problems associated with the specialised nature of the subject matter and the changes in terminology which occur in the wake of new research and technical advances. Translators must therefore give careful consideration to their strategies for dealing with this type of material. Amongst those which are recommended are teamwork and constant contact with individuals or groups with expert knowledge of the field in question.

Finally, it should be mentioned that scientists are sometimes subjected to political or commercial pressures which oblige them to advocate certain solutions or courses of action. In such cases, the translator may also be subjected to these pressures, or feel compelled to express what the author left unsaid.

SOURCE TEXT 11.4.

DETERMINACIÓN DE FERRITINA SÉRICA:

CONSIDERACIONES PARA EVITAR FERROPENIA INDUCIDA EN DONANTES DE SANGRE

RESUMEN

Con objeto de valorar la repercusión de la donación de sangre como causa de ferropenia, se han estudiado los niveles de ferritina, por técnicas de enzimoinmunoanálisis, a 700 personas (500 donantes de ambos sexos tomados al azar y 200 candidatos a donantes como grupo control). Se consideró como ferropenia valores inferiores a 15 ng/mL y se correlacionaron estos valores con edad, sexo, número de donaciones totales realizadas y las efectuadas en el último año, aplicando el estudio estadístico SPSS/PC+. Se ha encontrado en el grupo global de 500 donantes una correlación directa muy significativa entre donaciones totales, donaciones último año y edad para hombres y entre número de donaciones totales y edad en mujeres; correlación inversa muy significativa entre donaciones totales, donaciones último año y niveles de ferritina en la población masculina, careciendo de valor significativo en mujeres.

---

[90] For further details, see U. CONNOR, *Contrastive Rhetoric*, pp. 52-3.

El grupo estudiado presentó incremento, respecto al grupo control, del porcentaje de ferropenia de 7,4 % en hombres y 11,8 % en mujeres, siendo el valor medio de ferritina en hombres de 86,01 ng/mL y 27,10 ng/mL en mujeres.

Relacionando las donaciones efectuadas en el último año con los niveles medios de ferritina sérica, en mujeres se detectan niveles medios de ferritina bajos pero constantes, mientras en el hombre hay un descenso marcado. Destaca el incremento de ferropenias en mujeres desde 21 % con una donación hasta 46 % con cuatro donaciones, mientras en hombres aparece un 14 % de ferropenia en los que han efectuado cuatro o más donaciones en el último año. En relación a las donaciones totales y el valor medio de ferritina se han obtenido resultados similares, destacando 50 % de ferropenias en mujeres con 8 donaciones y 12,8 % en hombres con 14 donaciones. La ferritina en donantes de sangre disminuye con la edad, en ambos sexos, a partir de dos donaciones. Los niveles medios de ferritina bajos y casi inalterables con la donación de sangre en la mujer, hacen pensar en la adaptación del organismo femenino a la pérdida crónica por menstruación y partos.

En cada donación de sangre el organismo pierde 200-250 mg de hierro, que para su recuperación mediante dieta completa, sin presentar otro tipo de pérdida, precisa de 5 a 14 semanas. Esta circunstancia aconsejaría distanciar las donaciones o complementar el aporte de hierro por vía oral. Consideramos que el margen de tiempo establecido por la Orden Ministerial que desarrolla el Real Decreto 1945/1985, actualmente en vigor, obliga a recurrir a una de las alternativas anteriores. Creemos necesario efectuar la determinación y seguimiento de los depósitos en donantes de sangre dosificando la ferritina e iniciar aporte suplementario con preparados de hierro.

Título abreviado: Ferritina en donantes de sangre

Palabras clave: Ferritina, Donantes de sangre, Ferropenia

(From HERNÁNDEZ LAMAS, M. C.; LÓPEZ PÉREZ-LANZAC, J. C.; PRAT ARROJO, I.; SÁNCHEZ GORDO, F.; ARLETH CHRISTENSEN, E., and SÁNCHEZ FONT, E.: *Determinación de ferritina sérica: Consideraciones para evitar ferropenia inducida en donantes de sangre.* Unpublished article.)

(448 words)

General Comments

This is a synopsis of an article which appeared in a medical journal. Its purpose is to give the reader a brief summary of the material which follows in a standardised format. The text is followed by *palabras clave* (*key words*), which are used for indexing and information retrieval. These texts have three main characteristics: Firstly, they are brief (journals usually set a limit on the number of words). Secondly, impersonal and passive constructions preponderate (the aim is to present accounts of research and descriptions of experiments or clinical observation; the evidence must, therefore, be presented clearly and objectively, and written in a style which avoids any personal references, with the exception of the authors' conclusions). Finally, of course, they contain large numbers of examples of specialised medical terminology.

There are several multilingual dictionaries of medical terms. These can be a boon for the translator, but their size restricts their scope, so at some stage it will be found necessary to check meanings in a (monolingual) dictionary or encyclopaedia of medicine. A knowledge of Greek and Latin can be a great help, but the ability to recognise the component parts of medical terms is essential[91].

Notes

repercusión: The problem here is in the wording of the source text. Presumably, it is blood donation itself *and* its effects that may cause ferropenia. Note that in the TT, the translator has chosen to preserve the ambiguity present in the source text.

causa: In our opinion, it would be wiser to use the indefinite article in English since the use of the definite article implies that it is the only cause. Another way of dealing with this problem would be to translate the whole phrase as *blood donation as a cause of ferropenia in donors.*

---

[91] Here are the components of the specialised terms in this text, as provided by two medical dictionaries and the *Encyclopedia Britannica.*

ferropenia:
ferro a combining form denoting iron, especially iron(II).(A)
penia a word termination indicating an abnormal reduction in the number of the element indicated by the root to which it is affixed.(B)

ferritin:
a protein constituting a storage form of iron in liver and other tissues. It consists of an outer shell of 24 molecules of a protein mass 18.5 kDa, surrounding a crystalline region of iron(III), largely as its hydroxide, which may be filled to a variable extent. When completely filled, the ferritin contains 23 % iron. This gives it high electron density, a property used in the technique of ferritin labelling.(A)
the iron-apoferritin complex, which is one of the chief forms in which iron is stored in the body; it occurs at least in the gastrointestinal mucosa, liver, spleen, bone marrow, and reticuloendothelial cells generally.(B)

enzymoimmunoanalysis:
enzyme (German *Enzym* from late Greek *enzym[os]* 'leavened' from Greek *in-* + *zyme* ['a leaven'] enzyme) Any biological catalyst. Enzymes are present in all living matter, all prove to be proteins.(A)
A substance that acts as a catalyst in living organisms, regulating the rate at which chemical reactions proceed without itself being altered in the process. (Encyclopedia Britannica)
immuno from 'im' (not) and 'munus' (one's work, function), the combined form meaning immune, immunity.(A)
(A)   LANDAU, S. I. (editor in chief): *International Dictionary of Medicine and Biology* (3 vols.).
(B)   DORLAND, I., and NEWMAN, W. A.: *Dorland's Illustrated Medical Dictionary.*

candidatos a donantes: *Candidate* is often used to denote somebody who is about to take a test or take part in an election (e.g. examination candidate, parliamentary candidate). *Prospective blood donors* would be better here, since this term does not have such implications.

grupo control: This should really be *grupo de control.*

efectuadas: *Made* could replace *carried out* to avoid repetition.

SPSS/PC+: SPSS (Statistical Package for the Social Sciences) is a leading computer software package for data analysis.

Se ha encontrado: The translator's choice of the simple past, rather than the perfect tense is appropriate here. (See also *se detectan* below.)

careciendo de valor significativo: By not adhering too closely to the wording of the ST, it is possible to improve the style and clarify the meaning here: *although the values recorded for women were not significant.*

se detectan: Note that all the verbs in the first and second paragraphs are in various past tenses, whereas in the third and fourth paragraphs most of them are in the present tense. In the first two paragraphs the authors describe how the data were obtained and analysed, together with their main findings. In the third paragraph they describe their findings in greater depth, and in the final one they draw conclusions and make recommendations [92].

Destaca el incremento...: There are other ways of translating this phrase. For example, *What is significant here is that there is an increase...*

...desde [el] 21% con una donación hasta [el] 46% con cuatro donaciones: *Ranging from* is slightly more emphatic, and would fit well in the sentence; note that *after* is a suitably idiomatic translation of *con* in this context.

los que han efectuado cuatro o más donaciones: One of the stylistic problems in this paragraph is the over-use of *donaciones*; this can be avoided here by paraphrasing slightly, i.e. *those who have given blood on four or more occasions.*

---

[92] Different combinations of tenses can be used to convey subtleties in meaning in scientific papers. The shades of meaning which can be conveyed in this way are discussed in some detail in Mona Baker's coursebook on translation, *In Other Words.* Referring to a study carried out by T. JOHNS (*It is presented initially: linear dislocation & interlanguage strategies in Brazilian academic abstracts in English and Portuguese*), she points out that:

> ... some verbs refer to what is stated in the academic paper itself (these he calls **indicative verbs**), while other verbs refer to what was actually done in the research on which the paper reports (these he calls **informative verbs**). Johns suggests that in both English and Brazilian academic papers, the indicative/informative distinction correlates with the choice of tense: the present tense is used for indicative and the past tense for informative statements. Verbs such as *present, mention, propose,* and *refer to,* which relate to what the writer is doing in the paper itself, are usually in the present tense while verbs such as *determine, record, select, and detect,* which have to do with actual research, are usually in the past tense.

She goes on to advise translators to proceed with caution when selecting the appropriate tenses in the target language, since each language has a 'signalling system' which must be respected. (BAKER, M.: *In Other Words: A coursebook on translation,* pp. 100-101.)

…destacando 50 % de ferropenia: Once again, some rearrangement and paraphrasing can make the sentence read more easily: *…ferropenia reaching 50 % in women who had made 8 donations, and 12.8 % in men after 14 donations.*

bajos y casi inalterables: The decision by the translator to turn this into a clause was a wise one. *Inalterables* would normally be translated by *unchangeable*, but it is not entirely apposite here, since it means *not able to be changed.* Something along the lines of *are low in women, and remain practically unaffected by blood donation* would obviate this difficulty.

…hacen pensar en la adaptación del organismo femenino: It would be better to avoid the use of *one* and try to find a form of words which will express the idea in a more objective way: *…suggest that the female organism may have adapted to chronic losses through / as a result of menstruation and childbirth.*

para su recuperación: A change in word order will make the sentence read more easily: *The body loses 200-250 mg of iron each time blood is given; it takes 5-14 weeks to recover this…*

Esta circunstancia: *Circumstance* is not necessarily the best choice here, since it is not often found in the singular in English. *Fact* would be better, but the main function of this word is to underline the relationship between the problem of iron loss described in the previous sentence, and the solutions proposed in this one. One way of doing this would be to replace the full stop at the end of the first sentence with a semi-colon and make the two sentences into one. *Circumstance* could be replaced by 'therefore', e.g. *…; it would therefore be advisable to space out the donations…*

complementar: *To complement* simply means to complete, fill up or make whole; *to supplement* is to make up a deficiency: this seems to be nearer the intended meaning, so it would be a better choice here.

por vía oral: It is not easy to produce an elegant rendering here. A slight paraphrase would help: *…or to supplement the iron intake orally.*

Consideramos que…: Here the authors give their conclusions, so they abandon the use of impersonal expressions. Some reorganisation of the sentence will be helpful: *We consider that / in our view the period of time / time span set out in the Ministerial Order made under Royal Decree 1945/1985, and which is currently in force, means that we have no option other than to adopt one of the above alternatives.*

seguimiento: *Monitor* (*to track, control, watch, check or supervise*) would be a good alternative here.

los depósitos: Note that the definite article is not required in English.

dosificando: A hand-written note in the margin of the Spanish version (not reproduced) indicates that the meaning is not quite clear here. The Real Academia Española's *Diccionario de la lengua española* defines *dosificar* thus: *1. dividir o graduar la dosis de un medicamento; 2. graduar la cantidad o porción de otras cosas.* It may well be that the translator is near the mark and that the authors did intend to indicate that ferritin levels should be monitored, measured or controlled in some way.

TARGET TEXT 11.4.

THE DETERMINATION OF SERUM FERRITIN:

CONSIDERATIONS ON THE AVOIDANCE
OF FERROPENIA INDUCED IN BLOOD DONORS

SUMMARY

With the aim of estimating the repercussions of blood donation as the cause of ferropenia, ferritin levels were studied, using enzymoimmunoanalysis techniques, in 700 people (500 donors of both sexes taken at random and 200 donor candidates as a control group). Values under 15 ng/mL were considered as ferropenia and these values were correlated with age, sex, total number of donations carried out and those carried out over the last year, by applying the SPSS/PC+ statistical study. It was found that in the global group of 500 donors there was a very significant direct correlation between total donations, last year donations and age in men, and between the total number of donations and age in women; a very significant inverse correlation between total donations, last year donations and ferritin levels in the male population, though lacking any significant value in women.

The group being studied showed an increase, with respect to the control group, in the percentage of ferropenia of 7.4 % in men and 11.8 % in women, the average value of ferritin in men being 86.01 ng/mL and 27.10 ng/mL in women.

By relating the donations carried out over the last year with the average levels of serum ferritin, in women the average levels of ferritin are found to be low but constant, whereas in men there is a marked decrease. It stands out that there is an increase of ferropenias in women from 21 % after one donation up to 46 % after four donations in the last year, whereas in men there is 14 % of ferropenia in those who have carried out four or more donations in the last year. With respect to the total number of donations and the average value of ferritin similar results have been obtained, showing ferropenias at 50 % in women after 8 donations and at 12.8 % in men after 14 donations. Ferritin in blood donors diminishes with age, in both sexes, after two donations. The average levels of ferritin in women which are low and almost unchangeable after donating blood lead one to think of the adaptation of the female body to chronic loss due to menstruation and childbirth.

With each blood donation the body loses 200-250 mg of iron, which, to recuperate with a complete diet, without any other form of loss, requires 5 to 14 weeks. This circumstance would make it advisable to space out the donations or to complement the intake of iron by mouth. We consider that the margin of time established by the Ministerial Act developed by the 1945/1985 Order in Council, currently in force, makes it obligatory to resort to one of the above mentioned alternatives. We consider it necessary to determine and observe the deposits in blood donors by measuring out the ferritin and to start a supplementary intake of iron preparations.

Abbreviated title: Ferritin in blood donors.

Key words: Ferritin, Blood donors, Ferropenia

(From: HERNÁNDEZ LAMAS, M. C.; LÓPEZ PÉREZ-LANZAC, J. C.; PRAT ARROJO, I.; SÁNCHEZ GORDO, F.; ARLETH CHRISTENSEN, E., and SÁNCHEZ FONT, E.: *The Determination of Serum Ferritin: Considerations on the avoidance of ferropenia induced in blood donors*. Unpublished article.)

SOURCE TEXT 11.5.

PERRECHICOS

Ya están aquí las setas de primavera, marcando el punto culminante de las ansias de los aficionados a la micología que pasean por España. Y entre todas las variedades que ofrecen en este tiempo los campos y los bosques españoles, el perrechico consigue, sin lugar a dudas, el estrellato absoluto. Aunque la mayor fama se la llevan los recogidos en la zona de Orduña (Vizcaya), esta minúscula variedad de hongo carnoso, de intenso y delicado sabor a bosque, se recoge en todo el norte de España. Llamado «sisa» por los vascos, «seta de San Jorge» por los castellanos y «moixernón» por los catalanes, es, para el micólogo internacional, el *tricholoma georgii*. Lo encontraremos, sobre todo, formando parte de suculentos revueltos.

(From *Ronda Iberia,* abril de 1992, p. 27.)

(120 words)

General Comments

This article appeared in the gastronomy section of an in-flight magazine. It is intended to appeal to a wide readership, ranging from those who have a serious interest in, and knowledge of, Spanish cuisine, to those who are simply looking for some interesting reading to while away the time. All of the material in the publication appears in both English and Spanish.

One of the most interesting features of this text is that its primary purpose is to inform and persuade rather than simply to convey information of a scientific or technological nature. Nevertheless, the translation problems encountered here (e.g. the identification of appropriate strategies for dealing with the specialised terminology) also occur in texts on topics that are much more obviously scientific or technological in nature. A comparison of the source and target texts also reveals some interesting assumptions made by the author and the translator regarding the background knowledge and interests of Spanish and English-speaking readers. For instance, whereas the author of the source text used the terms *micólogo* and *micología* without any further explanation, the translator concluded that it would be inappropriate to render them simply as 'mycologist' and 'mycology'. (See detailed comments.) This reflects, perhaps, the different perceptions that speakers of each language might have with regard to what constitutes specialised terminology, as well as illustrating the crucial rôle that the translator can often play by acting as a 'cultural mediator'.

There are several other specific questions that the translator of this text must address. Firstly, there is that of how or whether to translate the various names given to this mushroom into English, bearing in mind that readers will probably want to be able to recognise the Spanish and other names on menus. The second question is a cultural one. *Revueltos,* for example, have no obvious counterparts on the dinner table in the Anglo Saxon world, so the translator has to decide whether any background information needs to be provided, and if so, whether it should be incorporated in footnotes, or in explanatory material incorporated in the text itself.

Notes

Perrechicos: Here we have an illustration of one of the difficulties that can beset the translator. Flora and fauna can have a bewildering variety of popular names: the article cites three other regional names for this mushroom, as well as its Latin one, the latter usually offering the most reliable clue for identifying a species. A good reference guide (in this case, Soothill and Fairhurst's *New Field Guide to Fungi* and *The Collins Guide to Mushrooms and Toadstools*) will enable the translator to cross refer the popular names to the Latin one, although further detective work may still be necessary, as in this instance. There is indeed a 'St. George's Mushroom', which can be found in chalk or limestone districts in England from April (about the time of St. George's Day, 23rd April) until early summer. However, initial research revealed that its Latin name is *Tricholoma gambosum,* not *Tricholoma georgii,* as mentioned in the text. Although it seemed more than likely that the St. George's Mushroom and the *seta de San Jorge* were the same thing, final confirmation that both Latin names have been used at various times to denote the same species had to be obtained from experts at a university research institute. In this article it is probably just as well to leave the title as it is, but 'St. George's Mushroom' could be inserted in brackets by way of explanation after the second mention of *pe-*

rrechicos, near the end of the second sentence. It would be advisable to use quotation marks (single or double) in the title, since this is not an English word. It is interesting to note that the author has castilianised the Catalan *moixernó* to *moixernón* (incorrectly given as *moixornón* in the target text). The Catalan dictionaries consulted translated the word as 'St. George's agaric', but this would be too technical for a text of this type.

Ya están aquí las setas de primavera: Ya is rendered by *already* in the TT. Although the translation is, strictly speaking, correct, it fails to convey the sense of excitement and anticipation which the author of the source text confers upon this phrase by placing ya at the beginning. *Have already arrived* gives a distinct feeling of anticlimax, a feeling which can only be dispelled if the translator moves away from the literal rendering of the phrase in the ST. *At long last spring mushrooms are here, marking the time when...* would be more emphatic, and provide a more suitable opening for the article. Setas can be translated either by *mushrooms* or *toadstools*; however, in this case the former is correct, since the latter is only used for poisonous varieties. The definite article is not needed in English.

ansias: The translator wisely avoided *anxiety*, which has negative connotations, and opted for *yearning*. *Longing* or *craving* would also be possible, since both can be used in connection with food, but the latter denotes a very extreme form of longing, so it would not be appropriate here.

aficionados a la micología: Many readers are unlikely to be familiar with the term *mycology* (the study of fungi); to use it would, therefore, invite accusations of pretentiousness or, worse still, encourage readers to turn the page in the hope of finding something less challenging. The whole phrase might be translated as *when the longings / desires of those who adore wild mushrooms, and travel around Spain in search of them, reach their peak.*

Y entre todas las variedades... el perrechico consigue, sin lugar a dudas, el estrellato absoluto: This sentence has been edited in the TT, and much of it has been omitted. In the magazine, the Spanish and English texts were placed side by side in two thirty-seven line columns beneath a photograph of a *cazuela de perrechicos,* so the editor may have found it necessary to adjust the number of words in the TT to ensure that it fitted the space available. *And of all the varieties that Spain's fields and woods have to offer at this time of year, the* perrechico *is, without any shadow of doubt, the undisputed star* would be one way of rendering the sentence as it appears in the ST. Note that *among* or *amongst*, are normally acceptable translations of entre, but *of* would be more idiomatic here.

recogidos: *Recoger,* as used here, has a number of possible translations. *Harvested* would be one possibility, although it tends to be used for cultivated crops. Wild fruits, berries, mushrooms etc., can all be *picked*, but this word does not easily fit into the sentence. *Although the mushrooms to be had / found in the area around Orduña, in the province of Vizcaya, enjoy the greatest fame...* would be one way of dealing with the problem.

sabor a bosque: The target text does not really do justice to the original here. Something like *with its intense, yet delicate flavour of woodlands and forests* would be closer to the meaning of the ST.

se recoge en todo el norte de España: Can be picked / gathered throughout northern Spain.

...por los vascos, ...por los castellanos, ...por los catalanes...: The *gentilicios* are used much more frequently in Spanish than their counterparts are in English, so the wording of the TT sounds slightly unnatural here. The translator can improve the style of the English by resorting to a little modulation: *Known as* sisa *in the Basque Country,* seta de San Jorge *in Castille and* moixernó *in Catalonia, it is known to mushroom experts throughout the world as...* The «and» quotation marks are seldom used in English, so the translator has quite rightly opted for italics instead.

micólogo: Mycologist. The rendering in the TT (*mushroom picker*) is acceptable, given that the article is intended for the general reader, but *mushroom expert* is closer to the meaning of the original.

Lo encontraremos: The first person plural jars a little in English; *you* (i.e. *you will find it*) is more idiomatic.

revueltos: Not quite the same as *huevos revueltos* (scrambled eggs) or *omelettes.* Some sort of explanation has to be offered in the TT: *...blended with egg in succulent sautés* would be a possibility.

TARGET TEXT 11.5.

PERRECHICOS

The spring mushrooms have already arrived, marking the high point of the yearnings of all the mushroom experts who go picking around Spain. And among all the varieties of Spain, the *perrechico* is the star. Although the most famous harvests come from the Orduña area (Vizcaya), this minuscule, fleshy variety, with its delicate flavour can be gathered all over the North of Spain. Known as *sisa* by the Basques, *seta de San Jorge* by the Castilians and *moixornón* by the Catalans, for the international mushroom picker, the name is *tricholoma georgii.* We will come across it, above all, made into succulent omelettes.

(From *Ronda Iberia,* abril de 1992, p. 27.)

SOURCE TEXT 11.6.

BATIDORA DE VARILLA BABY-TAURUS

La Baby-Taurus es una batidora de varilla de nuevo diseño que incorpora un motor de regulación automática de velocidad y que se adapta por sí mismo y sin necesidad de manipulación alguna a la resistencia de los alimentos que procesa.

El diseño especial de la base del brazo (protector cuchilla), agujereada en la parte superior, crea un efecto circulatorio que facilita el trabajo y reduce el tiempo de funcionamiento de la batidora.

Funciones

Para todo tipo de batidos, purés, salsas, sopas, gazpachos etcétera.

Funcionamiento

Conectar a la red teniendo en cuenta que la tensión sea la indicada en el aparato. Actuar sobre el alimento que se desee batir o emulsionar oprimiendo el pulsador.

Tiempo de funcionamiento

Se recomienda utilizar el aparato de manera discontinua; es decir, a ráfagas. Con ello se obtendrá una mejor calidad al final de la función que se realice y un menor esfuerzo del motor.

En ningún caso es conveniente tener el aparato en funcionamiento durante más tiempo del necesario.

Brazo desmontable (fig. A)

El brazo se puede desmontar del cuerpo del motor desenroscándolo en el sentido de las agujas del reloj, facilitándose de ese modo su limpieza y el mantenimiento de la máquina. Para mayor comodidad se recomienda cogerlo por los resaltes, antideslizantes, situados en su parte superior.

El brazo se puede lavar directamente debajo del grifo, sumergirlo en agua, e incluso introducirlo en el lavavajillas.

Para volver a montarlo, se tendrá la precaución de que no hayan quedado restos de agua en su interior. Se enroscará al cuerpo del motor en el sentido inverso al de las agujas del reloj.

Limpieza del cuerpo del motor

Muy importante

Desenchufarlo previamente a cualquier operación de limpieza. En ningún caso deberá mojar el cuerpo del motor. Para limpiarlo se procederá con un paño seco o ligeramente humedecido.

Vaso mezclador (fig. B)

Vaso especial para emulsiones y batidos.

Cuchilla (fig. C)

La cuchilla es de acero especial y está afilada, por lo que al limpiarla se deberá proceder con cautela al fin de evitar de forma directa su filo.

(From Batidora de Varillas Baby-Taurus. Barcelona: Cadisa.)

(354 words)

General Comments

These instructions have been translated from Spanish into English, French, Italian and German. Accompanying the texts there are three diagrams which show the way in which the mixer arm should be detached. They also depict the mixing bowl of the blade assembly in close-up (figs. A, B and C respectively, as mentioned in both texts). In the English text the reader tends to be addressed directly: instructions are given to users via a series of imperatives (*connect, press, check,* etcétera) whereas the Spanish text relies on devices such as the use of the infinitive (*conectar, actuar, desenchufarlo,* etcétera), or verbs (which are often in the future tense) used in impersonal se constructions (*se tendrá la precaución de que, se enroscará, para limpiarlo se procederá con un paño seco,* etcétera). The impersonal se is also liberally used when making recommendations and suggestions (*se recomienda utilizar, el brazo se puede desmontar, se deberá proceder con cautela,* etcétera), whereas the English text conveys such ideas by means of impersonal verbs, the passive voice or modal auxiliaries.

The instructions begin with a description of the main features of the appliance, followed by advice on use and maintenance. Sub-headings are used to enable readers to scan the text easily and quickly for the information that they require.

Notes

Batidora de varilla: *Stem-type mixer* is perfectly acceptable; *hand mixer* is also used (cf. *batidora de mano* in Spanish). In popular speech this term would probably be used more often than *batidora de varilla*. *Minipimer* is sometimes found: although it originally referred to a specific brand, it has now become something of a generic term.

La Baby-Taurus: Note that the two foreign words used to form the model name have been treated as if they were a Spanish noun. Manufacturers go to a great deal of trouble to choose product names which will be easily recognised in export markets. In this case, the manufacturer has made the assumption that the English word *baby* is so familiar that it will not prove to be a problem for speakers of other languages. *Taurus* is also internationally known as one of the signs of the zodiac. Another difficulty associated with brand or product names is that of the unfortunate meanings or connotations that they may have when they are *exported* into other languages. For instance, this may explain why the car which General Motors sold in the UK under the name of the (Vauxhall) Nova was marketed in Spain as the (Opel) Corsa. The globalisation of markets is prompting companies to look for product names which are, in effect, *synthesised* from lexical elements *borrowed* from Latin, Greek and the modern European languages. The names chosen by motor manufacturers over the last few years (e.g. Astra, Mondeo, Vectra, Laguna, Micra, Nexia, etcétera) provide many illustrations of this phenomenon.

de nuevo diseño: The indefinite article is required in English, viz. *of a new design.* Nevertheless, the phrase *a stem-type mixer of a new design* does not quite ring true, sounding awkward and inelegant. A change in word order (*a new design of stem-type mixer*) makes the components of the phrase sit more easily together.

un motor de regulación automática de velocidad y que se adapta por sí mismo y sin necesidad de manipulación alguna a la resistencia de los alimentos que procesa: This phrase is rather heavy and wordy; it can be lightened and simplified in translation. *A self-regulating motor which requires no adjustment by the user, and which automatically selects a speed suitable for the foods which are being processed* is a free translation, but it conveys all the information in the ST. *Requires no adjustment by the user* could be omitted without distorting the meaning in any way since it is, to a large extent, redundant. *La resistencia de los alimentos…* is over-explicit and, therefore, difficult to put into English; the meaning is adequately conveyed by the wording suggested.

la base del brazo (protector cuchilla) agujereada en la parte superior: The equivalent phrase in the TT is not entirely idiomatic. There is *scope* for clarification here. *The upper part of the base of the arm (the protective cover for the blade) is perforated… Holes* can be made by accident or design, as can *perforations*, although there is a tendency to use the latter to denote deliberately produced holes.

crea un efecto circulatorio que facilita el trabajo y reduce…: The rendering in English is acceptable but, again, some clarification is desirable. *Enables the food to circulate in / around the bowl, making processing easier and reducing…* is easier to follow, the use of gerunds and present participles obviating over-dependence on the relative *which.*

Funciones: Functions is perfectly adequate, but tends to be used in a more specialised sense. *Uses* would be a better choice.

purés: This word has not been completely assimilated into English, so the French spelling (*purées*) should be retained.

«gazpachos»: Note that this is in quotation marks in the English text, given that the term is only likely to be familiar to those with a knowledge of Spanish cuisine. The *guillemet* quotation marks (*«and»*) are very rarely used in English; either single (' ') or double (' ') quotation marks should be used instead.

la red: Mains is used for electricity, gas and water supplies. *Power supply* could also be used here.

Se recomienda utilizar el aparato de manera discontinua...: The phrase in the TT could be simplified so that it reads more easily, e.g. *The appliance should not be used continuously, but in short bursts*, or *for short intervals*[93]. Note the typographical error in the English text (*discountinous* instead of *discontinuous*).

se obtendrá...: Strictly speaking, *to permit* means *to give permission*, so it is not the best choice here[94]. It would be even better to simplify the sentence: *This will give better (end) results*. Note the misprint (*bigher*) in the English text.

desenroscándolo: A pronoun is needed in English, i.e. *unscrewing it. From its seating* can be added for greater clarity.

Para mayor comodidad se recomienda cogerlo por los resaltes, antideslizantes, situados en su parte superior: Again, some simplification is called for here. One way of achieving this is to avoid the use of impersonal verbs and passives, e.g. *You will find it easier to remove/detach the arm if you hold/grip it by the (ribbed) anti-slip surface near the top*. If it were felt more appropriate to retain the impersonal verbs and passives, a suitable rendering would be: *The arm is easier to detach if it is held by the (ribbed) anti-slip surface near the top. Ribbed* is redundant here.

El brazo se puede lavar...: The insertion of a verb (*Submerging in water*) creates some confusion in the English text, since its subject clearly cannot be *arm*. One way of avoiding the problem is to restructure the sentence thus: *The arm can be cleaned by washing it under the tap or immersing it in water; it is also dishwasher-safe. Submerge* implies that the object will be held under water for some considerable time; although the two verbs are near synonyms, *immerse* is better because it suggests that it will only be briefly covered by water.

en su interior: ... *No water remains inside the arm...* would be more specific and clearer.

Se enroscará...: The arm should be fitted to the motor housing by screwing it into its seating in an anti-clockwise direction. Should be conveys the force of *se enroscará* more effectively than the present tense used in the TT.

paño: Rags are generally pieces of old clothing etc. *Cloth* would be a better choice here.

---

[93] *Continually* and *continuously*, in common with the corresponding adjectives, are not interchangeable. Partridge makes the distinction clear: *continual and continuous must not be confused. The former is defined as 'always going on', the latter as 'connected, unbroken: uninterrupted in time or sequence'.* (PARTRIDGE, Eric: *Usage and Abusage*, p. 86.)

[94] The verb *to enable* would be more appropriate here, although Gowers sounds a cautionary note: *This word means to make able, not to make possible. You may say that your courage enables you to win or makes your victory possible, but not that it enables your victory. {...} Where appropriate, replace enable by allow.* (GOWERS, Sir Ernest: *The Complete Plain Words [revised edition by Greenbaum, S and Whitcut, J]*, p. 224.)

mojar el cuerpo del motor: The English version is not, perhaps, sufficiently strong here. *In no circumstances should you allow the motor housing to become/get wet* would reinforce the warning more effectively.

por lo que al limpiarla...: *That* is not necessary here.

TARGET TEXT 11.6.

BABY-TAURUS STEM-TYPE MIXER

The Baby-Taurus is a stem-type mixer of new design, incorporating an automatic speed-regulating motor which adapts to the resistance of the foodstuffs to be processed, without any need for adjustment.

The special design of the base of the arm (blade protector), with holes to the upper part, creates a circulatory effect which eases work and reduces mixing time.

Functions

For all types of whips, purés, sauces, soups, «gazpachos», etcétera.

Operation

Connect to mains, checking that mains voltage is the same as that indicated on the appliance.

Press the button to work on the foodstuffs to be mixed or liquidized.

Operating time

It is recommended that the appliance be used in a discountinuous manner, that is, in bursts. This will permit bigher quality of the end result and less strain on the motor.

The apparatus should never be left operating longer than necessary.

Detachable arm (fig. A)

The arm may be detached from the motor housing by unscrewing in a clockwise direction, thus facilitating cleaning and maintenance of the appliance. To ease removal, it is recommended that the arm be grasped by the anti-slip section situated on its upper part.

The arm may be washed directly under the tap, submerging in water, or even in a dishwasher.

When refitting, check that no water is left inside. The arm is screwed into the motor housing in a anti-clockwise direction.

Cleaning the motor housing

Very important

Unplug from mains prior to any cleaning operation. The motor housing should never be wet. Clean with a dry or slightly moistened rag.

Mixer bowl (fig. B)

Special bowl for liquidizing and beating.

Blade (fig. C)

The blade is made of special sharpened steel, so that care should be taken when cleaning to avoid contact with its cutting edge.

(From *Batidora de Varillas Baby-Taurus*. Barcelona: Cadisa.)

Bibliografía

Bibliography

ABRAMS, M. H., ed. (1974), *The Norton Anthology of English Literature*, 3.ª edición, Nueva York, W. W. Norton & Company.

AGUADO DE CEA, G. (1993), *Diccionario comentado de terminología informática*, Madrid, Paraninfo.

ALCARAZ VARÓ, E. y B. HUGHES (1994), *Diccionario de términos jurídicos Inglés-Español, Español-Inglés*, 2.ª edición, Barcelona, Ariel Derecho.

BAKER, M. (1992), *In Other Words: A coursebook on translation*, Londres, Routledge.

BEIGBEDER ATIENZA, F. (1988), *Nuevo diccionario politécnico de las lenguas española e inglesa*, Madrid, Ediciones Díaz de Santos.

BELL, A. (1991), *The Language of News Media*, Oxford, Blackwell.

BLACK, H. C. (1990), *Black's Law Dictionary*, 6ª edición, St. Paul, Minn., West.

CARRELL, P. (1988), «Interactive Text Processing: Implications for ESL/Second Language Reading Classrooms», en P. CARRELL, J. DEVINE y D. ESKEY, *Interactive Approaches to Second Language Reading*, Cambridge UP, pp. 239-259.

COLLOCOTT, M. A. (ed.) (1979), *Diccionario científico y tecnológico*, Barcelona, Chambers / Omega.

CONNOR, U. (1996), *Contrastive Rhetoric*, Cambridge UP.

DALY, S. y WICE, N. (1996), *Alt.culture: an a-z of the 90s*, Londres, 4th Estate.

DELABASTITA, D. (1993), *There's a double tongue: An Investigation into the Translation of Shakespeare's Word-Play with Special Reference to «Hamlet»*, Amsterdam, Rodopi.

DORLAND, I. and NEWMAN, W. A. (1988), *Dorland's Illustrated Medical Dictionary*, 26.ª ed., Filadelfia, W. B. Saunders Co.

EL PAÍS (1991), *Libro de estilo*, Madrid, Ediciones El País, S.A.

ELLIS, R. (1994), *The Study of Second Language Acquisition*, Oxford UP.

EVEN-ZOHAR, I. (1978), *Papers in Historical Poetics*, Tel Aviv, Porter Institute for Poetics and Semiotics.

FRASER, J. (1996), «The Translator Investigated. Learning from Translation Process Analysis», en *The Translator*, 2-1, pp. 65-79.

GENETTE, G. (1962), *Palimpsestes*, Paris, Editions du Seouil.

GERLOFF, P. (1987), «Identifying the Unit of Analysis in Translation: Some Uses of Think-Aloud Protocol Data», en FAERCH, C., KASPER, G. (eds.), *Introspection in Second Language Research*, Clevedon, Multilingual Matters, pp. 135-158.

GHADESSY, M. y J. WEBSTER (1988), «Form and Function in English Business Letters», en M. GHADESSY, ed., *Registers of Written English*, Londres, Pinter, pp. 110-127.

279

GILE, D. (1995), *Basic Concepts and Models for Interpreter and Translation Training*, Amsterdam, John Benjamins.

GOWERS, E. (1986), *The Complete Plain Words* [edición revisada de Greenbaum, S. y Whitcut, J.], Londres, HMSO.

HATIM, B. e I. MASON (1990), *Discourse and the Translator*, Harlow, Longman.

HATIM, B. e I. MASON (1997), *The Translator as Communicator*, Londres, Routledge.

HERVEY, S. I. HIGGINS y L. M. HAYWOOD (1995), *Thinking Spanish Translation*, Londres, Routledge.

HÖLSCHER, A. y D. MÖHLE (1987), «Cognitive Plans in Translation», en FAERCH, C., KASPER, G. (eds.), *Introspection in Second Language Research*, Clevedon, Multilingual Matters, pp. 113-134.

HURTADO ALBIR, A. (1995), «La didáctica de la traducción», en ÉDITH LE BEL (ed.), *Le masque et la plume*, Universidad de Sevilla, pp. 65-92.

JOHNS, T. (1991), *It is presented initially: linear dislocation & interlanguage strategies in Brazilian academic abstracts in English and Portuguese*, University of Birmingham.

KADE, O. (1968), *Zufall und Gesestzmässigkeit in der Übersetzung*, Leipzig, VEB Verlag Enzyklopädie.

KIRALY, D. C. (1995), *Pathways to Translation*, Kent, Oh., The Kent State UP.

KRINGS, H. P. (1987), «Der Übersetzungsprozess bei Berufsübersetzern - Eine Fallstudie», en ARNTZ, A. R., ed., *Textlinguistik und Fachsprache. Akten des Internationalen übersetzungswissenschaftlichen AILA-Symposiums Hildesheim*, Hildesheim, Olms.

KUSSMAUL, P. (1995), *Training the Translator*, Amsterdam y Filadelfia, John Benjamins.

LACASA NAVARRO, R. y DÍAZ DE BUSTAMANTE, I. (1991), *Diccionario de Derecho, Economía y Política Español-Inglés, Inglés-Español*, Madrid, Editoriales de Derecho Reunidas.

LAMBERT, S. (1989), «La formation d'interprètes: La methode cognitive», en *Meta*, XXXIV(4), pp. 736-744.

LANDAU, S. I. (ed.) (1986), *International Dictionary of Medicine and Biology* (3 vols.), Nueva York, John Wiley & Sons.

LAPEDES, D. (ed.) (1978), *McGraw-Hill Dictionary of Scientific and Technical Terms* (2.ª ed.), Nueva York, McGraw-Hill.

LÁZARO CARRETER, F. (1973), *Diccionario de términos filológicos*, Madrid, Gredos.

LEVIN, S. R. (1974), *Linguistic Structures in Poetry*, La Haya, Mouton, 1962 (Trad. esp. de Julio y Carmen RODRÍGUEZ-PUÉRTOLAS, *Estructuras lingüísticas en la poesía*, Madrid, Cátedra,).

LEVY, J. (1967), «Translation as a Decision Process», en *To Honor Roman Jakobson*, vol. 2, La Haya, Mouton, pp. 37-52.

LEWIS, D. (1998), «Machine translation today», en *The Linguist*, vol. 37, n. 2, pp. 38-43.

Libro blanco de la traducción en España (1997), Madrid, ACE Traductores.

MALONE, J. L. (1998), *The Science of Linguistics in the Art of Translation: Some Tools for the Analysis and Practice of Translation*, Albany, The State University of New York Press.

MARTÍN, J. R. RUIZ, J. SABTAELLA y J. ESCÁNEZ (1996), *Los lenguajes especiales*, Granada, Comares.

MASON, I. (1994), «Techniques of Translation Revisited: A Text-Linguistic Review of "Borrowing" and "Modulation"», en A. HURTADO ALBIR, ed., *Estudis sobre la traducció,* Castellón, Universitat Jaume I, pp. 61-72.

MAYORAL, R., «Las fidelidades del traductor jurado: Una batalla indecisa», en M. C. FERIA GARCÍA, (ed.), *Traducir para la justicia,* Granada, Comares (en prensa).

MAYORAL, R., D. KELLY y N. GALLARDO (1986), «Concepto de "traducción subordinada" (comic, cine, canción, publicidad). Perspectivas no lingüísticas de la traducción», en *Pasado, presente y futuro de la Lingüística Aplicada. Actas del III Congreso Nacional de Lingüística Aplicada,* Universidad de Valencia, pp. 95-105.

NEUBERT, A. (1970), «Elemente einer allgemeinen Theorie der Translation», en *Actes du X Congrès International des Linguistes,* Bucarest, pp. 2451-2456

NEUBERT, A. y G. M. SHREVE (1992), *Translation as Text,* Kent, Oh., The Kent State University Press.

NEWMARK, P. (1981), *Approaches to Translation,* Hemel Hempstead, Prentice Hall.

NIDA, E. (1964), *Toward a Science of Translating: With Special Reference to Principles and Procedures Involved in Bible Translating,* Leiden, E. J. Brill.

NORD, C. (1991), *Text Analysis and Translation,* Amsterdam, Rodopi.

O'MALLEY, J. M. y A. U. CHAMOT (1990), *Learning Strategies in Second Language Acquisition,* Cambridge UP.

OXFORD, R. (1990), *Language Learning Strategies,* Boston, Mass., Heinle & Heinle.

PARTRIDGE, E. (1973), *Usage and Abusage,* Harmondsworth, Penguin.

PYM, A. (1992), «Translation Error Analysis and the Interface with Language Teaching», en C. DOLLERUP y A. LODDEGAARD (eds.), *Teaching Translation and Interpreting. Training, Talent and Experience,* Amsterdam, John Benjamins, pp. 279-288.

RAFFEL, B. (1994), *The Art of Translating Prose,* The Pennsylvania State University Press.

REISS, K. (1976), *Texttyp und Übersetzungsmethode. Der Operative Text,* Kronberg, Scriptor.

REISS, K. y H. J. VERMEER (1984), *Grundlegung einer allgemeinen Translationstheorie,* Tübingen, Niemeyer [ed. española, *Fundamentos para una teoría funcional de la traducción* (traducida por S. GARCÍA REINA y C. MARTÍN DE LEÓN) Madrid, Akal, 1996].

RIBÓ DURÁN, L. (1987), *Diccionario de Derecho,* Barcelona, Bosch.

ROZAN, J. F. (1956), *La prise de notes en interprétation consécutive,* Ginebra, Georg.

RUIZ TORRES, F. (1994), *Diccionario de términos médicos inglés-español, español-inglés,* Valladolid, Zirtabe.

SANTOYO, J. C. y R. RABADÁN (1991), «Basic Spanish Terminology for Translation Studies: A Proposal», en *Meta,* XXXVI, 1, pp. 318-22.

SEATON, B. (1982), *A Handbook of English Language Teaching Terms and Practice,* Londres, Macmillan.

SÉGUINOT, C. (ed.) (1989), *The Translation Process,* Toronto, H. G. Publiations. School of Translation. York University.

SÉGUINOT, C. (1991), «A Study of Student Translation Strategies», en S. TIRKKONEN-CONDIT (ed.), *Empirical research in Translation and Intercultural Studies,* Tübinga, Gunter Narr.

SMITH, C. COLIN (1964), *Spanish Ballads,* Exeter, Wheaton.

STEINER, G. (1997), *Errata. An Examined Life,* Londres, Weidenfeld & Nicolson.

THE BRITISH COUNCIL (1991), *International Guide to Qualifications in Education,* 3.ª edición, London, Mansell.

THOMANN, A. E. (comp.) (1993), *Elsevier's Dictionary of Technology (Spanish-English, English-Spanish)* (4 vols.), Amsterdam, Elsevier.

TIRKONNEN-CONDIT, S. (1989), «Professional vs. Non-Professional Translation: A Think-Aloud Protocol Study», en SEGUINOT, C. (ed.), *The Translation Process,* pp. 73-85.

TOURY, G. (1980), *In Search of a Theory of Translation,* Tel Aviv, The Porter Institute for Poetics and Semiotics.

TOURY, G. (1995), *Descriptive Translation Studies and Beyond,* Amsterdam y Filadelfia, John Benjamins.

VÁZQUEZ-AYORA, G. (1977), *Introducción a la Traductología,* Washington D.C., Georgetown University Press.

VENUTI, L. (1995), *The Translator's Invisibility,* Londres, Routledge.

VINAY, J. P. y J. DARBELNET (1995), *Comparative Stylistics of French and English: A Methodology for Translation* (traducido y editado por Juan C. SAGER y M. J. HAMEL), Amsterdam y Filadelfia, John Benjamins (1.ª ed., traducida por Vinay y Darbelnet, 1958).

ÍNDICE
TABLE OF CONTENTS